三万亿美元的战争

——伊拉克战争的真实成本

约瑟夫·E·斯蒂格利茨
(Joseph E. Stiglitz)
琳达·J·比尔米斯
(Linda J. Bilmes)
著
卢昌崇　孟　韬　李　浩　译

中国人民大学出版社
·北京·

编辑手记

三万亿美元的战争

最近热映的电影《阿凡达》中，资源枯竭的地球人为了掠夺珍稀而昂贵的矿藏，来到陌生的星球潘多拉，向潘多拉的土著居民纳威人挑起了战端。纳威人淳朴、勇敢，与潘多拉星球上的万物心灵相通，却无法抵挡地球人冰冷的战舰与熊熊的战火。看到根深叶茂的大树被“文明”之师无情地推倒，看到纳威人惊恐、绝望的面孔时，我在想，这难道不是非洲黑人曾经的遭遇吗？这难道不是曾经发生在北美印第安人身上的惨剧吗？甚至，伊拉克，这个本该因古巴比伦文明而骄傲的国家，现在不也正由于地下巨大的石油蕴藏而遭受着侵略和掠夺吗？

电影导演卡梅隆用高超的特效技术和令人惊叹的想象力，为我们呈现出一个梦幻般的星球，但他讲述的故事却是如此真实。如果说《阿凡达》是靠梦境与现实的对比、冷酷与情感的冲突、贪婪与善良的较量，感性地唤起人们对美好事物的渴望和对战争的厌恶的话，现在摆在您面前的这本书，则理性地分析了侵略者的成本。诺贝尔经济学奖得主斯蒂格利茨告诉人们："战争是男人和女人杀戮和伤害其他男人和女人的行为，战争的代价在战争的最后一枪结束后，还长远地影响着人们。"

政客总是狂妄自大，欺瞒民众。伊拉克战争前，对于战争费用稍理性一点的估计（2 000 亿美元）都被国防部部长拉姆斯菲尔德怒斥为"扯淡"，国际开发署官员更是在电视节目上对美国民众信誓旦旦地说重建伊拉克 17 亿美元就搞定了，仿佛这是一碟不值一提的小菜。但根据斯蒂格利茨的估计，伊拉克战争费用高达 3 万亿美元，而这还是比较保守的估计！

军事承包商和石油公司总是中饱私囊，大发战争横财。军事承包商以竞选捐赠的名义向两党捐款，从而获得上百亿的巨额政府合同，再用"成本加成法"，将利润空间扩展到最大；它们雇用的私人安保人员周薪高达 6 000 美元。石油公司则直接受益于原油价格的飞速上涨，利润和股价直线飙升，它们不惜践踏《海牙公约》，恨不得一口将伊拉克的石油工业私有化。

侵略者的如意算盘是让别国为战争买单——就像海湾战争那样，因此组成了所谓"自愿联盟"；如果别国不买单就让子孙后代买单——赤字飙升，但绝不增税——这样就最大限度减少了决策阻力；战争引起了油价的飞涨，他们却无赖地说这是因为中国的崛起造成了对石油的巨大需求——实际上中国 13 亿人口每年消费的石油只有美国的一半！当事实证明入侵伊拉克是个明白无误的错误，让美国陷入了越战一样的泥潭时，布什政府依然拒绝撤军——撤军等于承认自己的错误，把烂摊子留给下一任政府吧……

而谁真正吞食了战争的恶果？18～24 岁的年轻人中断了学业，未经训练就远赴战场，当他们回来时，身心已经遭到巨大的创伤，不仅如此，他们还要遭受官僚机构的冷遇，不能及时获得伤残抚恤，他们的家庭成员还要辞掉工作来照顾他们。

国民警卫队和预备役部队本来承担本土守卫任务，但由于兵力不足，他们被远派伊拉克，结果卡特里娜飓风等灾难袭击时无法应对。

战争引起的不确定性使得油价高企，在 2008 年金融危机之前，油价被疯狂推到每桶 140 美元的高位，给世界经济带来巨大的成本。而这成本，由全世界的经济体买单。

《三万亿美元的战争》绝不仅仅是成本计算，而是有良知、有责任心的经济学家对战争后果客观的观察和冷静的反思，而这种观察和反思应该带给我们更多的启发。中国人爱好和平，无意挑起战争和争端，但在这个大国博弈的时代，却少不了或明或暗的较量。在做出事关国内国际重大政治决策时，除了真金白银之外我们会付出什么样的机会成本？持正反面立场的人所代言的是什么样的利益群体？决策最终的受益者和受损者是谁？对于这些问题，需要“万分思考”、“万分清醒”、“万分严肃”。《三万亿美元的战争》也许正在于警示我们：在国与国的较量中，任何一国的“胜利”如果与整个人类的利益相违背，其“胜利”的代价是要由整个人类来承担的。

曹沁颖

2010 年 3 月

译者序

这是一部讨论伊拉克战争费用的专著。但译毕方知，所述何止于此？事实上，诺贝尔经济学奖得主斯蒂格利茨教授和哈佛大学肯尼迪政府学院比尔米斯教授的这部力作——《三万亿美元的战争》——是对当前发轫于美国次贷危机、波及全球的经济萧条根源的大反思。

“天下没有免费的午餐，也没有免费的战争。”这句在书中反复出现的话也许会成为两位作者的名言被世人相传。战争是需要付出代价的，但伊拉克战争的代价远远超出美国当政者和平民百姓的预计。两位经济学家像两位老会计一样，在堆积如山的资料和数据中理出一本战争费用的账本。没有两位作者细如抽丝般的计算，世人可能都不会相信，伊拉克战争的费用是3万亿，差不多等于美国全年GDP的1/5。

这一费用已经超过美国越南战争 12 年所费之和，是朝鲜战争的两倍多，这还没有考虑诸如照料伤残士兵等长期费用。美国耗时四年的第二次世界大战，战争费用仅比伊拉克战争高 2 万亿美元，每个士兵的战争费用不足 10 万美元，而伊拉克战争为 40 万美元。

该书的书名："三万亿美元的战争"足以让发动伊拉克战争的美国决策者们大跌眼镜。的确，斯蒂格利茨等人计算的数值与美国官方统计或决策者们的预计相差甚远。根据美国国防部的统计，从 2001 年"9.11"事件到 2007 年 12 月，美国政府在反恐战争中一共用掉了 5 270 亿美元，其中伊拉克战争占据了大头，一共用去了 4 060亿美元；根据美国国会预算办公室的统计，伊拉克战争花掉了 4 210亿美元，伊拉克战争加上阿富汗战争一共用掉 6 020 亿美元。一面高达 3 万亿，一面只有 4 000 多亿，差距为何如此巨大？两位作者认为伊拉克战争的开支被严重低估，官方的统计并没有包含完整的成本。善于融会贯通经济学、政治学和社会学的两位作者将战争成本归纳为战争直接开支、潜在的社会成本和机会成本三大类。政府计算的战争直接开支没有包括战争债券利息、退伍军人的医疗开支、装备更新等。潜在的社会成本包括政府对退役的残疾军人的抚恤、军人伤残给家庭和社会带来的经济损失、战争引起的油价飙升以及宏观经济损失等。机会成本则既有经济意义上的机会成本也有安全意义上的机会成本，美国在伊拉克战争上的孤注一掷，给美国的国家安全在世界其他地区造成了不可估量的损失，如朝鲜的核问题、阿富汗地区恐怖形势的恶化、基地组织在伊拉克的扩散等。面对政府的巨额超支，一向敢于仗义执言的两位作者指出：政府超支部分恰是军事承包商的利润；军事承包商和石油公司才是这场战争的真正赢家。

2008 年 3 月，在斯蒂格利茨的这部新作即将出版之时，有媒体问他："伊拉克战争是否是美国经济减速的原因？"他回答说："确实如此"。此时正值纽约股市连连暴跌之时，美国平民则深受通货膨胀之苦。伊拉克战争的代价是造成深度经济萧条和国家债务膨胀的最为突出的原因。的确，金融危机和赤字膨胀的直接诱因都源于伊拉克战争。

两位作者认为全球金融危机是伊拉克战争后果长期蓄势的最终爆发。他们在书中对金融危机的由头：次贷危机的原因做出了以下清晰的解释。战争开始后，为鼓励家庭借贷、扩大消费，美联储不仅降低了利率，还降低了借贷标准，时任美联储主席的格林斯潘把利率降到接近历史最低点，实际上是在鼓励家庭采取可变利率抵押贷款。较低的初始利率允许家庭借得更多的钞票以供房贷，这使得美国人的消费水平远远超过他们的收入水平。于是，美国家庭储蓄率自大萧条时期以来首次变为负值。但利率终将摆脱低水平而上升，当利率上升时，成千上万进行可变利率抵押的美国人就发现他们的抵押贷款还款额上升，他们将还不起贷款，甚至失去房子。这必然增加金融风险，对经济产生巨大的负面影响。显然，当前的现实验证了他们的预言。

斯蒂格利茨和比尔米斯还认为，更值得忧虑的是：战争意味着美国要借更多的债，或者大幅削减财政预算中的其他必要的支出。由于战争开支庞大，财政吃紧，美国不得不通过发国债的方式向国外借款，中国是最大的债主。两位作者在中文版序言中这样描述："美国政府的赤字在膨胀，中国政府持有的美国国债在增加……经济代价极其高昂，要由几代纳税人来偿付"。可以说，这场战争把美国的财政越掏越空，导致美国的经济实力与国际金融地位日益削弱。另一方面，美国政府挖肉补疮，寅吃卯粮，不断地削减社会福利与教育经费，加上经济危机的影响，已出现穷人看不起病，孩子难以就学的问题，美国人怨声载道。这为善打"民心牌"的奥巴马的当选提供了良好契机，显然，从伊拉克撤军是奥巴马赢得民心的法宝。

事实上，本书已经成功地改变了美国人对伊拉克战争的看法和态度，并在一定程度上扭转了美国政府的伊拉克战略方向。两位作者拿出了最让美国人心痛的越南战争的教训来为美国人敲响警钟。他们说，就像我们曾为约翰逊总统的大炮和黄油政策在越南战争结束很长一段时期内所付出的沉重代价一样（20 世纪 70 年代的通货膨胀），美国人现在以及今后的几年中同样会为此付出沉重的代价。除了已经花掉的 3 万亿元，两位作者还预测伊拉克战争与阿富汗战争将在 2017 年底前，继续“烧掉”美国 1.7 万亿至 2.7 万亿美元，仅利息就需要支付高达 8 160 亿美元。面对这样巨额的数字，美国政府再也坐不住了。2008 年 2 月 26 日，美国参议院共和党一改过去立场，同意讨论民主党反对伊战的提案，会议听取了斯蒂格利茨对伊拉克战争开支的论证。最终，2009 年 3 月 27 日，美国总统奥巴马宣布：美国将在未来 18 个月内从伊拉克撤离大部分军队，结束在伊拉克的作战任务，将安全责任完全过渡给伊拉克人。

作为哥伦比亚大学经济学教授、前世界银行首席经济顾问、2001 年诺贝尔经济学奖获得者的斯蒂格利茨一向和政府唱反调，为穷人说话。本书中直接质疑美国发动伊拉克战争的性质：“美国占领了伊拉克，并宣称其目标是为人民建立一个民主国家，而战争从根本上破坏了该国的经济、社会和主权”。在 2009 年 2 月，斯蒂格利茨还在达沃斯世界经济论坛上表示，如果美国总统奥巴马计划推行所谓的“坏账银行”来购买金融企业的不良资产，将可能导致美国政府的债务大增，这种做法无异于拿美国纳税人的“现金去换垃圾”，导致纳税人为多年来银行的过度放贷行为买单，而政府原本可以用这些钱来加强社会保障体系。和斯蒂格利茨的研究风格不同，任教于哈佛大学肯尼迪政府学院、以公共政策和财政为研究方向的比尔米斯教授更为严谨、细致，她曾是美国商业部助理秘书长兼财政总监。两人互补的风格和密切的合作使得本书既有惊世骇俗、旗帜鲜明的观点，又有翔实的数据与文献作支持，引经据典，学术气息浓厚。此外，两位作者在书中不时流露的人文主义情怀、祈求和平的精神以及反省和批判的态度，尤令我们感铭至深。

斯蒂格利茨是信息经济学的重要奠基者，并以此获得诺贝尔经济学奖。他曾经找到了“信息不对称”这一剖析市场机制的关键要素，现在，他要身体力行使关于伊拉克战争费用的信息在客观现实与主观臆断之间，在当政者和平头百姓之间实现对称。我们期待着，两位经济学家费时两年完成的这部作品将和斯蒂里格利茨的《经济学》、《喧嚣的 90 年代》等一样成为不朽的经济学著作。

感谢两位作者应我们的请求，欣然命笔，为本书写下了中文版序言，使其更添光彩。

本书是三位译者共同合作的结果。卢昌崇教授翻译了中文版序言、前言、第一章和第二章，李浩博士翻译了第三和第四章，孟韬博士翻译了第五、六、七、八章和附录。翻译中的不当之处，敬请同仁斧正。

译者

2010 年 3 月于大连

中文版序言

在《三万亿美元的战争》的英文版中，我们分析了战争费用。已近两年后，现在回头看看，我们都有哪些收获呢？

首先，在美国，它成功地引发了关于伊拉克战争的大讨论。“三万亿美元”的战争已经成了一个专用的政治术语。政府的决策者及其面对的选民第一次感觉到，应当直面这次冒险的真实代价。经济大衰退，我们国家的债务也随之吹气般地增长，使得这笔战争费用格外“耀眼夺目”。

其次，尽管布什政府和国会预算办公室开始时坚称我们的假定太离谱，可事实表明，我们的多数假定还都太保守了。新的数据显示，战争总费用甚至可能超过我们预计的 3 万亿美元。例如，我们预计，归国退役军人申领伤残抚恤的比例介于 29%～32%之间。这个数字是决定这场战争长期费用的主要因素，可实际数字上升到41%。到退役军人事务部所属医院寻求医疗服务的归国军人也是如此，我们当初的估计比例是39%～40%，可医院接收医疗的人数其比例已达43%。我们预计患有严重心理问题的归国士兵约为20%，可实际数字竟达38%，高得吓人，而且这一比例还在不断地攀升。我们的初始估计值是在对前几次军事冲突中归国士兵审慎分析的基础上得出的，其中包括越南战争和1991年第一次海湾战争。但过去两年的实际数据却概莫能外地超出了我们当初的预计。

事实再次表明，这场战事的经济后果要远比我们预期的更为严重。战费对每一个国家来说都是一种挑战，对一个已经债台高筑的国家来说，情形尤甚。而美国2003年的情形就恰恰如此，主要是因为于小布什政府决定降低美国富豪的税赋。当然，政府印制钞票就可以弥补这些赤字，但那会引致通货膨胀，而战争诱发的通货膨胀很快就会酿成民众的强烈反抗。政府也可提高税赋或削减开支——与印钞不同，这两种办法是负责任的财政选择。但这两种办法在政治上都行不通。

小布什政府想让美国人确信，我们可以打一场免费战争。但经济学的一个基本道理告诉我们：天下没有免费的战争。那么，怎样才能既开战，又不用削减开支、提高税赋，还能避开通货膨胀呢？那就是大额举债，向外国政府借，主要是向中国借——美国政府的赤字在膨胀，中国政府持有的美国国债在增加。假如小布什政府径自向中国开口，比如说借5 000亿美元，用于发动伊拉克战争和阿富汗战争，这个要求至少也会引起争议，中国政府会婉拒。但在现实世界中，打酱油的钱可以用来买醋：弥补美国巨额赤字的贷款可以轻而易举地转化为战费，而且不必告知他人或承担责任。这有利于在国内喋喋不休地讲述战争神话：开战并不需要承担经济代价。可事实却一如本书所述，经济代价极其高昂，要由几代纳税人来偿付。

不能和平地调停冲突以致求诸战争，是政治家们无能的表现。战争将人类社会最丑陋的特征暴露无遗；你看，阿富汗战争，伊拉克战争，多么血腥！一个赞同国际法理的国家竟然违反《日内瓦公约》和《国际反酷刑公约》，对囚犯严刑拷打，反过来践踏这些法理原则。这场战争损害了美国的国际形象，在好多方面给自诩的道德领袖抹黑。重塑形象费用不菲，耗时漫长。

美国的新政府感觉到，自己在好多方面被伊拉克战争的后遗症捆住了手脚。从经济上看，伊拉克战争留下的巨额财政赤字，限制了自己激活国内经济的能力。从政治上看，要扭转非法刑讯和拘押的影响，既要假以时日，又离不开精力的投入。从军事上看，伊拉克战事分散了我们的身心，忽略了巴基斯坦和阿富汗日益腐败和局势不稳的问题。在这种真空态势下，塔利班集团得以重组和构建。伊拉克的军事冒险表明，平抚阿富汗（姑且假定还有希望）的成本已经显著地上升。这给伊拉克失误又添加了一个尾注，是一个既可悲又昂贵的尾注。

约瑟夫·E·斯蒂格里茨

琳达·J·比尔米斯

2010年3月

前言

时至今日，真相已然大白：美国入侵伊拉克是一个严重的错误。美军的死亡人数已近 4 000 人，轻重伤员及重病患者超过 5.8 万人。此外，阿富汗美军的轻重伤员及重病患者也有 7 300 人。[1]有 10 万名自战区返乡的军人患有心理健康紊乱症，其中有相当一部分人将长期饱受折磨。[2]萨达姆统治时期伊拉克人民生活凄惨，但现在的实际境况有过之而无不及。道路、学校、医院、住宅、博物馆均已损毁，供电和供水的情况比战前还差。[3]宗派暴力举目皆是。混乱无序使伊拉克像一块磁铁，将形形色色的恐怖活动都吸引过来。占领伊拉克，送去民主，促进中东地区的变革，这些想法现在看起来无异于白日做梦。代价已经悉数付出，国家债务又新增了几万亿美元，油价飞涨。不管怎么说，这场战争都削弱了我们的国民经济。

伊拉克战争所致的人类苦难已成事实，此时探讨这场战争的财务成本未免显得有些冷酷。干巴巴的数字永远都不能体察死者、残者及伤者所经历的身心苦痛。不过，我们仍然坚信：了解战争费用是必要的。

发动战争的决策是基于许多错误的前提做出的。有人断然地将萨达姆与袭击世贸中心和五角大楼的“9.11”恐怖活动挂起钩来。蹩脚的情报坚称伊拉克拥有大规模杀伤性武器，尽管国际原子能机构的检察官说断无此事。好多人认为战事很快就会结束，民主之花行将开遍伊拉克的土地。此外，还有人认为能够以战养战，战争代价会微乎其微。

而事实证明这场战争的代价极其高昂，有鲜血，也有财富。我们估计，美国在这场战争中的预算和经济成本将达到 3 万亿美元左右，世界其他国家和地区发生的战争费用还得有 6 万亿。从某种意义上说，这是一本关于 3 万亿战争费用的书：美国在未来的几十年如何偿还这些战费，以及为什么战争的实际费用远不像布什政府当初预计的那么低。但本书的意义要远比数字更为丰富。通过审视这些费用，我们将会更好地理解这场战争的含义，或许，也有助于我们以最低的损失撤离伊拉克。

美国已经为入侵伊拉克付出了天价。参战男女士兵的费用在账单中最为醒目，而经济成本还不易被觉察。多靠借贷而来的战费被严重地低估；所费甚巨，但还不足以实现我们的目的、不足以保护我们的军队。即使最终撤离了伊拉克，未来的费用还会不断地攀升，而这些费用却被蓄意遮掩起来。

所费甚巨是确凿无疑的，而且要由几代人来背负。这是 1991 年海湾战争的教训。那场战事持续了不到两个月，没有地面战斗，但却投入了 694 550 人的兵力；阵亡 147 名美国军人，467 人因战负伤。[4]第一次海湾战争的军事行动费用多由盟国买单（主要是沙特阿拉伯和科威特）。如果我们就此止步的话，海湾战争看上去就几乎是免费的。[5]但这种计算忽略了大量退役军人因战所致的伤残抚恤；现在，即使战事结束16年之后，美国政府**每年**还得向20多万名退伍军人支付超过43亿美元的补助、养老和抚恤金。[6]仅海湾战争伤残抚恤，我们就已经花掉了500多亿美元。这个数字还不包括退役军人现行的医疗费用、在科威特的驻军费用、对“海湾战争综合征”的医疗调研费用[7]。但与更为广泛的经济影响后果相比，这种计算不过是蜻蜓点水而已。例如，10万多名军人患上了与化学物质相关的“海湾战争综合征”，其中有4万多人长期致残，而这些人的收入损失就没有虑及。[8]

要得到3万亿美元这个数字，我们的眼睛就不能只盯着政府的预算与账目，因为政府的预算糟糕透顶，账目漏洞百出。这种说法显得有些怪异，但发动战争毕竟是一笔“大生意”。对现代企业而言，如果没有一个完善的财务系统提供及时而准确的数据，那么，想做大生意恐怕连门儿都没有；而政府的财务账目纯粹是冒牌货，要是换成上市公司，证券交易委员会肯定认为它涉嫌欺诈。

私人部门账目不清会误导投资者，而政府的账目不清则会误导普通民众，会酿成资源配置的重大失误。第278团级作战队（驻守在科威特的田纳西国民警卫队作战单位）的托马斯·威尔逊（Thomas Wilson）向国防部长拉姆斯菲尔德（Donald Rumsfeld）问过一个很有名的问题：“我们这些当兵的为什么要在当地的垃圾堆里挖寻废铁和用过的防弹玻璃来给军车加装甲？”拉姆斯菲尔德答称：“你只能以你现有的部队，而不是你将来可能有的部队投入战争”[9]。2003年3月，“现有部队”的装备极度匮乏，如缺少防弹衣，重型战车也不足，而这些都是从事此类战争必不可少的装备；另一方面，潜艇过剩，原旨在对抗冷战期敌人的重型装备也有冗余。恰在此时，国际原子能机构（负责确保伊拉克没有大规模杀伤性武器的国际机构）也恳求我们再给他们6个月的时间完成检查。然而，我们却将国际原子能机构的恳求置之脑后，急不可耐地入侵伊拉克，将甚至连防弹衣都来不及穿的青年男女士兵就派到了战场。政府的账目表明：开战伊始，我们所支甚少；可现在，我们要为在那个时期因此受伤的士兵们支付长期的医疗护理费用。[10]

5 年后，美国陷入了一场如何撤离战争的全国大讨论。没有人公开支持长期侵占的观点。问题不在于撤不撤，而在于何时撤。这是一个经济学家所称的**跨期决策**问题，也是现代决策理论建树颇多的一个领域。布什总统并没有理会我们早期的战争费用分析，并声称，军事决策不能由那些戴着美钞眼罩（green eyeshades）的财务人员们来决定。可要对现实世界做出明智的选择就必须将成本作为一项重要因素来考虑。我们的资源是有限的。我们所面临的现实是：不仅要考虑已经花掉了多少钱，迄今为止承诺了多少，还要考虑余下多少钱可资未来利用。决策信息总是不完备的，但现代经济学方法能够帮助我们厘清这些现有的信息，并预先做出较好的决断。

不论发动这场战争是对还是错，也不论这场战争组织得是好还是坏，但为那些冒着生命危险为国家而战的军人们提供充裕的医疗补助和伤残抚恤，多数美国人以道义为怀，对此都不会有异议。承担这种道义的费用极其昂贵，政府必须拨付足够的资金。

到目前为止，政府未能就安置归国军人及众多负伤人员做好充分的准备。军人住院经费不足，很多城市缺医少药；伤残申请过程曲折而漫长。好多申请还处理不当，军人们被迫上诉，开始了他们归国后的另一场战争；不过，战争的对象却是国内的官僚机构。2005 年，战事正在紧锣密鼓地进行，可退役军人事务部（Department of Veterans Affairs）制定退役军人医疗费用预算时，却仍坚持以战前的预测为参照。到了 2006 年，伊拉克的局势越发动荡，可退役军人事务部的预算安排仍参照 2003 年以来的数据。这当然会捉襟见肘，也迫使国会拨付 30 亿美元应急资金以维持近两年的项目运作。[11]2007 年伤兵归国达到了高潮，总统不得不另外申请数十亿美元的追加应急费用供军队和军人医院来安置这些伤员。

不过，即使有了这些应急拨款，我们的军人也没有受到公平的对待。正如华盛顿沃尔特里德陆军医疗中心（Walter Reed Army Medical Center）的丑闻所暴露的：归国军人必须饱尝医疗保障准备不充分的煎熬。[12]我们在第 3 章还会看到，就全国而言，沃尔特里德陆军医疗中心丑闻不过是冰山一角而已。国防部和退役军人事务部之间职责不清，搞得归国伤员无所适从，结果是：门诊器械赝品盛行，官样文章永无休止，货币补助姗姗来迟。鉴于还有 90 万美国人被派遣到伊拉克和阿富汗[13]，所以必须尽快修正这些错误；惟此，这些军人的医疗及抚恤才会与政治风险脱钩，过去 5 年来的情形才会扭转。

“康复”离不开钱，士兵如此，军队亦然。军队的战斗力要想恢复到战前的水平，国民警卫队制度也应当重建，人们已经就此达成了共识。军方已经发布了计划，到 2012 年要扩大志愿兵的规模。这些计划项目费用不菲，到底需要多少钱迄今还没有一个完整的估算，更不要说列入国防预算了。

问题不在于美国能否付得起 3 万亿美元。其实我们付得起。2006 年一般美国家庭的年收入略低于 7 万美元，所有与所费相比是绰绰有余的。[14]即使拿出 10%，我们的境况也不会比 1995 年差，而 1995 年我们可富得流油，是个繁荣昌盛的国家。1 万亿，2 万亿或 3 万亿美元，毫无疑问，都不会使我们国家破产。而问题在于：用这 1 万亿，2 万亿或 3 万亿美元，我们都干了些什么？我们不得不放弃什么？用经济学的行话说，这些钱的机会成本是什么？

连任之初，布什总统谈到了社会保障问题的严重性。但如果我们不支付伊拉克战费的话，我们的社会保障 50 年之内都不会有问题。[15]

目前，国家优先项目（National Priorities Project）经营的一个网站对经常而直接的战争费用做了一番描述[16]：1 万亿美元能建 800 万套房屋；能为公立学校雇用 1 500 万名教师，期限是一年；能为 1.2 亿儿童提供一年的学前教育；能为 5.3 亿儿童提供一年的医疗保险；能为公立学校的 4 300 万名大学生提供为期四年的奖学金。这些数字再乘以 3，就是这场战争的机会成本。

还有一点无可置疑的是，如果我们能将其中的 1 万亿或 2 万亿美元用于其他事业，那我们的安全态势就将大为改善。我们在第 5 章还会谈到，如果能将这笔钱投资于教育、技术及研发，那我们的经济增长率就会大大提高，我们迎接未来挑战的姿态就会更为积极。

如果用于研发方面的投资能够转化为能源替代技术，或转化为增强能源保护的积极性，那么，我们对石油的依赖程度就会减轻。油价降低对于缓解对美国安全构成某些现实威胁的融资压力有着明显的意义。

在总额中若剔除直接战费，我们就可以兑现“从 GDP 中拿出 0.7%援助发展中国家”这一承诺，这笔钱可以使那些生活在贫困国家的数以千万计的贫民生活大为改观。美国每年向全球最贫困的非洲国家援助 50 亿美元左右，还不及 10 天的战争费用。2 万亿美元能使我们兑现向最贫困国家进行援助的承诺，援助期限可持续 60～70 年。

我们也可用这笔钱在中东地区或发展中国家实施一个马歇尔计划，这也许会从根本上赢得那里的民心。如果野心小一点儿，战费的零头可能就够了。全世界都承诺到 2015 年扫除文盲。扫除文盲运动每年耗资约为 80 亿美元，约等于两周的战费。[17]我们甚至将伊拉克重建这等好事儿也办得一团糟。2003 年，国会拨款 184 亿美元援助伊拉克重建，人均算下来是马歇尔计划时花在欧洲人身上的 3 倍。但这笔钱并没有即刻被用于修复伊拉克的电力设施、炼油厂及学校，而是多数被套牢在五角大楼采购办公室与国会之间永无休止的官僚扯皮中。一年之后，伊拉克的安全局面急转直下，民心丧失殆尽。到头来，这笔钱要么是回流到军事活动中，要么是根本没花出去。

我们甚至可以将这笔钱用于减免美国普通老百姓的税负。中产阶级近几年的情势不妙。现在中数（高收入家庭和低收入家庭各占一半的平均数）家庭的收入低于 1999 年。[18]对一般的美国家庭来说，伊拉克的军费支出显得很重要。如果税负能够相应地降低，或者将这笔钱转用于医疗，那么，饱受挤压的中产阶级家庭的境况就会大为改观。还有另一项机会成本也很能说明问题。如果我们将配置到伊拉克的那些宝贵的军事资源抽出一部分投放到阿富汗，那么，我们也许会超预期完成我们在阿富汗设定的目标。现在可倒好，我们陷入了两个泥潭。

物有所值的支出方式可谓成千上万，这是毫无疑问的。若果真如此，则国家就会变得更稳固，更繁荣，也能更从容地面对未来的威胁。

本书是依据我们在 2006 年 1 月的一篇文稿写成的，在那篇文稿中我们保守地估计战争费用在 1 万亿～2 万亿美元之间。我们的目的很简单：就是想确认真实的战争费用。不管赞成还是反对美国在该地区的行动，我们都认为投票人有权了解美国政策的真实成本。

对多数读者来说，我们的数字看上去是真实的。美国人已经感觉到，他们为这场战争付出了很多。管理当局和这场战争的支持者们本来想就这些数字理论一番，可他们使不上劲儿。研究方法方面的批评倒是有几个，我们在本书中尽量对他们的批评做出回应。[19]未能考虑战争的收益是我们深受诟病的焦点之一。例如，有一位战争支持论者认为，"与（原来的）制裁政策的后果相比，这场战争将使多数伊拉克人的经济福利状况获得很大的改善。"[20]

最初的文稿及本书都聚焦于费用问题，因为费用是可以精准测算的。当然，也有很多重要的费用是难以精确测算的，所以，尽管这些费用有可能很高，但也并未囊括在我们的 3 万亿美元中。战争的收益很难确定，但不会太高（毫无疑问，制伏了萨达姆是一项收益，但萨达姆垮台的收益很难计量）。至于伊拉克人的生活质量：电力不足，失业者众，逃离者和流离失所者难计其数，中产阶级已经荡然无存，暴力活动与日增多，凡此种种都说明，萨达姆下台后，伊拉克人民并没有从战争中得到好处。除了美国的石油大亨和军工产业外，这场战争没有赢家。

我们强烈地反对这场战争，从一开始就反对。其实，战事未启时，好多问题就明摆在那里。我们并未事后诸葛亮般地数落谬误与失败，这使我们感到宽慰。伊拉克败局的真正可悲之处在于，几乎所有的问题事前都可以预见，而且还都被说中了。

作为社会科学家，我们既要研究公共部门经济，也要尽己所能地了解政府的运作，探索政府失灵的系统路径，研究怎样才能帮助政府更好地满足国民的需要。我们既是学者，也是实干家，是从这样的视角来探究这些问题的。多年来，我们一直在克林顿政府中担任政治和技术顾问，尽力将许多理念付诸实践。这些理念包括：怎样才能使政府运作得更有效，反应得更迅捷，变得更富有责任感，以及怎样才能建立起良好的核算体系来实现这些目的。我们深信，市场在我们的社会中扮演着一个十分重要的角色，政府也是这样。市场有时未能按其理想的方式发挥作用，而政府有时也会失灵。伊拉克败局不是由一个错误独立酿成的，而是由十几个错误在几年之内累积下来达到极致后引发的。社会科学家一直尝试着要认清此类"失灵"自成体系的源泉，并寻求改革以降低此类"失灵"发生的概率同时减轻它的破坏作用。对研究"政府失灵"的学生们来说，伊拉克战争就是一个案例。

我们知道自己对战争有着潜意识的看法，这会影响这项研究的客观性。因此，我们一直都特别小心。即使我们所用的方法极为保守，但我们所得到的数字仍然是令人难以置信的。但要知道，有些数额庞大的费用因为难以准确地计量，还没有囊括在我们的估算中。

也许有人会认为，我们忽略了战争的收益。面对这样的指责，我们姑且承认我们有错。不过，战前大量的证据显示，信誓旦旦发动战争的一个主要好处——销毁大规模杀伤性武器——实际上是空穴来风[21]，因此，我们的错误也会不洗自清。战前大量的证据还显示，基地组织与伊拉克没有关系，开启战端有可能制造出更多的恐怖分子。如是，我们的错误不也是不辩自清么？战前还有大量的证据显示，石油价格不会降低，供给也不会更稳定。怎么样？还是我们正确！退一步说，即使以上所言的开战的种种好处真的实现了，那么，一项好的决策也仍然要求我们尽可能精确地估算成本。而这，恰恰就是本书所要回答的问题。

注释

[1] 这个数字包括伊拉克战争（又称为伊拉克自由行动，OIF）中的伤员28 600人，阿富汗战争（又称为持久自由行动，OEF）中的伤员 1 800 多人，以及非因战负伤（如交通肇事及奇灾怪病等）而从这两个战区撤离进行治疗的伤员 36 500 人，但不包括非因战负伤及因病在战区接受治疗的人。我们后面还会提到，军方在确认是因战还是非因战负伤方面具有很大的自由度。关于伊拉克的伤亡，请参见情报统计分析中心、国防人力数据中心：《全球反恐战争——伊拉克自由行动；2003.03.19—2007.12.08 服役期内的伤亡分类》；

据《信息自由法案》，此数据取自于“退役军人常识组织”（Veterans for Common Sense），网址：http：//siadapp. dmdc. osd. mil/personnel/CASUALTY/OIF－Total. pdf（详见本书附录）。关于阿富汗战争的伤亡，参见情报统计分析中心、国防人力数据中心：《全球反恐战争——持久自由行动；2001. 10. 07—2007. 12. 08服役期内的伤亡分类》；网址：http：//siadapp. dmdc. osd. mil/personnel/CASUALTY/WOTSUM. pdf。

[2] 截至2007年前半个财政年度，约有264 000名返乡军人在退役军人事务部的医疗机构和诊所求治疾患（联邦政府的财政年度始于每年的10月1日）。在这些人中，接受临时心理健康状态诊断观察的约占38%（100 282人），接受创伤后应激障碍（PTSD）诊断观察的为20%（52 000人）。参见美国海军荣誉少将帕特里克·W·邓恩（Patrick W. Dunne）2007年10月17日向美国参议院退役军人事务委员会的陈辞。帕特里克·W·邓恩少将是美国退役军人事务部负责政策与规划的部长助理。

[3] 伊拉克战争前，1 290万人可以汲取饮用水，到2006年初时，有水可饮的只有970万人。见奥汉龙和坎贝尔（Michael O'Hanlon and Jason Campbell）：《伊拉克指数：后萨达姆时代伊拉克重建及安全的变量追踪》，布鲁金斯学会，2007-10-01，www. brookings. edu/iraqindex，p. 48。2004年，盟军临时权力机构（Coalition Provisional Authority）声称，到2004年6月底，每日发电量的峰值要达到6 000兆瓦。可是即使到了2006年底，全年每日峰值电量也只有4 280兆瓦。2006年3月国务院设定的目标，是巴格达和整个国家要每日24小时供电。参见政府问责办公室（Government Accountability Office）：《伊拉克重建：恢复伊拉克石油和电力部门应采取的一揽子战略计划》，2007-05，GAO-07-677，（http：//www. gao. gov/new. items/d07677. pdf）。即使到了2007年10月，巴格达每天的供电时间也只有9小时，而战前的供电时间是16～24小时，见奥汉龙和坎贝尔：《伊拉克指数：后萨达姆时代伊拉克重建及安全的变量追踪》，2007-11-12，p. 36。

[4] 官方将海湾战争（从1990年8月2日至1991年3月31日）称为沙漠风暴行动（Operation Desert Storm）和沙漠盾牌行动（Operation Desert Shield）。此外，1名飞行员失踪。而在伊拉克战争中，非战斗性事故很多，235人丧命。见退役军人事务部：《美国的战争》，2007-10，网址：http：//www1. va. gov/OPA/fact/docs/amwars. pdf。

[5] 海湾战争耗费940亿美元（2007年美元价），美国只付了70亿，其余部分由沙特阿拉伯、科威特和其他国家返还给了美国。见艾米·贝拉斯克（Amy

Belasco):《不断攀升的伊拉克战争费用》，2007 年 10 月 24 日在众议院预算委员会听证会上的陈辞。艾米·贝拉斯克是国会调研服务局美国国防政策及预算方面的专家。

[6] 参见退役军人福利管理局（Veterans Benefits Administration）的年度福利报告。系 2005 财政年度数据，并按 2007 财政年度的通胀和生活费用指数进行了调整。

[7] 与海湾战争综合征相关的调研费用已经花掉了 10 多亿美元，主要以医疗调研基金的面目出现，由国防部、健康与人道服务局和退役军人事务部这三个部门买单。这个数据是作者根据美国政府 1993—1997 财政年度的预算匡算的。

[8] 退役军人事务部:《海湾战争退役军人信息系统》，2007-05，发布于 2007 年 6 月 30 日（http://www1.va.gov/rac—gwvi/docs/BWVIS_May2007.pdf）。

[9] 埃里克·施密特（Eric Schmitt）:《官兵的质询使拉姆斯菲尔德想起了国防》，载《纽约时报》，2004-12-09，p. A1。

[10] 伊拉克的正式战斗行动发生在 2003 年 3 月 19 日至 2003 年 4 月 30 日。在 2003 财政年度中，美国政府花费了 460 亿美元军事行动费，调整通胀因素后相当于 2007 年的 550 亿美元。见国会预算办公室预算分析部主任助理罗伯特（Robert A. Sunshine）对众议院预算委员会的证词:《对美国在伊拉克和阿富汗军事行动及其他与反恐有关行动的费用估算》，2007-07-31。

[11] 政府问责办公室:《退役军人事务部的医疗保健：对退役军人事务部 2005 及 2006 年度医疗费用预算形成的初步调查》，GAO-06-430R，2006-02-07。

[12] 2007 年 2 月，发现沃尔特里德陆军医疗中心的门诊器械被霉菌和寄生虫感染，医护人员短缺，基础卫生设施不足。参见达纳·普瑞斯特和安妮·哈尔（Dana Pricst and Anne Hull）:《军人们不受重视，受挫于陆军顶级医院》，载《华盛顿邮报》，2007-02-18，p. A1。

[13] 伊拉克战事称为伊拉克自由行动（Operation Iraqi Freedom，OIF），阿富汗战事称为持久自由行动（Operation Enduring Freedom，OEF）。这两个行动，再加上旨在为领使馆提供安全及有关保卫的神鹰行动（Operation Noble Eagle，ONE），形成官方所称的全球反恐战争（Global War on Terrorism，GWOT）。不过，至少在战争伊始，伊拉克与“9.11”恐怖袭击并无关联。在阿富汗的美军还包括北约主导的军事行动的参战部队。

[14] 一般的家庭系中数，指居于“中间”的家庭，其中，高收入的家庭占一半，低收入家庭占一半。参见美国人口普查局:《当前人口普查》，载《社会及经济年报》，网址：http://www.census.gov/hhes/www/income/histinc/

h06ar. html。

[15]《联邦养老信托局与生者保险及伤残保险信托基金的年度报告》，2007-05-01，网址：http：//www. ssa. gov/OACT/TR/TR07/tr07. pdf。

[16] 参见 www. costofwar. com。

[17] 参见《全人类教育：实现我们的集体承诺》，世界教育论坛，达喀尔，塞内加尔，2000-04-26—28。千禧年的第二个发展目标是全球实现小学教育；近期的研究估计，“要将全球每一个孩子都送到高质量的小学接受教育每年将耗资约70 亿～170 亿美元”见南希・伯索尔、鲁斯列文、阿米娜・易卜拉欣等（Nancy Birdsall，Ruth Levine，Amina Ibrahim，et al.）：《面向全球的小学教育：投资、激励及制度》，千禧年项目，教育及性别平等工作组，2005，pp. 8-9（http：//www. unmillenniumproject. org/documents/Education－complete. pdf）。

[18] 美国人口普查局：《当前人口普查：中数收入已经下降，平均收入有所上升》。中数收入与平均收入之间的差距同收入差距的拉大有关。如果少数高收入阶层越来越富有，则平均数就会上升，但中数收入会保持不变甚至下降。目前，平均家庭收入已经高出中数家庭收入 1/3 强。

[19] 例如，有一种批评意见认为，即使在和平时期，诸如车祸等伤亡在部队也是在所难免的。因而，不应该将所有的战时伤亡都归罪于战争。不管军队的死伤以何种方式发生，美国政府都必须为此买单。我们认为，认识到这个伤亡数字的增量是极为重要的。为此，我们对伊拉克战争前 5 年和开战后的意外及非敌对性的伤亡数字进行了比较。结果发现，意外和非敌对性死亡数字上升了 50%多。我们将在第 3 章解释这个新发现。

[20] 史蒂文・戴维斯、凯文・墨菲和罗伯特・托佩尔（Steven Davis，Kevin Murphy，and Robert Topel）：《伊拉克战争与围堵政策》，美国企业研究所，华盛顿，2006-02-15，原为德国慕尼黑 CESifo（经济与讯息研究中心）会议准备的论文：《大炮与黄油：冲突的经济原因与后果》，2005-12-09，10（http：//www. aei. org/publications/pubID. 23916/pub _ detail. asp）。

[21] 联合国负责检查的外交官汉斯・布利克斯（Hans Blix）证实，伊拉克没有 WMD 武器，他不容置疑地认为，伊拉克拥有此类武器的可能性几近于零。他哭丧地问：“难道哈德孙河南岸的那些人根本就没看联合国的报告?”见《布利克斯对联军期待发现 WMD 武器的置疑》，全球安全新闻专线，2003-06-18（http：//www. nti. org/d_newswire/issues/newswires/2003_ 6_ 19. html ＃1）。

致 谢

解析战争费用不是一件容易的事儿，要是没有很多人的帮助，是不可能完成的。

数据和信息可以公开获得并不意味着凭借《信息自由法案》(Freedom of Information Act) 就能得到自己想要的东西。我们要感谢退役军人常识组织的保罗·沙利文 (Paul Sullivan)，他帮助我们了解伊拉克和阿富汗战后归国军人面临的情境，并根据《信息自由法案》向我们提供了国防部和退役军人事务部的某些关键数据。

罗伯特·韦斯科特 (Robert Wescott) 在复查宏观经济成本估算方面对我们帮助很大。2005 年 1 月由美国经济学会 (American Economic Association) 与和平及安全经济学家组织 (Economists for Peace and Security) 在波士顿联合举办的会议上，我们介绍了早期的分析文章。座谈会其他成员的发言使我们受益匪浅，这些成员有：威廉·诺德豪斯（William Nordhaus），巴萨姆·优素福（Bassam Yousif），塞费·科希克（Steve Kosiak）以及艾伦·西奈（Alan Sinai）。罗伯特·赫麦茨（Robert Hormats）与我们分享了战争成本及赤字财政方面的很多想法。威廉·普法夫（William Pfaff）和杰米·加尔布雷思（Jamie Galbraith）阅读了本书的部分手稿。哥伦比亚大学的助手们，如吉塞尔·古兹曼（Giselle Guzmán），何芳（Fang He），伊泽特·耶尔德兹（Izzet Yildiz），丹·乔特（Dan Choate）等，为我们的研究提供了帮助。还要特别感谢吉尔·布莱克福德（Jill Blackford），从调查研究到本书的编辑，再到字斟句酌及本书的最后成稿，他都有所贡献。某些线上编辑工作是由格雷厄姆·瓦茨（Graham Watts）和萨曼莎·马歇尔（Samantha Marshall）以及艾米·普林斯（Amy Prince）完成的，他们很能干。

在哈佛校园，我们要感谢的人也很多。布赖恩·亚马蒂诺（Brian Iammartino）在开发成本模型方面提供了很大的帮助，大学生托尼·帕克（Tony Park）和博士候选人约翰·霍顿（John Horton）（霍顿本人就是伊拉克战争的退伍兵，曾在服役期间致残）对我们的调研也多有协助。感谢迈克尔·约翰逊（Michael Johnson）和杰米·乔治娅（Jamie Georgia），这两个职员助手很出色。感谢国家医药研究所（National Institute of Medicine）的迈克尔·麦吉里（Michael McGeary），他不厌其烦地向我们解释伤残抚恤体系，并仔细地审读截肢补偿等问题。感谢美国伤残退役军人组织（Disabled American Veterans）的戴维·戈尔曼（David Gorman）和乔维·奥兰特（Joe Violante），美国退役军人未来委员会（Commission on the Future of America's Veterans）的戴维·塞维尔（David Sevier），以及伊拉克和阿富汗美国退役军人组织（Iraq and Afghanistan Veterans of America）的保罗·里克霍夫（Paul Rieckhoff），他们向我们介绍了伤残退役军人补偿制度，伤残军人从部队转业的困难，以及他们退伍后所面临的窘况。感谢马修·费克图二世（2nd Lt. Matthew Fecteau），他宽宏大量，勇毅顽强，2006 年以来一直在伊拉克的美国军队中服役；他向我们讲述了战区的实况，使我们对战区的真实生活有了认识。感谢伦敦经济学院的博士生尼克·基钦（Nick Kitchen），协助我们分析了英国的战争费用；感谢马萨诸塞酒吧协会（Massachusetts Bar Association）的苏珊·安德森（Susan Anderson），向我们解释了陪审团如何裁定伤亡补偿；感谢国会预算办公室的经济学家马特·戈德堡（Matt Goldberg），腾出宝贵的时间与我们一起熟悉国会预算办公室的预算方法。

医生们帮助我们理解脑外伤和创伤后应激障碍疾病，也值得我们答谢，他们是：旧金山退役军人医院的查尔斯·马尔玛（Charles Marmar）博士和凯伦·西尔（Karen Seal）博士；旧金山加州大学医学院神经科教授丹·洛温斯坦（Dan Lowenstein）博士；马萨诸塞州坎布里奇市的莫林·斯特拉福德（Maureen Strafford）博士；德国兰德斯医疗中心的前外科主治医生吉恩·博尔斯（Gene Bolles）博士。

我们要感谢诺顿公司的出版商德雷克·麦克菲力（Drake McFeely），他的同仁凯尔·弗里西纳（Kyle Frisina），尤其要感谢布伦达·柯里（Brenda Curry），他在本书的编辑过程富有耐心，对我们帮助很大。在企鹅出版集团，我们要再一次深深地感谢斯图尔特·普罗菲特（Stuart Proffitt）。大量的编辑工作是由阿尼雅·希夫林（Anya Schiffrin）完成的，她耐心地审读了本书的手稿，为我们的写作提供了全程帮助。她的父亲安德烈·希夫林（André Schiffrin）先生是一位出版商；他提出了这本书的创意，并就本书的架构提出了很多宝贵建议。乔纳森·哈克姆（Jonathan Hakim）花费了大量时间改进成本模型，协助我们校改某些章节，自始至终地发表见地和提供指导，特别值得我们称赞和感谢。最后，我们还要感谢不久前谢世的莫里·比尔米斯（Murray Bilmes）博士，第二次世界大战期间他曾在太平洋美军服役。

目录

第 1 章
真的是 3 万亿美元吗?

2003 年 3 月 19 日，美国及其“自愿联盟”入侵伊拉克。惊恐的攻击画面出现在电视屏幕上，全世界都看得见。在目睹这些毁灭性的场面时，我们不由得想知道伊拉克会变成什么样子。毫无疑问，萨达姆的军队顷刻间便土崩瓦解。美国的军费开支几乎占了全世界的一半![1]而当时，伊拉克的经济总量还不到美国的 1%。伊拉克已经与伊朗打了十几年，徒劳无益，还搭上了数十万条生命[2]；紧接着是海湾战争，又大约有 7.5 万～10.5 万人命丧黄泉[3]；再其后是长达 10 年的经济制裁。鉴于此，美国不速胜才怪。

战争进行了 6 周多，小布什志得意满地登上了林肯号航母的甲板，站在“完成任务”（Mission Accomplished）的巨幅标语下。但这多少有些不合时宜，因为任务其实还没有完成！我们的任务并不是要挫败伊拉克军队，而是要建立一个可行的民主社会——这是早就确定的。对新保守主义的政策设计者来说，伊拉克才仅仅是第一步。他们的目标是要在中东创建一个新型的民主社会，并最终使以色列和巴勒斯坦实现永久的和平，这个目标也同样还没有完成。一个稳定、自由、民主的伊拉克，仍然是一个遥不可及的梦想。

到2008年3月19日，美国与伊拉克之战已经整5年了，第二次世界大战中，美国参战时长为三年零八个月；第一次世界大战两年零两个月；朝鲜战争三年零一个月；美国国内战争可谓长矣，也不过才四年。五年就要过去了，可伊拉克战争进展迟滞。伊拉克本国局势每况愈下，内斗不断，中东地区其他国家的情势也极不稳定。仇视美国的情绪在该地区攀升并向世界各地蔓延。全球意向排序调查项目（Pew Global Attitudes Project）表明，很多国家（包括我们的一些长期盟友）认为：美国对全球和平的威胁最大，甚至比伊朗和朝鲜还大。[4]而这两个国家，还有伊拉克，可都是布什总统钦点的“邪恶轴心”成员。

伊拉克人认为美军是侵略者，而不是解放者。民意测试表明，70%的伊拉克人要求美军“滚出去”。[5]伊拉克的GDP刚刚恢复到战前的水平[6]；失业人员少说也有25%。电力短缺是重建伊拉克行动失败的标志。电力短缺只是重建失败的一个数量指标，它还意味着不能用空调，也不能用冰箱。暑热难耐，食品易馊，人们脾气也很坏。在巴格达，电力供应时数仅及战前水平的一半。因暴力致死的精确人数至今尚无定论，有的说是10万人，有的说超过15万人；连同其他死因，伊拉克的“过量”死亡人数也许高达70万人甚至更多。这些数据都是基于正规的统计方法得到的。[7]

中产阶级是民主社会运行的中流砥柱，但在伊拉克却消亡殆尽，就连由美国人在战后所推举的首任首相伊亚德·阿拉维（Ayad Allawi）都毫不含糊地这么认为。[8]约有200万伊拉克难民流落在世界各地；此外，还有约200万伊拉克人被赶出了自己的家园。[9]这些逃亡者多数去了约旦和叙利亚；在2006年，约有2.6万人到瑞典寻求避难或与家人团聚，估计2007年还会有2万多人。瑞典比美国小得多，但容留的难民却很多；截至2007年10月份，美国只收留了1 608名伊拉克难民。[10]但若按美国的人口比例来说，它可以容留的难民数量应该能达到90万人。

对战争费用的低估

布什政府对战争收益的理解是错误的，对战争成本的认识也同样错误。总统和他的顾问希望战事时间短、费用低。可事实上，这场战争的费用超出了我们任何人的想象。美国直接军事行动的费用就已经超过越战的 12 年之和，是朝鲜战争的两倍多，这还没有考虑诸如照料伤残士兵等长期费用。即使在最乐观的情势下，这些费用也是第一次海湾战争的 10 倍，比越战高出 1/3，是第一次世界大战的两倍。[11]在我们的历史上，第二次世界大战所费最多：为时四年，共投入兵力1 630万，战争费用约为 5 万亿美元（按校正通胀因素后的 2007 年美元计算）。[12]向德国和日本宣战，美国几乎投入了全部兵力，但以 2007 年的美元计算，配置在每个士兵身上的战争费用也不足 10 万美元。而在伊拉克战争中，仅直接费用一项，兵均费用就高达 40 万美元。[13]

战争期间的成本一直被低估。2007 年 1 月的估算是，如果再增加 2.1 万名士兵以展开拟议的“推进”战略，战争费用为 56 亿美元。但这个估算仅仅考虑了配置战斗部队 4 个月的费用。根据无党派国会预算办公室（Congressional Budget Office，CBO）的测算，“推进”战略还需要约 1.5 万～2.8 万人的助攻部队，战争费用至少升至 110 亿美元（按 4 个月计算），如果“推进”战略持续 12～24 个月，则战争费用就要升至 270 亿～490 亿美元[14]。这个数字还不包括伤残士兵的长期医疗费用，也没有考虑增派部队武器设备的更新成本。CBO 在另一个报告中还指出，实施“推进”战略会在一段时期内降低美军应对其他潜在冲突的能力，使美军心有余而力不足。这也是一项应予考虑但却未被考虑的成本。[15]

还有一些多数美国人没有意识到的费用呢！血的代价是由志愿军和雇佣军来支付的，而真金白银则完全是借来的。我们没有增加税负来偿还这些借款——事实上，对富人的课税反而有所降低。赤字开支给了我们一种假象：经济规律好像不起作用了，大炮与黄油可以兼得。但经济规律注定是要发挥作用的。战争费用可能会转移到下一代，但注定是要支付的。不过，在审视这些费用之前，我们还是来看一看当我们卷入战争时，管理当局是怎么说的吧！

对战争费用的早期估计

战争前夕，我们曾经讨论过可能发生的费用。布什总统的经济顾问和国家经济委员会（National Economic Council）主席，莱瑞·林赛（Larry Lindsey）认为，战争费用将达到 2000 亿美元。[16]但这个估计数字被国防部长拉姆斯菲尔德斥为“扯淡”。[17]副部长保罗·沃尔福威茨（Paul Wolfowitz）认为，这些费用可以靠战后重建而增加的石油收入来自我满足。[18]预算管理办公室主任米奇·丹尼尔斯（Mitch Daniels）和国防部长拉姆斯菲尔德估计，战争费用当在 500 亿～600 亿美元之间，而且他们认为，其中的一部分将由其他国家负担（考虑到通胀因素，按 2007 年美元计，他们所计划的战争费用应当在 570 亿～690 亿美元之间）。[19]

整个政府班子的口气都显得气定神闲，宛如这项开支只是一笔小钱。安德鲁·纳齐奥斯（Andrew Natsios）是国际开发署一位颇受敬重的官员，他在 2003 年 4 月接受 ABC 广播电台夜线主持人特德·卡普尔（Ted Koppel）的采访时坚持认为，重建伊拉克有 17 亿美元就够了。

卡普尔：好吧……17 亿，你的意思是不是说，17 亿美元就可以将伊拉克重建完全搞定？

纳齐奥斯：就美国纳税人的贡献来说，我是这个意思，这是针对美国而言的。重建伊拉克的其他费用要由别的国家来提供，像英国、德国、挪威、日本、加拿大等，都已经做出了承诺。还有伊拉克的石油。石油有了，再加上一个民选的新政府，用他们自己的石油收入也会完成一些重建工作，也就是几年内的事儿。石油收入 1 年会有 200 亿美元。对美国来说，就是这 17 个亿，我们并没有多于这个数字的开支计划。

卡 普 尔：我想再确认一下，我的理解是不是准确无误？你是说，对美国纳税人来说，最高费用就是 17 个亿，不会大于这个数，对吧？

纳齐奥斯：对重建来说，是这样。还有 7 个亿的附加预算用于人道主义援助。人道主义援助是善款，不能讨价还价的。

卡 普 尔：我懂了。不过，就重建工作而言，你是说，不管重建持续多长时间，美国纳税人的付款额都不会超过 17 亿美元吗？

纳齐奥斯：这是我们的计划和意愿。至于这些数字嘛，花里胡哨的；必须得承认，它多少有点儿宣传的味道！[20]

即使是已经注意到战争所费将达到 2 000 亿美元的林赛也宣称："战事成功，对经济发展有益"。[21]

从事后看，林赛大大地低估了战争本身的费用和社会经济成本。假如国会在 2008 财政年度批准 2 000 亿美元以外的追加战争费用的话，那么，在 2008 年，其拨款总额将达到 8 450 亿美元；这些款项将用于军事行动、伊拉克重建、使馆建设、军事基地的安全提升，以及伊拉克和阿富汗的外援等。[22]

开战以来，按 2008 年的美元计算，仅伊拉克一地的经营性费用（战争本身的支出，也可称为"日常费用"）每个月平均就高达 125 亿美元，而 2003 年此项支出是 44 亿美元。与阿富汗的费用加在一起，月均战争费用为 160 亿美元。160 亿美元可不是个小数目，相当于联合国每年的预算水平，或是美国 38 个州的总开支。即使如此，它还不包括国防部每年的经常性费用 5 000 亿美元，不包括诸如情报搜集等隐性支出[23]，也不包括与其他部委相互掺杂的预算费用。

此外，我们下面还会论及（详见第 4 章），这些费用可谓高矣，但也都是纯粹的预算费用，只不过是战争总费用的一部分。

本书聚焦于伊拉克战争费用，但要想将伊拉克、阿富汗以及相关军事行动的费用逐一区分开来，其实是很难的。[24]尽管总统预算确实对伊拉克和阿富汗所需费用做了界定或区分，但国防部对这些费用的详情却守口如瓶。战争费用与常规费用混在一个账户里。[25]退役军人事务部在估算费用时也是将这两类支出混为一谈。国会预算办公室在追加预算时，并未将伊拉克与阿富汗的费用区别开来。我们是依据国会调研服务局（Congressional Research Service，CRS）的数据来进行分类的，利用“多种资源和方法，按国防、外交以及退役军人医疗拨款额，来估算关于战争的各种费用分配”。[26]

推动费用攀升的因素

推动战争费用攀升的主要因素，远不是部队的配置数量或战争的推进速度所能说明的。自 2004 年以来，美军在这一地区、一定时段内所配置的平均人数平均上升了 15%，但费用剧升至 130%。军事行动的密度也与此相似，在同一时期内上升了 65%，仅及战争费用上涨幅度的一半。[27]

推动战争费用飞速上涨的主要因素有三个。首要原因当然是军事人员的费用在上涨，主要包括服役的男女士兵和雇佣军。投入军事活动的官兵数量增加得并不多，但人均战费却上升得非常快。招募费、战时补贴、困苦费、延期服役奖金，这些费用都在上涨（延期服役奖金升至 15 万美元）。美国军队高度依赖国民警卫队和预备役人员，而预备役人员一旦服现役，就得全额领取薪水、战时补贴和其他福利，而不像未服现役时每月只领取一个周末的津贴。[28]就预备役人员费用而言，我们尽可能地按在伊拉克和阿富汗这两个国家实际配备的兵员和伤亡人数来分摊，这意味着，多数费用应当记到伊拉克的账上。假如我们没有进行伊拉克战争，那么，正规部队就基本能够满足需要。2003 年 5 月至 2005 年 1 月，常驻伊拉克的部队大约是 8.2 万～14.2 万人，如果这部分军队能得以派驻阿富汗的话，那么，所招募的预备役人员就会大大减少。如果我们将数千名新增的军事后勤人员也算在内的话，所需兵员就会更少。[29]伊拉克战争转移了人们对阿富汗战争的注意力，是导致美军在阿富汗地区失败的缘由，但作用到底有多大还争论不定。从成本的角度看，有一点是毫无疑问的：恰恰是在阿富汗战争之后又发动了伊拉克之战，致使美国军队顾此失彼，方方面面的战事费用都在节节攀升。

伊拉克和阿富汗战争中所雇用的军事承包商越来越多。这些承包商几乎无所不做，饮食、清洁、保养武器、保卫外交人员；这些工作如果由正规部队承担的话，则军费就会大大缩减。国防部指挥中心的一项调查表明，个体雇佣军人数达 10 万以上，比 1991 年海湾战争多出 10 倍。[30]既然部队规模难以扩大，那么战争就离不开他们。这些人肩并肩地与正规部队一道作战，恪尽职守。据估计，自 2003 年以来，阵亡的雇佣军已逾千人。

侵占伊拉克为私营军事安保公司提供了新的机会。2007 年，仅国防部安全保卫方面的开支就达到 40 亿美元，而三年前才只有 10 个亿。黑水安保公司（Blackwater Security）于 2003 年捷足先登，以非竞标方式获得了一个 2 700 万美元的合同，负责守卫刘易斯·保罗·布雷默三世（L. Paul Bremer Ⅲ）和盟军司令部（美国在巴格达的最高军事当局）。一年后合同金额增加到 1 亿美元。到 2007 年，该公司在伊拉克的合同额已达到 12 亿美元，雇用了 845 名个体安保人员。[31]

2007 年，为诸如黑水和戴恩（Dyncorp）这样大型安保公司工作的安保人员日收入为 1 222 美元，年收入可达 445 000 美元。[32]而部队士官每日的薪水加补贴仅为 140～190 美元，全年也不过 51 100～69 350 美元[33]。

更糟糕的是“内耗”，雇佣军高薪是推动现役军人不断提高延期服役奖金的主要因素。士兵们服役期满后可以到安保公司干，薪水会高很多。尽管延期服役奖金在不断地提高，但一部分经验极为丰富的军事人员，还是为私营安保公司所雇用。

很多人对过分地依赖雇佣军人而不是强化正规军队提出了质疑，质疑的视角还不仅仅是高额费用问题。与正规军相比，雇佣军不仅费用高，而且还不受军队的约束或管辖。[34]当然，多数雇佣军吃苦耐劳、诚实可信、不怕困难，但也有一小撮凶残分子已经恶名在外，引发了进一步的冲突。[35]

从本质上说，使用雇佣军是军队的局部私有化。不过，国家不能将军队私有化的理由还是很充分的。政府可以将钢铁厂私有化，也可以将电厂或煤气公司这些自然垄断企业私有化，同时对这些垄断组织实施全方位的监管，以避免它们滥用垄断权势向消费者漫天要价。但军队却不能实行私有化。私有化的倡导者们通常认为，私有化能提升消费者的敏感性。钢铁企业可以提供质量可靠的产品赢得消费者的喜爱，从而提高自己的盈利水平。最主要的是，那些与军事承包商打交道的部门也是情非所愿，因为承包商或其他供应商所开出的价格是无处询价比较的。承包商的动机也的确有问题：它们的目的在于尽可能地降低成本，涉及面更广的国家公共目标并不在它们的视野内。

大量地使用军事承包商还存在另一个问题：产生奸商与贿赂的可能性大大增加。[36]副总统切尼（Dick Cheney）曾担任过总裁的哈里伯顿公司（Halliburton）是一家军火商，虚报合同金额从政府骗钱的丑闻几乎尽人皆知，但这只不过是冰山一角。

这些问题又反映出现行承包制的一些根本缺陷，既表现在如何获取合同方面，又表现在获取合同后如何监管方面。

发包合同无规律可循并不仅仅是偶然现象。从鼓励竞争、为纳税人省钱的角度考虑，多数合同都应该通过竞标方式获得，这应当是称职政府的一项基本政策。但这个过程在布什政府那里却经常“短路”：独家竞标——因为情势紧迫，等不及。更糟糕的是，多数合同都采用成本加成法：“实报实销”，利润空间达到上限（这是一种不合适的激励，支出得越多，利润越高）。不期然的战争刚发生时，独家竞标还情有可原，但像哈里伯顿公司那样，年年拿合同，就不是“情势紧迫”所致了吧！

最受苛责的一个例子，是国会于 2003 年批准的重建伊拉克公共设施的那笔 184 亿美元的巨额资金。这些公共设施包括学校、医院、电厂、公路等。国会并不情愿，但布什总统为了这笔钱使出了浑身解数，历陈恢复这些基础设施对美国战略是何等的必要。[37]但国会要确保这笔资金能直接落入企业的口袋，并为伊拉克创造就业机会。经过激烈的争论后，这笔资金获得了通过，但条件是，合同必须通过竞标方式来获得，要想有例外须经国防部长出具书面材料，说明独家竞标的必要性（国务院的项目须由国务卿说明）。这样，事情就“卡”在那里了。拉姆斯菲尔德想不通过竞标方式，将合同送给那些大军火商常客，但又拒绝向国会提供书面材料解释必要性。结果是一年以后，重建资金只花出去 10 亿美元。就像我们日后看到的那样，这笔钱要么是被挪用于军事活动，要么就是根本花不出去。

发包程序一团糟，后续监管又不得力。道理是不言自明的：采用成本加成法，费用奇高。监管不到位，是因为人手不足。国务院合约履行部门只有 17 个人，但监管的合同额却高达 40 亿美元。国防部的情形更糟，其采购部门已经多年没有增加投资或扩员了。在 1998—2004 年间，国防部的发包总额增长了 105%，但雇用的合同监管人员却下降了 25%。[38]

如是，不合常规的合同“多如牛毛”也就不足为奇了。国防合同审计局（Defense Contract Audit Agency）的报告显示，有问题的票据额高达 100 亿美元。[39]由于盟军临时指挥中心财务控制松弛，88 亿美元的伊拉克开发基金因而消失得无影无踪。[40]

与世界各地相比，美国的腐败形式最为微妙。“好处费”以竞选捐赠的面目出现，没有直接行贿的。哈里伯顿公司向共和党捐赠了 1 146 248美元，向民主党捐赠了 55 650 美元。而哈里伯顿则以独家通吃的方式获得了至少 193 亿美元的合同。[41]

政府超支部分恰是军事承包商的利润，军事承包商和石油公司是这场战争的真正赢家。自开战以来，哈里伯顿公司的股票价格已经上涨了 229%，大大领先于其他军火商，如通用动力公司（General Dynamics）的涨幅为 134%，雷神公司（Raytheon）为 117%，洛克希德·马丁公司（Lockheed Martin）为 105%，诺斯罗普·格鲁曼（Northrop Grumman）为 78%。[42]

石油价格上涨是战争成本升高的第二个原因。现代军队的运作不仅要有“粮草”，还离不开燃油。战争开始时，每桶石油价格是 25 美元，到 2008 年底时，每桶已经涨到 100 美元。油料运抵伊拉克的费用上涨得更猛，运输路线长且险象环生，直接推动了运费的上涨。

推动战争费用螺旋式上升的第三个原因，是武器与设备的不断更换或重置。这也许是最重要的原因。因为军火库已经消耗殆尽，而战争还看不到尽头，必须重新添置武器装备，而这却是始料不及的。[43]防地雷反伏击车辆（MRAP）是最明显的例子。这种车有一个V字形外壳，使车体悬离地面三英尺，可防底部炸弹的攻击，以确保像悍马（Humvees）这样低傰运动装甲车的战斗力。洛克希德公司于2003年发明了超级MRAP，2005年初因军方急需便开始生产。但直到罗伯特·M·盖茨（Robert M. Gates）于2006年接任国防部长时，五角大楼才决定采用这种新技术武装现有的18 000辆悍马车。其间，伊拉克的路边炸弹已经损毁了美国1 500多辆战车。

此外，培训和武装阿富汗和伊拉克保卫部队的费用也在逐月上升。自2004年以来，用于培训这两个国家本地军队的费用已经达到300亿美元。这是一笔开战之初我们未曾估计到的费用。[44]

费用节节攀升的最主要的原因，是战争初期军费投入标榜节俭，而战事又持续恶化。如果按前国防部长鲍威尔“毁灭性军事打击”的战争理念，战争开始时所投入的军队和费用就会大大增加，抵抗部队也许早就被制伏，战事也许早就结束了。现在可好，战事持续了5年，伊拉克抵抗者估计死亡1.9万人，可抵抗者却比战争开始时还多，美国在中东地区的敌人也越来越多。[45]

并未计算在内的费用

战争的总费用其实要比官方所援引的数据高得多，因为好多成本成了“漏网之鱼”。例如，“生命无价”是政府官员谈及士兵阵亡时经常挂在嘴边的话，但是从成本的角度看，这些无价的生命在五角大楼账单上的标价是50万美元——包括向生者支付的死亡抚恤金和人寿保险。这正是战争开始后，死亡抚恤金由原来的12 240美元提升到10万美元，人寿保险由原来的25万美元提升到40万美元[46]后得出的数字。即使如此，与死于一场毫无意义的车祸所能获得的赔偿金相比，阵亡赔偿也只是一个零头。根据《医疗与安全管制条例》的规定，政府对一个处于巅峰状态的青年人未来个人收入的估计值为700万美元，远远高于阵亡士兵的抚恤。[47]以此为参照，伊拉克战争阵亡的士兵接近4 000人，费用差不多是280亿美元。对全社会来说，士兵阵亡所带来的成本显然要远远高于政府预算所显示的数字。

少报美军伤亡数字是掩盖真实费用的另一个例证。国防部的伤亡数字是由部队上报的，但只包括在敌对行动（战斗）中的伤亡。如果士兵在夜间出行因意外事故致死或致伤，官方将之称为“非战斗伤亡”，而全然不计白天太危险、出行太不安全这个事实。其实，五角大楼有两本账。一本是罗列于国防部官方网站的伤亡数字；另一本则藏而不露，是在另一个网站上，只有凭借《信息自由法案》才能获取。后一本账目的数据表明，致病及伤残人数是公布的伤亡数字的两倍。[48]有些人认为，即使士兵未赴伊拉克，这些非战斗伤亡的事件也可能会照样发生。但我们最新的调研数据表明，这些伤病数字与战争直接相关。我们在第2章和第3章还会谈到这个问题。

当然，我们所考虑的也仅仅是在战争中殒命的数千个美国人生命的经济成本，但人类生命的成本其实是难以计量的。这些生命成本最终是由士兵们支付、由他们的家人支付、由他们所在的社区支付。士兵们自前线归来，伤痕累累，压抑失常，我们可以计算他们伤残抚恤费用和丧失劳动能力的成本；但家人的压力，婚姻的破碎，以及失聪、失明、四肢不全所带来的绝望，这些成本能算得出来吗？[49]

从士兵及其家人的角度看，我们还有理由对战争的真正费用做出更为悲观的估计。2008年底，美国《医疗协会》杂志公布了一项最新研究，揭示了士兵复员后几个月内的心理健康问题。作者指出，早期的研究显示：“与刚刚归来时相比，士兵们在其后的几个月内所显示的抑郁感有可能更为严重”。[50]所谓的“其后”是指归来后的3～6个月，结果显示有20.3%的现役军人和42.4%的预备役军人需要接受心理健康治疗。[51]

不完整的成本核算体系

美国政府的核算体系进一步模糊了战争的真实成本。按收付实现制核算是美国政府采用的标准计算方法。这种方法只计入当前实际发生的费用，而不考虑将来需要支付的成本，如战后的医疗费用、伤残抚恤成本等。收付实现制使当前的战争费用看上去并不高昂。例如，不采购可使士兵免于路边炸弹袭击的昂贵设备，那么，一旦有人被炸伤，需长期支付的医疗费用就会被隐藏起来。

收付实现制其实有诸多不足，在美国，除了路边的杂货小店以外，其他组织的业务都必须依法按权责发生制记账。权责发生制可将未来发生的成本显示出来，而不是到实际产生这些费用时才有所体现。收付实现制与权责发生制之间的差异干系重大。由于未来的支出为量甚大，对战争费用估计不足的问题显得尤为突出。我们所给出的数字之所以与官方不同，就在于我们把这些未来将要发生的债务全盘计入在内。

还有其他不良的会计准则为虎作伥，使得国防部可以隐藏伊拉克战争费用，使之看起来并没有突破正常预算。国防部每年花掉5 000多亿美元（还不包括本次战争）的税款，但却从未说明这些钱的流向。2007年是国防部第十次未能通过财务审计了，审计官说，“硬伤”几乎无处不在。国防部的总审计官最近向众议院国土安全委员会说：

> 国防部几乎所有的账目都有问题，这些问题由来已久，无处不在，根深蒂固。这些问题将持续地弱化国防部提供可信、即时而有用的财务与管理数据的能力，从而影响了其账目处理、预算以及决策所能获得的支持……这些缺陷影响了国防部财务决算的可信性，也影响了国防部的计划与行动，且饱受诸如低效、管理不善、浪费资源[52]等诟病。

财务混乱给测算伊拉克战争费用带来了困难。政府问责办公室（Government Accountability Office）说：“国防部和国会对战争费用稀里糊涂，用了多少钱不知道，还要用多少钱也无案可考”。[53]

2002—2008年间，军事预算费用累计涨到6 000多亿美元，这还不包括伊拉克与阿富汗的战事拨款。这些花费增速太快，比过去40年的军费增速都快。这不能全然归因于正常的人员、采购费用的上升及通货膨胀的加速。我们估计，至少有 1/4 的增长额投入到了伊拉克和阿富汗的战事中，在过去五年的国防开支中这部分约为 1 500多亿美元。

然而，尚未体现出来的伊拉克战费还不仅限于国防部一家。这些费用（现在和将来）还体现在社会安全局、劳工部、住房与城市开发部等部门的预算中。不过，冲击最大的要数联邦政府预算，好多费用被挪用。战争成本可以推到公共部门之外，但这些费用并不会消失。例如，未向退役军人提供足额的预算支持，这就迫使很多退役军人自掏腰包支付医疗费用。这样一来，政府的开支减少了，可整个国家的开支并没有降低。照料老兵及其家人的费用使国家不堪重负，但是，这笔账并没有反映在联邦政府的统计数字中。这也是我们在估计这场战争的总体费用时，为什么不能仅仅顾及联邦预算的原因。我们将在第 4～第 6 章详细地讨论这些问题。

打乱预算程序

政府当局为战争筹集资金的方法从一开始就存在问题。监督和批准资金的大权由国会掌管，这是民主制度的核心要求。拨款应当由国会发起，所有可预见的开支都应当通过预算。战争伊始，费用难以预料，因而通过应急拨款来解决，这可以理解。应急拨款就是为应对不期然事件而准备的。总统以这种方式为入侵阿富汗申请启动经费，是可以理解的。[54]

战事已经进行了 5 年，可我们还是频繁地以这种方式取得战争经费，这就令人匪夷所思了。零敲碎打地申请经费，集腋成裘，当局乐此不疲。2007 年 5 月，五角大楼预计，要想持续有效地进行这场战争，2008 年的资金需求为 1 417 亿美元。到了 9 月份，国防部长对翌年的费用做了重新评估，几乎涨到了 1 900 亿美元；待到布什总统提交 2008 年预算时，又涨了数十亿美元。

5 年来，几乎所有的战争费用都通过应急资金来解决，可以说是对预算程序的一个嘲讽。应急资金不属于正常开支缺口，用不着国会“说三道四”。此外，提交的预算基准甚低，以使“应急”显得更为真实，就像卡特里娜飓风一样，急事快办，钱款能立马儿用到战场上。

应急资金剥夺了两党专业人士仔细审读这些数字的机会，什么预算委员会、授权委员会、拨款委员会，都靠不上边儿。不到最后一刻，追加的应急战费是不会对外曝光的。这个办法很有效，不仅绕过了国会，甚至连政府自己的预算管理办公室也没有机会仔细地研究这些数字。程序不透明，见怪不怪的事就很多：一面是浪费严重，承包商从中渔利不菲，另一面是亟须的重要军事设备匮乏，诸如退役军人医疗等关键性的经费却长期不足。

所有负责任的政府监管部门一直对这种战费支付方式有意见，它们列举的问题有：款项的双重计算，预算与实际支出不吻合，有毛病的数字，缺乏影响总体成本的信息如战力和军队配置等。[55]由共和党前党魁吉姆斯·A·贝克尔三世（James A. Baker Ⅲ）和民主党前国会议员李· 汉密尔顿（Lee Hamilton）牵头组成的伊拉克两党联合调查组称：政府的预算申请“极为混乱”……以致一般公众和国会议员连这样简单的问题都难以作答：总统到底为伊拉克战事申请了多少战费？[56]

国会调研服务局称，国防部关于伊拉克和阿富汗军事费用的解释，是“有限的、不完整的、有时自相矛盾的”。无党派国会预算办公室也抱怨：“由于战争拨款与国防部的基本预算混在一起，‘战争的真正费用’或开支数据是难以获得的。这些数据对评估未来其他备选方案的成本是极为重要的，对评估战争费用对联邦政府赤字的效应也弥足珍贵。”[57]

大卫·沃克（David Walker)，颇受敬重的联邦总审计长，他对国防部的指责也许是最到位的。他作证说，鉴于成本数据和支持性文件的匮乏，“要想准确地知道战争费用是很困难的”。[58]

应急资金削弱了正常民主过程的可信性，但这种办法于管理当局而言却有着独特的好处。首先，在具体操作中，它可以模糊战争成本，通过将不同的资金蒙混在一起，飙升的总战费就可以逃过人们的眼睛。其次，状若战事顺利、即将凯旋，有利于强化政府的公共形象。此外，站在政府的角度看，国会对应急资金监管松弛还有一些其他妙处：追加的应急资金是一个诱人的小金库，国防部可以用它来资助名目繁多的非军事项目，而且还能逃过国会的监察。另外，政府和国会串通一气：前者对国会议员雪崩般的政治分肥（pork barrel）花费视而不见，后者则容忍前者将与战争无关的费用列支在应急拨款账单上。

按国会的预算程序办是符合逻辑的。资源是稀缺的。钱既可以这样花，也可以那样用。悉心的审查是民主责任的体现，有助于杜绝浪费、防止欺诈、根除腐败。如果政府的战费申请能严格地履行这个程序，那么，战争成本的透明度就会提高，费用支出的取舍与权衡就能得以公布，是提高税收还是削减支出以缓解赤字就会变得更为清晰。

战费计算框架

鉴于应急资金的酝酿过程很不透明以及对战争资源的长期低估，我们又大范围地参考了几套书籍，在此尝试着回答：战事已经花了多少钱，我们还要花多少钱。

我们所得到的数字超过 3 万亿美元。这个数字是基于保守的假定计算出来的。计算方法很简单，只是偶尔地涉及复杂的技术。我们的估计和推断均以官方资料为依据，如国会预算办公室、政府问责办公室、国防部、国务院、退役军人事务部，以及政府发表的其他报告。

权威性的独立机构也是我们采集数据的对象，如国家医药所（National Institute of Medicine）、《新英格兰医药杂志》（*New England Journal of Medicine*）、国家脑伤协会（National Brain Injury Association）、退役军人伤残福利委员会（Veterans Disability Benefits Commission）、总统委员会"战后归来美国军人的医护"报告小组［也称杜尔-沙拉拉委员会（Dole-Shalala Commission）］，有些资料则是依据《信息自由法案》从退役军人组织机构获得的。在详细地了解计算过程之前，先熟悉一下主体框架也许是必要的。这个主体框架分为以下 10 个步骤。

第 1 步　相关的拨款总额/迄今为止的军事行动费用。这一步最简单：全额加总战争拨款，时域为 2001 财政年度至 2007 年 12 月 25

日（我们将在第 4 步考虑 2008 年度的追加款余额）。这些款项包括：国防部追加的应急资金和正常拨款、国务院款项、国际开发署基金、退役军人事务部的医疗费用。这些款项用于军事行动、基本安全保障、重建、外援、领使馆保护、退伍军人医疗等[59]；涉及的战争有三个，一个是“全球反恐战”，另外两个是以五角大楼名义进行的伊拉克和阿富汗战争。三大军事行动包括：伊拉克自由行动，持久自由行动以及神鹰行动，包括其中的基地建设和领使馆保护等费用。

第 2 步　将军事行动费用与隐藏于国防预算中的款项加总。前面已经指出，国防部提供的数字不仅不完整，而且还自相矛盾，常将正规军费与战争科目混在一起。我们尽力想估算出，过去 5 年来，在国防开支的巨额增长中有多少归因于伊拉克和阿富汗战事，又有多少伊拉克战费改头换面地隐藏在国防预算中（在这一步，我们也想计算出自战端开启以来有可能形成的国防结余）。

第 3 步　校正通胀因素并考虑“货币时间价值”。今天的 1 美元与 5 年前的 1 美元是不同的。当我们计算未来的，比如 2017 年的费用时，差别就更为明显。通货膨胀意味着，过去的美元比现在的美元值钱，而未来的美元还不如现在的。即使不考虑通胀因素，钞票存在银行里可以生息，这说明，10 年后掏腰包要比今天拿现钱划算（这就是所称的“货币时间价值”）。联邦政府可以借钱；2008 年，政府贷款的利率是 4.5%，通货膨胀率略高于 3%，实际利率也就是 1.5%左右（实际利率考虑了通胀因素，政府 1 年后的还款价值低于现在的借贷价值；实际利率等于利率与通胀率之间的差额）。事实上，过去 50 年来，实际利率一直徘徊在 1.5%左右，所以，我们的计算就采用这个数字。本书中，我们将所有的费用都换算成 2007 年的美元价格。[60]这意味着，我们计算的过去的费用要比现价高，而未来的费用又比现价低。

前三个步骤给出了迄今为止军费开支的折现值，就是按 2007 年美元计算的费用。不过，事情显然还没有结束。

第 4 步　对未来的军费进行汇总（包括直接费用和每笔预算的隐藏费用）。未来各年的战事费用取决于多种因素，包括该地区配置的军队和军事承包商数量，军事行动的级别、耗损、维修及更换武器装备的速率。即使新总统决策敏捷，决定迅速而有序地脱离战事，那少说也需要 12 个月，也就是要到 2009 年末才可能撤离完毕。而更可能的情形是：要商议、要讨论、要咨询、要深思熟虑，而这些都需要时间，结果只能是缓撤。真实地评估战争费用，不仅应当将 5 年之内美国军事行动的费用考虑进来，还应当包括部队与设备撤离归国的费用，以及留驻一少部分维和部队的费用。我们将在第 2 章详细地解释这些依据官方方案所得出的估计。校正了通胀因素以及考虑了货币时间价值之后，才能得到预期的折现费用总额，这就是以 2007 年美元价格计算得出的战争总成本。

第 5 步　将归国士兵的伤残及医疗费用加总，含现期及未来两部分。向作战士兵提供伤残抚恤及医疗费用，为时最长，负担也最重。到现在为止，赴伊拉克作战的军人已经超过 160 万，这些人归国后至少在两年内有资格享受医疗服务待遇。第一次海湾战争时约有 39%的军人领取到伤残抚恤。从现在已经登记在册的人数看，我们预计，有资格领取伤残抚恤的人数比率至少与第一次海湾战争持平。这笔费用是这场战争的“期票”（promissory notes），增加了我们必须履行的债务。我们把这笔债务列入账单，与企业把长期债务（如养老金）列入资产负债表如出一辙。

第 6 步　将恢复战力、补充装备以及维修超常服役设施等未来费用加总。我们在前面已经计算了重置及添置军火的费用、零部件费用、损耗且即刻更新的装备费用等。但我们的装备和设施维修及更新的速度要低于其耗损的速度。耗损的装备需要修复，战损的武器需要升级，即所称的“重置”过程，这也是一笔不菲的长期追加成本。在当前的战事中，好多装备的使用率是和平时期的 10 倍，但更新与耗损并未同步进行。因此，军工企业疲于应对。我们对将战力恢复到战前水平的成本也做了评估，此处所称的战力适用于全部军种和国民警卫队。此外，五角大楼还宣布，到 2012 年时美国的军队规模将显著扩大，目的在于要具有应对伊拉克之外地区发生危机的能力。因此，我们把这个扩军成本也算到伊拉克战争的账上，时间是自在伊拉克配置军队之日开始算起。

第 7 步　将政府其他部门的预算成本加总。战争对整个政府的成本都产生了影响，也就是说，影响决不仅限于国防部。其中，有些部门的成本发生与向退役军人发放抚恤金有关。因为重伤军人有资格享受好多额外福利项目，如社会安全伤残补贴、补贴贷款及其他福利等。

这场战争还以其他方式影响着联邦政府的预算，而且有些影响是难以计算的：它引致能源成本飙升；同时若不发生这场战事，经济态势就不会像现在这般疲软，这在第 5 章还会讨论到。这些都意味着税收收入降低了。

第 5～7 步计算了这场战争给联邦政府增加的预算总成本，其中还不包括利息。

第 8 步　将利息加总。发动战争的费用多数是借来的，我们必须本利一并偿还。有三笔利息费用应予以考虑：自借贷以来已经偿还的利息；贷款已经发生，未来必须偿还的利息；未来借款尚需偿付的利息。自 2003 年以来，利息支付占国家预算的比例已接近 8%，其中，多数是为了降低赤字和平衡克林顿时期的预算而产生的。到 2011 年，战费的高额借款将使利息支付在联邦预算中占 10%以上。尽管这个估算比较保守，但我们还是小心翼翼地将这笔费用剥离开来。因为很多经济学家认为，这笔利息不应当简单地归罪于战争本身，而是因为据以计算支付利息的特殊方式有问题。我们会以另外的方式——从机会成本的角度——来审视某些利息费用；像经济学家考虑的那样：如果这些钱用在别处效果会如何？

接下来的第 9 步和第 10 步的任务，是将预算成本转换成经济成本。

第 9 步　对国民经济成本的估算。例如，如果我们甩开预算成本来看待因战伤亡的几千个军人，那么就会发现，死亡抚恤金并不足以抵补社会产出损失，伤残抚恤也低于如果军人未因战致伤所能赚取的收入水平。还有一些社会和经济成本未能在预算中得到反映；这笔费用为量甚巨，且难以计算。家有伤残军人，就要有家庭成员脱离工作岗位在家照看，离岗者的社会经济贡献从此便一去不再；

此外，还有中央和地方政府的成本，以及其他社会部门的成本等。

第 10 步　对宏观经济影响的评估。战争使油价上涨，赤字增加，阻碍了私人投资，转移了政府对学校、道路、研发及其他领域的投入，而这些投入若是能够兑现，不仅会在短期内刺激经济发展，从长期角度而言也会使国民经济后劲十足。油价上涨也削弱了美国经济的实力，从中渔利者毕竟只是少数，石油企业只是个案。在这个步骤里，我们对战争的宏观经济影响做了较为保守的估计。[61]

很多经济学家认为，利息和经济成本不应同时计算，因为这种算法是重复计算。因此我们估计，如果严格地按预算来核算，则战争总费用是 2.7 万亿美元，如果按经济成本来计算，则总费用将达到 5 万亿美元。在"最佳"方案中，即假使美国能在 2012 年之前撤出全部军队，军人的医疗费用和伤残抚恤费用也不会超支太多，即使如此，含经济成本在内的战争费用也超过 2 万亿美元。鉴于此，我们所给出的 3 万亿这个数字，是审慎的，误差也是较低的。当然，这个数字**仅代表美国**的成本，并没有考虑世界其他地区或伊拉克；如果将后者一并计算在内的话，那成本就更高了。战争费用的不断攀升参见图 1—1。

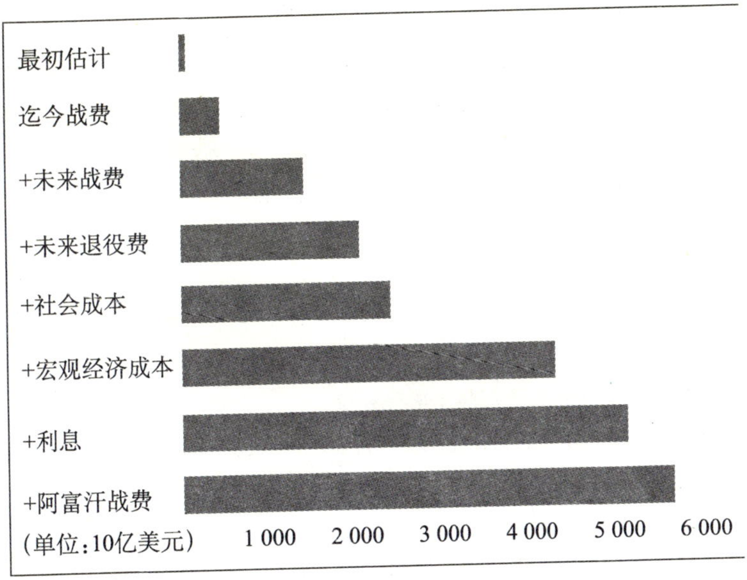

图 1—1　战争费用的不断攀升

注释

[1] 2008 财政年度，美国的军费开支名列榜首，比紧随其后的 22 个国家的军费开支总额还多，占全世界的 47%。参见军控与不扩散中心（Center for Arms Control and Non-proliferation）:《国家安全支出》，网址 http://www.armscontrolcenter.org/policy/sencurityspending/（访问时间：2007 年 10 月 16 日）。

[2] 安东尼·科戴斯纳和亚伯拉罕·瓦格纳（Anthony Cordesman and Abraham Wagner）:《现代战争的教训——两伊战争》，第 2 卷［华盛顿：战略与国际研究中心（Center for Strategic and International Studies），1990-05］。

[3] 艾瑞克·胡格兰德（Eric Hooglund）:《战争的另一面》，参见《中东报告》，第 171 集，1991 年 7—8 月之后，pp. 3-7，10-12。

[4] 参见《全球意向排序调查》，《2002—2007 全球意向大势：发展中国家的心态在不断提升》，2007-07（http://pewglobal.org/reports/pdf/257.pdf）。又见《美国在全球的形象：来自全球意向调查的数据》，安德鲁·寇哈特（Andrew Kohut）对美国众议院外交事务委员会的评价，对国际组织、人权组织及监察组织的评价等。

[5]《伊拉克公众对美军光临的看法及伊拉克的未来》，参见世界公众意向组织所主持的关于全球政策态势的民意调查，2006-09-27；网址：http://www.worldpublicopinion.org/pipa/pdf/sep06/Irap_Sep06_rpt.pdf.

[6] 尽管石油价格已经上涨。参见奥汉龙和坎贝尔：《伊拉克索引：后萨达姆时代伊拉克重建及安全的变量追踪》。

[7] 第 6 章还将讨论这些估计值以及反映伊拉克社会与经济态势的其他指标。

[8]《中产阶级逃离伊拉克，人口纽带已经不复存在》。见萨布里纳·塔韦尔尼斯（Sabrina Tavernise）:《伊拉克的中产阶级向贫困而悲苦的国家逃去》，载《国际先驱论坛报》（*International Herald Tribune*），8 月刊，pp. 11-12，p. 6。那篇文章还说，目前人们普遍认为："人们越穷、游离于家园的时间越长，伊拉克就会变得越发头重脚轻，国家的整合就会越来越难。"这个观点也为先期逃离伊拉克的人们提供了部分解释。

[9] 联合国难民署（the UN High Commissioner on Refugees，UNHCR）办公室估计，内部安置的难民达 220 万。参见 UNHCR：《世界各地安置的伊拉克难民统计》，2007-09，网址：http://www.unhcr.org/cgi-bin/texis/vtx/home/opendoc.pdf?tbl=SUBSITES&id=470387fc2。约有 1/7 的伊拉克人被迫离开家园。UNHCR：

《伊拉克态势报告》，2007-07，网址：http：//www. unhcr. org/cgi－bin/texis/vtx/home/opendoc. pdf？ tbl＝SUBSITES&id＝46a4a5522。另请参见伊丽莎白·费里斯（Elizabeth Ferris）：《安全，安置以及伊拉克：一个致命的组合》，布鲁金·伯尔尼（Brookings _ Bern）关于内部安置的项目研究，2007-08-27，网址：http：//www. brookings. edu/～/media/Files/rc/papers/2007/0827humanrights _ ferris/20070827. pdf。

[10] 瑞典移民局：《1984—2006 年向瑞典申请的避难者》以及《1984—2006 年瑞典国民允许的亲友（有家族关系）居住》。另见《美国安置伊拉克人的人道主义援助》，美国国务院新闻发布会，2007-10-05。

[11] 国会调研服务局（CRS）对以往的战争费用（按 2007 财政年度的美元计算）做了如下估计：越战，6 700 亿美元；朝鲜战争，2 950 亿美元；海湾战争，940 亿美元（指总费用，多数由盟国支付）。这些战争费用不包括士兵的医疗费用，伤残抚恤以及其他预算支出。见贝拉斯克在众议院预算委员会听证会上的陈述：《伊战中不断攀升的预算费用》。相较之下，即使在我们的"最佳"方案中，这次战争的军事费用也约为 8 550 亿美元。

[12] 在另一项报告中，国会调研服务局所引用的数字是：第二次世界大战为 4.7 万亿美元（按 2002 年美元计算，相当于 2007 年的 5.4 万亿美元），一战为 5 770 亿美元（按 2002 年美元计，向盟国的净战争贷款为 4 100 亿美元，相当于 2007 年的 4 760 亿美元）——见斯蒂芬·达格特和尼娜·塞拉菲（Stephen Daggett and Nina Serafina）：《美国几次主要战争的费用及海外军事行动》，CRS 向国会的报告，2001-10-03。另见耶鲁大学教授威廉·诺德豪斯（William Nordhaus）的研究报告：《伊战的经济影响》，第 3 章，章题为"伊战的成本、影响及其他选择"（纽约：美国文理科学研究院，2002），pp. 51-86。他引用的一战和二战费用（按调整后的价格计）要少得多。当然，其潜台词是，若与前几次战争相比，伊战费用就显得更高了。

[13] 贝拉斯克：《自"9.11"以来，伊拉克、阿富汗以及其他全球性的反恐军事行动的成本》，CRS 向国会的报告，2007-07-16，指令码 RL33110。这份报告估计，按 2006 年美元计算，兵均费用为 39 万美元，换算成 2007 年美元，兵均费用则达到 40 万美元。

[14] 参见国会办公室主任彼得·欧萨格（Peter Orzsag）给国会议员约翰·斯普拉特（John Spratt）的信函，2007-02-01。

[15] 国会预算办公室：《美国在伊拉克扩军的某些含义》，2007-04；网址：http：//www. cbo. gov/ftpdocs/80xx/doc8024/04－24－Iraq. pdf。

[16] 鲍勃·戴维斯（Bob Davis）：《布什的经济助手说，伊拉克战争费用也许达到 1 000 亿美元》，载《华尔街日报》，2002-09-06，p. 1。

[17] 参见乔治·斯特凡诺普洛斯（George Stephanopoulos）在 ABC 的采访，载《本周》杂志（*This Week*），2003-01-19。

[18] 参见众议院预算委员会草案，2004 财政年度国防预算需求，2003-02-27。

[19] 就大幅低估战争费用而言，布什政府一点儿都不孤单。国会预算办公室（是国会的一个独立办公室，专司评估各种不同议案的费用）认为，在为期 2.5 个月的冲突中，战争费用约为 509.9 亿美元（按 2007 年美元计），占领期月均费用为 17.4 亿～46.4 亿美元。布什在“完成任务”的演讲中曾暗示，占领期不会太长；占领期即使长达 5 年，总费用也不过在 1 044 亿～2 784 亿美元之间，远远低于实际发生的费用。

[20] 参见 2003 年 4 月 23 日 ABC 广播电台夜线节目主持人特德·卡普尔对美国国际开发署官员安德鲁·纳齐奥斯的访谈录。

[21] 参见戴维斯：《布什的经济助手说，伊拉克战争费用也许达到 1 000 亿美元》。

[22] 到目前为止，总支出将达到 6 450 亿美元（鉴于通胀，折算成 2007 年美元，也考虑了经济学家所称的“货币时间价值”），再加上 2008 财政年度所需的 2 000 亿美元，总费用将达到 8 450 亿美元（2007 年美元价格）。这些费用不包括迄今为止的士兵伤残抚恤，也不包括情报费用。见贝拉斯克：《自“9.11”以来，伊拉克、阿富汗以及其他全球性的反恐军事行动的成本》。此中包括 25 项分立的议案基金：P. L. 107-117，107-206，1207-115，108-7，108-11，108-106，108-199，108-287，109-13，108-447，108-287，109-148，109-102，109-108，109-54，109-114，109-234，109-289，110-5，2007 财政年度的决算（PL 110-28），以及难以识别的划转到国防部（DOD）科目的 20 亿美元。

[23] 参见贝拉斯克在众议院预算委员会听证会上的陈辞：《伊战中不断攀升的预算费用》。

[24] 除非国会实施特定的限制法案，将批准给国防部的资金按特殊种类（如军事人员费用）来拨付，而不是像现在这样按伊拉克战争费用一揽子确定。

[25] 所谓的“常规费用”（Baselinefunds），指在不发生战事条件下的正常军事开支。

[26] 据 CRS 估算，伊拉克军事行动的军事人员和营运性支出至少占 3/4。相比较而言，医疗费用与伤残抚恤金与伤员人数成正比，伊拉克战争在其中的比重为 89%。与此相适应，我们的分析将 75%的军事费用归结于伊拉克战争，将 89%的士兵伤残费用、伤残抚恤金以及医疗费用归结于伊拉克战争。伤员

数据来自国防部（OIF/OEF 两次行动中的伤亡情况，网址：http：//www.defenselink.mil/news/casualty.pdf）；另据哈纳·费希尔（Hannah Fischer）：《美国军队的伤亡统计：伊拉克自由行动与持久自由行动》，CRS 报告，RS22452，2007-08-17。

[27] 参见贝拉斯克在众议院预算委员会听证会上的陈辞：《伊战中不断攀升的预算费用》。

[28] 自 2006 年 1 月 30 日起，已经对 53.1 万多名预备役人员进行了战争总动员（得到可能参战的通知），到该日为止，已经有 37.8 万多名预备役人员参与了军事活动。由于多数预备役人员已经超过了役期，他们在军队中所占的比重已经由 2005 年的 34%降至 2006 年 12 月的 23%。参见《国防与服役需求：进一步改善预备役人员结构、提升战争动员水平的举措》，GAO 对国会的报告，GAO-06，1068，2006-09；另见贝拉斯克：《自“9.11”以来，伊拉克、阿富汗以及提高军事基地安全的费用》。

[29] 预备役人员虽经动员，但既没有被派驻伊拉克，也没有被派驻阿富汗，所发生的费用，如各种补贴或医疗费用等，都应当记到伊拉克战争的账本上。

[30] 这个数字还没有包括那些二次承包人；二次承包人是承包商自己雇用的履职人员。见瑞纳·莫尔（Renae Merle）：《伊拉克十万承包人普查》，载《华尔街邮报》，2006-12-05，p. D1。也许估计更为准确的一篇文章是：《靠承包商不能赢得战争，离开承包商又不能进行战争：个体军事承包商与叛乱平定》，布鲁金斯学会，2007-09。相比较而言，海湾战争时这个数字是9 200人。见凯瑟琳·彼得（Katherine Peters）：《战时公务员》，载《政府高管》（*Government Executive*），1996-07-01。

[31] 约翰·鲍德尔和大卫·罗德（John M. Broder and David Rohde）：《国防部雇佣的承包商 4 年内节节攀升》，载《纽约时报》，2007-10-24，p. A1。

[32] 理解这个数字的背景：国防部建议对每死亡 1 人的伊拉克家庭赔偿 5 000 美元以使我们“尽快地忘却这个不幸的事件”，非正常死亡者的赔偿金还不足黑水安保人员 5 天的薪水。众议院监管与政府改革委员会（House Committee on Oversight and Government Reform）备忘录：《关于美国黑水安保公司的补充信息》，2007-10-01。

[33] 有一少部分人认为，这比较不公道。因为伤残者及其医疗费用最终还得由政府买单，这是一笔不菲的开支。我们在第 3 章将会指出，事实证明这笔费用并没有包括承包商雇员的保险费，而保险费是由政府支付的；除了保险费外，承包商雇员的因战伤亡费，最终也得由政府掏腰包。

[34] 雇佣军有时并不受美国军事司法（Uniform Code of Military Justice，UCMJ）的约束，他们在伊拉克的犯罪活动基本可以免予起诉。见斯蒂芬·布利扎德（Stephen M. Blizzard）：《战事越来越依赖雇佣军：如何使他们不越雷池》，载《空军后勤杂志》，第28卷，第1期（2004春季号）。自2006年始，雇佣军接受美国军事司法约束，但国防部的承包商（如黑水安保公司）仍然不在此例。见约翰·鲍德尔和詹姆斯·瑞森（John Broder and James Risen）：《伊拉克战事中的武装安保：一个法律的模糊域》，载《纽约时报》，2007-09-20，p. A1。

[35] 2007年9月17日，黑水安保人员被指控枪杀了17名伊拉克平民，血案之后，伊拉克政府扬言要吊销黑水安保公司的执照，美国国会深感有必要就此听证。参见萨布里纳·泰尔莱斯（Sabrina Tavernise）：《伊拉克政府就枪杀血案对美国雇佣军说“不”》，载《纽约时报》，2007-09-08，p. A1。联邦调查局发现，其中，有14起枪杀是不正当的。见大卫·约翰斯顿和约翰·鲍德尔（David Johnston and John M. Broder）：《FBI称，保镖毫无缘由地枪杀了14个平民》，载《纽约时报》，2007-10-14，p. A1。

[36] 至少进行了90起调查，所公布的失当行为案金达数十亿美元，小到食品，大到武器，几乎无所不包。国防部犯罪调查部门正在就欺诈、舞弊、武器丢失等辩辞进行查证，已经有5起犯罪起诉，10人被治以重罪，中止了19家公司及个人与国防部进行商务往来，还有4人及一家公司被永久性地禁止与美国政府签约。见国防部常务检察官托马斯·基姆伯（Thomas E. Gimble）向众议院军事委员会的陈辞：《紧急状态中的责任：对战事物资承包、营运及调控过程中腐败行为的防范》，2007-12-20。

[37] 请比较一下安德鲁·纳齐奥斯为获得190亿美元时的陈辞。这仅仅是几个月前的事儿，他代表布什政府信誓旦旦地向特德·卡普尔和美国人民保证，重建费用决不会超过17亿美元。

[38] 参见国防部监管总局:《人力资本》，见关于国防部采购人事的报告（D-2006-703），2006-04-17。

[39] 见众议院监管与政府改革委员会备忘录：《关于重建伊拉克合约的补充信息》，2007-02-15。

[40] 伊拉克重建专项检查办公室：《通过国家预算程序向伊拉克政府部门援建资金的监管》，报告序列，05-004，2005-01-30。

[41] 公务一体化中心：《五角大楼外包：哈里伯顿公司》，http：//www. publicintegrity. org/pns/db. aspx? act=cinfo&coid=964409007。哈里伯顿是在伊拉

克运营的最大私人承包商，主要通过三个子公司来完成业务，分别是 Kellogg，Brown 和 Root。它持有三个大合同：公务后勤补给项目（Logistics Civil Augmentation Program，LOGCAP），为美国军队提供支持性的服务；伊拉克石油复建项目（Restore Iraqi Oil，RIO），即重建伊拉克的全部油田；伊拉克石油复建项目 2（RIO2），即重建伊拉克南部油田。见众议院监管与政府改革委员会备忘录：《关于重建伊拉克合约的补充信息》，2007-02-15。

[42] 来自雅虎数据。2007 年 11 月 15 日收盘价，并据股息和拆分做了相应的调整。

[43] 贝拉斯克作证说："近年来，国防部的年战争费用已经从 2004 财政年度的 720 亿美元上升到 2007 财政年度的 1 650 亿美元，翻了一番还多。军费增加没有反映在军事人员数量上，而是体现在以下几方面：一是某些意想不到的军队守护及设备需求；二是武装阿富汗和伊拉克保镖的培训费用；三是发生在战事的补充及调适中的更广义的成本——修复和更新战争中耗损的设备"。见贝拉斯克在众议院预算委员会听证会上的陈述：《伊战中不断攀升的预算费用》。

[44] 国会办公室主任彼得·欧萨格就"伊战中不断攀升的预算费用"问题在众议院预算委员会听证会上的证词。

[45] 吉姆·米歇尔（Jim Michaels）：《自 2003 年以来，伊拉克抵抗者死亡人数达 1.9 万人》，载《当代美国》(*USA Today*)，2007-09-28，p. A1. 在本书第 7 章，我们会说明我们的战略是怎样助推抵抗者死亡人数的。

[46] 现役和预备役士兵基于保单的面值从自己账单中交付寿险保费，也交退伍寿险（Veterans Group Life Insurance，VGLI）保费，但数额很低；VGLI 的保费将从退伍补偿金或养老金中扣除。时届退伍，某军人有可能基于其个人保单只买了 VLGI。换言之，如果某军人在服役寿险（Servicemember Group Life Insurance）的投保额为 10 万美元，那么，他在退伍后的一年之内在 VGLI 最多只能投保 10 万美元。如果退伍后一年之内未在 VGLI 注册，那么，他将永久性地丧失 VGLI 资格。

[47] 伊拉克自由行动中阵亡的士兵，97%为男性。参见哈纳·费希尔：《伊拉克自由行动与持久自由行动中美国军队的伤亡统计》，见国会调研服务局向国会的报告，2007-08-17，序号：RS22452。

[48] 见前言，注释 [1]。这个数字包括全部因战死伤及非因战致伤致病且亟须空运治疗的人数，但不包括非因战致伤、致病接受治疗的患者，因为这些患者未经空运。真相在 2007 年 1 月大白于天下，是因为琳达·比尔米斯发表了

美国士兵返乡成本的这篇论文。见琳达·比尔米斯：《自伊拉克和阿富汗归来：士兵医疗及伤残抚恤的长期费用》，哈佛大学肯尼迪政府学院，研究论文RWP07－001。有意思的是，海湾战争期间，几乎50%的阵亡者都被划归非战斗死亡系列。

[49] 经济学家通常用自杀率（必须承认只是近似的）作为压抑感的显示指标。参见格雷格·佐罗亚（Gregg Zoroya）：《经历伊拉克战争士兵的自杀率在攀升》，载《当代美国》，2006-12-20. 另见国防部于2006年8—10月份组织的心理健康顾问团（Mental Health Advisory Team）的调查，调查对象涉及1 300名陆军，450名海军。见美国国防部新闻发布报告，第530－07号，2007-05-04。

[50] 见查尔斯·美利肯（Charles S. Milliken）、珍妮弗·欧切洛利（Jennifer L. Auchterlonie）、查尔斯·霍格（Charles W. Hoge）：《对自伊拉克战争归来的现役及预备役士兵的心理健康状态的纵向评估》，载《美国心理学会杂志》，2007-11-14，p. 2141。又引自保罗·比利斯、凯瑟琳·怀特、艾米·阿德勒、查尔斯·霍格和雷切尔·普瑞勒（Paul Bliese，Kathleen Wright，Amy Adler，Charles Hoge，and Rachel Prayner）：《军事行动后的心理问题识别：解释与2900 DD表的分值》，海德堡，德国，欧盟关于美军的心理调查，2005，调研报告2005-003；以及保罗·比利斯、凯瑟琳·怀特、艾米·阿德勒、杰瑞·托马斯和查尔斯·霍格（Paul Bliese，Kathleen Wright，Amy Adler，Jeffrey Thomas，and Charles Hoge）：《战后心理健康问题评估的时点》，载《心理服务》（*Psychological Services*），第4卷，第3号，2007-08，pp. 141-148。

[51] 这项研究还特别关注了服役军人心理健康与其家人（心理）缺陷之间的比例关系。

[52] 见国防部常务检察官托马斯·基姆伯在众议院国土安全与政府事务委员会，联邦财务管理、政府情报及国际安全分委员会上的陈辞。

[53] 见政府问责办公室：《恐怖主义全球大战：对资金、费用及未来的观察》，GAO-06-885T，2006-07-18。

[54] 应急资金的标准是，至关重要，所需甚急，刻不容缓，难以预见。见PL 108-287，9011，第9节。布什总统最初为阿富汗战事申请应急资金时曾说过，不会再申请追加应急资金。见布什给众议院发言人的信，2001-01-17；刊印在本书附录中。

[55] 贝拉斯克：《自“9.11”以来，伊拉克、阿富汗以及其他全球性的反恐军事行动的成本》。

[56] 见由吉姆斯·A·贝克尔三世和李·汉密尔顿牵头的伊拉克联合调查组报告，2006-12-06，http：//www. usip. org/isg/iraq _ study _ group _ report/report/1206/iraq _ study _ group _ report. pdf。

[57] 贝拉斯克：《自“9.11”以来，伊拉克、阿富汗以及其他全球性的反恐军事行动的成本》。

[58]《恐怖主义全球大战：对资金、费用及未来的观察》。见美国总审计长大卫.沃克（David M. Walker）的陈辞；其陈述对象为众议院，政府改革委员会，国家安全、威胁及国际关系分委会，2006-07-18。

[59] 由退役军人事务部管理的伤残抚恤金是题中之意，不需要另外拨款。

[60] 在本书的预算分析中，我们将过去的支出全部换算成 2007 年的不变美元价，未来的支出按 1.5%的国库券利率折现。如果通胀继续维持在目前的 3%左右，我们的折现率就是 4.5%。当评估长期经济效应时（见第 4～第 6 章），折现率到底取多少合适还一直存有争议，随后我们还将大篇幅地讨论这个问题。

[61] 有一点很有意思：威廉·诺德豪斯在战前对持久的逆境战争费用做了预测，与我们的估计基本吻合。例如，他预计，战争对石油市场冲击所形成的损失为 7 780 亿美元，而在我们的方案中这项损失为 8 000 亿美元。他预计，对宏观经济的逆向影响损失为 3 910 亿美元。他对军费开支（包括占领与维和）的估计是 6 400 亿美元，显得有些低，但对战事一团糟的判断却很正确。他忽略了所有的隐藏预算费用，也没有考虑到非预算成本，而这，却正是本书关注的焦点所在。见诺德豪斯：《伊拉克战争》，p. 77。

第 2 章
国家预算成本

前面所提到的伊拉克和阿富汗的战争费用，是国会拨付的、已经发生和行将发生的军事费用，现在已经超过了 8 000 亿美元。这是媒体经常援引的数字，其中包括了总统为 2008 年申请的 2 000 亿美元的费用，也包括国会自 2001 年以来为伊拉克和阿富汗已经拨付的 6 450 多亿美元的费用。[1]这笔费用包括战役行动，运送部队，配备，给养，住宿，国民警卫队及预备役部队[2]的配置，食品供应，对伊拉克军队的培训，购置及修复武器及其他装备，军需品，战争补贴，对值勤及归国军人的医疗补助[3]，重建[4]，对提供后勤支援国家如约旦、巴基斯坦和土耳其的补偿等。

6 450 亿美元不是一笔小数，8 450 亿美元就更不是了。在这笔钱中，有 3/4 约 6 340 亿美元用于伊拉克，是布什政府对伊拉克战费最初预计的 10 倍，比我们每年支付的医疗费用和医疗补助之和还多。[5]不过，这还大大低于我们所预计的战争费用——不算利息，仅联邦政府的实际预算成本就有可能高达 2.7 万亿美元。那么，这个天文数字是怎么得来的呢？

我们基于两个可行的方案来估算美国政府的真实预算成本[6]。第一种方案为“最佳”方案，也是最乐观的方案。这是就撤军速度、伤亡水平以及归国军人的医疗需求而言的，是在极为乐观情况下可能产生的最低费用。

第二种方案我们称之为“实际而中肯”的方案。在这一方案中，服役军队配置的时间长，战后归国军人的医疗和伤残抚恤费用高，政府和国家需承担的综合费用更大。我们在这一方案中会考虑不断增加的国防开支，也会考虑那些潜在的但未被贴上战争标签的费用。这些潜在的费用显然是战争导致的。[7]

然而，即使在第二种方案中，我们的估计也仍然是保守的，也低于实际战争费用。此外，还有好多费用我们并未计算在内，比如，迄今为止的军人伤残抚恤我们就没有全额计入。盟国军队自伊拉克撤出后，美国需增兵应对，而这一点，两个方案都没有考虑到。[8]在我们的计算中，我们仅仅假定军费的增加与盟军部队的撤出是密切相关的。“实际而中肯”的第二方案考虑了隐藏在国防预算中的战后成本，但并没有考虑除了“调适”成本之外的其他行将发生的费用，尽管我们确信，行将发生的费用为数不菲。

战争的预算成本可以分为四部分。一是在伊拉克和阿富汗战事中已经支付的费用（扣除战事结余的净额）。二是未来成本，如持续伊拉克战争的费用，战争结束后必须支付的费用，也包括持续军事行动的费用，对军人的医疗和伤残补贴费用，通过社会安全账户支付的不断上涨的伤残补助金，更新军事设施、武器与库存以便使战力恢复到战前水平的费用，以及战争结束后的撤军费用等。三是与战争相关的潜在费用，如国防核心预算（例如扩增新兵成本的升高）及扩军费用的提升。四是战事借款的利息费用。

截至目前的战争费用

美国在伊拉克和阿富汗战事中已经花掉了 6 450 亿美元。这些战事的军事行动成本，也称每月的“烧钱率”，自 2003 年以来一直在不断地上涨：从 44 亿涨到 80 亿，再涨到 120 亿，一直涨到 2008 年的160亿。换一种方式来说，那就是，每一个美国家庭都要为这些军事账单每月支付138美元，单是因为伊拉克战争每月就要支出100多美元。

战争的未来费用

即使战争明天就结束，我们的债务仍一如既往。美国纳税人欠退伍军人的债务就高达数十亿美元，这些退伍军人有资格领取刚性的伤残抚恤金，享受医疗补贴及其他福利。重建军事设施、更新损耗的设备、恢复战力（包括国民警卫队）以备战事、重置更具防御性的设备及武器等，这些带有挑战性的费用支出都高得吓人，而且得持续几年。另一项开支是撤军费用。

即使我们离开了伊拉克，可战场上还得配置部队，战事还在进行，还有战费支出，还是离不开钱。所需的金额要取决于部队的规模，取决于他们驻留时间的长短，取决于他们执行什么样的任务。

我们在“最佳”方案中估计，2008年，美国在伊拉克和阿富汗留驻的部队将削减到18万人（增兵前的水平）；2010年，将降至7.5万人；到2012年，将进一步降至5.5万人，且均为在役的、非军事对峙性的男女士兵。[9]鉴于美国在韩国的驻军一直维持在8万人，海湾战争结束10年后，在科威特的驻军还超过2万人，我们对伊拉克驻军人数的估计确实是“最理想”的了。

在我们的成本推算中，已经考虑进来的费用有两笔：一笔是布什总统申请的2008财政年度的军费近2 000亿美元[10]，一笔是2009—2017年的军费。随着战斗部队向非战斗部队的角色转换，我们预计单兵成本和总体战费将双双下降50%。这是未来将要发生的费用，折算成现价美元，会使战争成本增加5 210亿美元（其中有3 820亿用于伊拉克战争）。不过，这个数字是依据最乐观的假定估算的：政府的直接军费会下降，极其昂贵的承包商费用也会减少50%。如果我们用私人承包商来代替由退役军人组成的后勤支持系统，那每月的战费就不大可能下降得如此之快。

在“最佳”方案中，我们预计到2017年时，在伊拉克战争中参与的士兵数量将达到 180 万人。[11]这 180 万人的派驻士兵数量，对未来的军人医疗费用和伤残抚恤费用起着决定性的作用。我们很快就会讨论这个问题。

我们认为，第二个方案更符合实际。管理当局不停地粉饰战况：胜利就在眼前。作为美国人应当知道，除了“最佳”方案外，战争的成本到底是多少。但我们也不想让人指责说我们夸大成本，方案过于悲观。正因为如此，即使在我们所谓的“实际而中肯”的方案中，我们也几乎可以百分之百地说，方案中的假定或推断是非常保守的。到 2012 年，当派驻的兵力达到 7.5 万人以后，兵力裁减速度将趋于缓慢。这个方案是依据国会预算办公室最近关于兵力调遣的估计形成的，而国会预算办公室的研判则来自国防部。我们还假定，这些留驻的部队将主要执行军事职能，其中包括对基地组织（Al Qaeda）的攻势，与伊拉克和阿富汗的部队协同作战，以及维护相邻动荡地区的安全。在这个方案中，到 2017 年所需的部队总数为 210 万人。继续执行军事职能意味着，在这一方案中美国派遣的单兵成本将继续保持在 40 万美元；固定费用（如维护军事基地）不会因部队的撤离而降低。[12]按照这一方案，到 2017 年，军事行动的预期费用（直接归因于战争的费用）将超过 9 130 亿美元，其中，6 690 亿美元用于伊拉克。

伊拉克和阿富汗战事中伤病的军人均有资格享受伤残抚恤及福利，具体数额由退役军人事务部根据一个复杂的公式来计算。此外，退役军人事务部还会通过覆盖面广泛的医疗网络向退役军人提供医疗服务。还有额外的福利，如购房基金、休假康复、人寿保险、亡故军人家属补偿金等，这要视个人的具体情况来定。我们将在下一章详细地讨论退役军人事务部安排归国士兵的工作及其相关费用。

在“最佳”方案和“实际而中肯”的方案中，我们对返乡士兵的医疗、伤残抚恤及其他福利都做了大致的估计。这些预计是根据自伊拉克和阿富汗归国士兵的实际索赔率得出的（不过，很多二次、三次进驻战场的军人还没有退役，这些人的伤残比率也许会更高）。

我们以 1991 年的海湾战争为参照系，因为现在退伍士兵的福利水平仍然是按照海湾战争时期的标准来确定的。

第一次海湾战争归国士兵的历史记录表明，向退役军人支付的医疗费用及伤残补贴数额是很高的，甚至高得吓人。尽管军事行动只持续了几周，死亡 147 人，致伤 467 人，但在被派往海湾战争的 70 万军人中，记录在案的申领伤残补贴的人竟高达 45%，其中，有 88%获得了批准。美国政府因此每年支付的伤残补贴数额是 43 亿美元[13]；其中，接近一半的伤残退役军人是在退役军人事务部的医疗系统内接受治疗的。[14]

伊拉克和阿富汗战事已经持续了 5 年，服役士兵平均驻留时间为 15 个月，二次或三次被外派的军人约占 1/3 左右。多数军人一直在极度紧张的状态下服役。随着军事行动的增加，军人更频繁地卷入交火当中，因此，伤残的比率也越来越大。[15]这次战争与以前战争的差别在于：不仅战斗部队伤亡风险高，而且很多辅助性部队，如驾驶员、医务疏散员、油料员等，所面临的险情也很严峻。国民警卫队卷入的程度也很深，这些人多在 35 岁左右，拖家带口，会索取追加福利，其中女兵只占 14%左右。凡此种种都使我们确信，根据第一次海湾战争所做的匡算是极为保守的：这次战争中有资格索取福利补贴的军人数量可能大大增加；更重要的是，这些人的医疗费用将急剧上升。伊拉克和阿富汗归国军人申请致残的平均条件是 5 个，而海湾战争只有 3 个。从这两个国家归国的士兵中，接近 37%的人在退役军人事务部的医院或诊所寻求救治（见图 2—1）。目前的趋势是，与海湾战争相比，从这两个国家返回家园的军人更倾向于申请伤残抚恤，而且获批的可能性也比较高。

我们在“最佳”方案中假定，伤残退役军人的比率与海湾战争大体相同，即声称自己有某种程度的伤残的退役军人所占比例为 45%，其中，88%的人至少获得部分抚恤。这意味着最终获得伤残福利的军人将达到 71.28 万人。我们还假定，向伊拉克和阿富汗伤残军人支付的平均福利也与海湾战争的平均水平（每月 542 美元）相同，且这个数字将随着社会安全保障的生活费用指数每年进行调

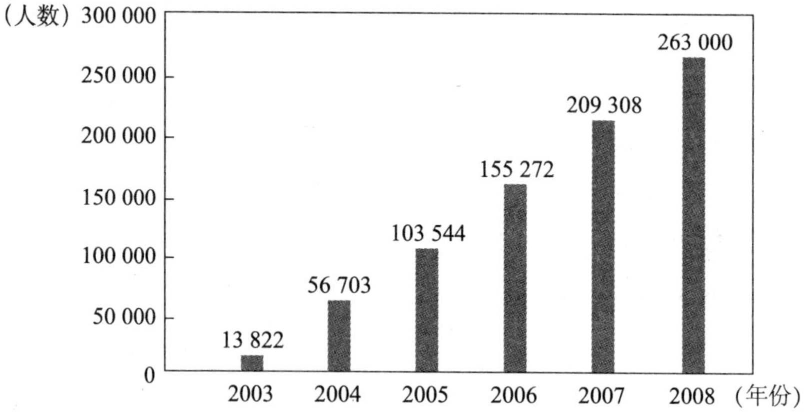

图 2—1　伊拉克和阿富汗的归国军人在退役军人事务部的医疗机构就医或进行健康检查的人数（2003—2008 财年）

资料来源：众议院预算委员会，来自美国退役军人事务部。

整。[16]我们预计在 2011 年之前，军事行动中的伤残率与目前持平；2011 年之后，部队的职能转为非军事性对抗，伤残率及所有的军事费用都会下降 50%。

为了进一步估算医疗费用，我们假定有 48%的归国士兵会通过退役军人事务部的医疗机构寻求治疗；其中，有 60%的人接受短期治疗（在 5 年之内），40%的人接受终生治疗。两个方案同时还假定，像过去几十年一样，医疗费用的上涨幅度是一般通胀率的两倍。

依据这些假定，美国政府为退役军人余生支付的医疗费用是 1 210亿美元[17]，伤残抚恤金是 2 770 亿美元，加起来是 3 980 亿美元，这是退役军人事务部需支付的长期费用。要知道，这是我们在“最佳”方案中想象的数字，判断的依据是：伊拉克和阿富汗战争中的军人只有不到 20%将退役军人事务部的医疗系统作为治疗主渠道（非常保守的估计）；到头来其中只有 39%的人有资格申领伤残抚恤金。

在“实际而中肯”的方案中我们则假定，卷入这场战争的男女士兵总数为 210 万人，在该地区的驻军到 2017 年撤离。在这一方案中，单兵伤亡率保持不变，申领伤残抚恤金的军人为 85 万人。在此，我们采用更符合实际的数字对伤残抚恤金进行了调整，按现行伤残抚恤金的平均标准（每月 592 美元）来估算，这笔长期费用将达到 3 880 亿美元。[18]

在这一方案中，我们估计，目前正在退役军人事务部所属的医疗机构中进行治疗的军人中约有一半会永久地接受治疗（占军人人数的 1/4）；未来的治疗费用是依据在现行系统中的人均治疗费用来计算的。根据这些假定，对退役军人提供的终生医疗福利将达到 2 850亿美元。这是美国纳税人的长期债务，合计起来是 6 730 亿美元，差不多等于战争启动以来 5 年的费用总额。

社会安全保障部门向伤残军人提供的补贴是这场战争的另一项巨额开支。与伤残抚恤金不同，社会安全保障补贴的申领标准十分明确：没有工作或勉强保住工作的退役军人均有资格申领。目前，这项补贴的标准是每月 1 000 美元左右。按退役军人事务部的标准，只要退伍军人的伤残（诸如伤后因焦虑、紊乱所致的脑体力障碍等）缘由与服役密切相关（程度大于 50%），那他们就极有可能达到申领社会安全保障补贴的标准。多达 4.5 万名军人因伤势严重、唯有空运才能脱离战场，这些人肯定符合这个标准。5.2 万名军人中约有 1/3 通过了外伤后应激障碍（PTSD）诊断，也达到了这个标准。[19]从个体看，数额也许并不大，但加总起来，领取补贴时间长达 40 年，预计费用总额将在 250 亿～440 亿美元之间。

部队在伊拉克作战，人员伤亡严重；而沙漠、炎热以及不利的作战地形对设备的损害程度也同样不轻。基础军事设备的使用频率远远高于更新速度。有些研究项目估计，军事设备的实际使用率是和平时期的 6～10 倍。[20]目前，陆军和海军陆战队拥有的 40%～50%的军事装备在伊拉克和阿富汗轮换使用。海军陆战队预计，地面装备的 40%和空中装备的 20%，正在用于支持现在的军事行动。[21]2005 年，政府问责办公室的报告就指出：自 1999 年以来，21 种重要装备的待机级别明显下降。这些装备包括：坦克、装甲车、卡车、直升机、战斗机。[22]此外，部队已经用光了战前油料及供给品储备，重新配置的军事更新装备不但满足不了军事单位的更新要求，也消耗了很多从国民警卫队借调的装备。[23]

军事部门还制定了一项政策：装备要常驻战区，战损须现场修复。结果是自开战以来，在库房里的多数装备一直未进行过高质量的维护。在战区内维护装备有很多不便之处，如人手不足、由承包商维修质量难以保证等。政府问责办公室的一项最新报告发现，接近7%的重要装备本来应在战区库房里接受维护，但却仍然执行着全方位的战斗任务，这些装备的某些零部件已经在战斗中损坏，亟待更新。同时还发现，有些军事单位装备不足，培训工作也延迟了在库房里就应该进行的正常维护。（见政府问责办公室：《装备调试挑战的临时观察及陆军和海军陆战队面临的问题》，GAO-06-604T，2006 年 3 月。）

与管理当局的政策如出一辙的是，这种做法不仅提高了纳税人的成本，也意味着我们的军队在一段时期内备战不充分；而且从军事角度看，备战不足就是一项主要的成本。正如国防分析师卡尔·康内塔（Carl Connetta）在 2006 年的报告里所指出的那样：

"寅吃卯粮"式的延迟维护迟早要偿还的。装备故障会堆积下来。为数甚多的装备要么送到库房里维护，要么是换掉。尽管更为全面的调试军力的过程正在进行中，但各军事单位还必须继续使用这些低质的装备。因此，战后调试期的长短还很难控制，而在这段时期内军队的应战能力势必下降。在伊拉克战争结束前，部队还得继续保有 28 万多件重要装备……装备应战能力下降的代价要连绵不断地持续到战后，而且也是一笔财政开销。[24]

过去 5 年来的高伤亡削弱了部队的"人力资本"，给未来的征兵工作带来了困难，只得将那些战前不会被考虑的人选征召进来。要想将战斗力、匹配性和应战力恢复到战前水平，我们还必须投入大量的资金。

战事还需要多少钱？战力完全复原还需要多长时间？这些问题的估算所涉及的范围很广。战争剩余的时间内每年的战事费用可能在 100 亿～150 亿美元之间，撤军之后至少 2～3 年内还会继续发生费用；海军陆战队每年的费用是 20 亿～30 亿美元。有些军事专家认为，战力复原也许要10～20年。预备役、国民警卫队、空军、海军以及后勤部门也都需要重置投资。[25]假定陆军及其装备的重置每年需要130亿美元，海军陆战队每年需要25亿美元，国民警卫队、海军及预备役每年需要10亿美元，空军复原成本占目前战费的10%，则我们预计，军力完全复原的时间是15年，费用需求在2 500亿～3 750亿美元之间。[26]

伊拉克战争之后才着手军事装备的维护及更新不是一个明智的政策选择。不过，这种安排也有好处：它降低了战争的现行费用，使得有些费用可以转入一般的国防预算。空军战斗机就是一个例子：战机的老化几近空前；由于在伊拉克和阿富汗战事中频繁地出机，耗损严重。由于频繁执行任务，伊拉克的飞行条件恶劣，加上战机老化（现在的机龄是24年，2001年是21年），战机的维修费用比10年前增加了87%。[27]空军正在设法购置新战机以降低机龄，这笔费用约为4 000亿美元，要在20年内支付。然而这样一来，这笔长期费用就会“乔装打扮”成正常军备更替。

将军队和装备撤回国内是另一笔必须支付的巨额开支。这笔开支涉及动员部队，运送部队，从服役执勤向退伍角色的转换，装备、武器及军需品的运载等。Abrams坦克，Stryker战车以及Bradley战车2 000辆，其他型号的战车4.3万辆，其中悍马1.8万辆；战斗机700多架；还有14万吨的装备及军需品。所有这些装备都需要修复、运输、储备；回国后也都需要重新配置。我们估计这项工作的组织实施成本会超过200亿美元（假定部队换防费用由正常战争拨款解决）。

国防开支中的“隐蔽”费用

美国的拨款法律规定，战争资金应当与正常的国防拨款相分离。额外战争费用是正常国防预算之外的款项，如伊拉克和阿富汗战争开支就是此例。美国的国防费用大大超过我们在伊、阿两地的战争费用。以2007年为例，美国的国防开支是5 260亿美元，伊拉克和阿富汗战事开支是1 730亿美元。但在实际操作中，二者有重叠。伊拉克美军的工资进入正常国防预算序列；而额外奖金，如战斗补助、劳苦津贴等，则从战争拨款科目中支付。

国防开支占 GDP 的份额一直在飞快地提升，2001 年占 3%，2008 财政年度则占 4.2%。不过，这还不是历史最高水平，也从未接近过历史最高水平。更糟糕的还在于，国防开支占自由裁量基金（指不必像诸如社会安全保障金那样授权使用的款项）的百分比也一直在提高，2000 年是 48%，现在已经上升到 51%。这意味着我们的国防需求正在“狮子大开口”，史无前例地吞噬着纳税人的钱财。

管理当局隐藏伊、阿战争真实费用的方式之一，就是将战争费用埋在“正常”增长的国防预算中。自我们入侵伊拉克以来，五角大楼的预算累计起来已经上涨了 5 000 多亿美元。[28]要想准确地估算有多少正常资金被“倒腾”到战争费用中是很难的（反过来推算也同样不容易）。[29]我们在第 1 章曾说过，五角大楼的财务一团糟，透明度低，国防部甚至连一个清晰的财务想法都拿不出。国防部独立审计员就国防部的财务系统列举了如下几方面的资料缺陷[30]：资金平衡、库存、物资营运及供给、企业资产与设备、承包商资料、环境责任、财务科目、应付账款等；换句话说，瑕疵无处不在。审计员说，国防部的账户特点是“误导”、“短缺”和“不足”。[31]

五角大楼每个月都要进行一次预算“大扫除”，其可以直接而清楚地显示“正常”的国防开支转用于战争的实况：正在进行的项目一旦中止，结余的费用马上就会转投于战争。另一个例证是，五角大楼对扩充特殊军种也投入了巨额资金，目的是培训更多的士兵，使之适应伊拉克和阿富汗艰苦地面条件下的战事。

不过在“最佳”方案中，我们还是相信了国防部的说辞，并假定这 5 000 多亿美元的费用与伊拉克和阿富汗战事无关。换言之，我们假定五角大楼能够将战争费用剥离开来，以至于所有的战争开支都能依此分门别类。

在“实际而中肯”的方案中，我们则将这笔增加的国防费用中的 1/4 计入战争费用。之所以这样，是因为这场战事在好多方面使五角大楼的“基础”费用间接地升高，如情报费、招募费、抚恤费等。

征兵方面的付出使我们大致了解了伊拉克战争对国防总体支出速率的影响。为了征召和延揽士兵，国防部必须进行大量的投入。五角大楼已经将军人的正常工资提高了28%，特殊工资翻了一番，服役津贴与退伍津贴可以兼得且有所上涨。这些支出主要通过正常拨款来解决。老兵伤亡，则由新兵补充，但新兵需经受训练才行。反战情绪在蔓延，伤亡数字令人恐惧，所以，军事部门要达到其征兵及延长服役期限（包括士兵和军官）的目标，就得拼死拼活地争取。在2005年的大部分时间里，美国军队都没有实现其征兵目标，最后不得不降低标准。[32]为了促进征兵工作，五角大楼将适龄军人的年龄上限由35岁提高到42岁，并逐渐放宽了体貌和举止标准。自2006年始，允许犯有重罪的人参军入伍。[33]2007年，军队完成了征召任务，但毕业于高等学校的应募者只占73%，离五角大楼90%的目标差了一大截儿。黑人和妇女应募者的人数急剧下降。智能测试获4级低分值的应募者人数在上升。征募标准的降低也许会进一步降低士气和部队的战斗力，使得军事重建工作任重而道远，成本也高于以往。[34]

陆军国民警卫队、陆军预备役部队以及海军陆战队预备役部队也都面临着应招不足的问题。西点军事学校和美国海军学院申请入学人数较之战前下降了10～20个百分点。陆军预计，即使快速提拔（从上尉到少校），2007年战斗部队也短缺3 000名军官，奖金与其他福利也不宽裕。[35]陆军人力资源总部官员管理分部主任洛克伍德（Lochwood）估计，陆军的资深少校仅及需求的一半。[36]

部队的应对措施是：额外录用几千名应募者，加强在全国范围内的广告宣传活动，为新应募者提供数额高达40 000美元的签约奖金。此外，还提供更为慷慨的教育、退休及伤残福利津贴，为西班牙籍的应募者及其家人提供迅捷的入籍路径，提高应征士兵家人的福利待遇。为有战事经验的军人再入伍提供高达15万美元的奖金，以免这些人离开部队与私人承包商签约以谋取肥缺。2007财政年度，继5、6连续两个月份未能完成招募指标后，军队又向年轻人推出了

"快客"奖金计划：如果他们在签约后 30 天内接受基础性培训，那么就会得到一笔提前支付的奖金。军队都拿出更多的时间和精力来研究个人需求及耗损问题。军队每招募一名军人的费用从 2003 年的 14 500美元上升到 2008 年预计的 18 842 美元。[37]这些由纳税人承担的费用之所以会上涨，是因为人们讨厌伊拉克战争；这些费用也大多藏在正常的国防预算中。

军方最后承认，伊拉克战争如果不扩军的话，我们的国防能力会受到各方面的影响。迈克尔·奥汉龙是一位很受敬重的军事分析员，他将此称为"是一项迟来的决策……其实，2003 年中期，维护后萨达姆时代伊拉克的局势稳定有可能旷日持久且十分困难，这一局面一旦明朗，我们就应当立即做出这样的决策。"[38]现在的打算是，到 2012 年武装部队将要扩充到 92 000 人，如是，则征兵和留役工作的压力会更大，迫使政府为维持志愿兵役制投入更多的经费。[39]为达此目的，总统已经提出追加 50 亿美元战费的申请，也要求正常国防预算再增加 120 亿美元。国会预算办公室估计，2009—2017 年间，还得增加 1 470 亿美元。尽管这些增加的费用都应当被看做是战费的组成部分，但军事部门却将此计入国防开支的"基数"增长中。在"实际而中肯"的方案中，我们对这笔增费的估算是 160 亿美元/年。[40]

战争的费用太高了，几十亿美元的"小数目"我们都不愿意提及。不过，确实有好多费用我们并没有计入成本中。例如，尽管这场战事缺乏总体规划，但五角大楼在 2003 年 3 月份之前，还是拿出几个月的时间，申请了 25 亿美元的正常拨款，来谋划这场入侵战争。但可不要忘了在很多另外的情境下，25 亿美元也许是一个天文数字。[41]

预算和国防费用中战费的增加额是本书讨论的焦点。有人认为，伊拉克战争也许为我们节省了一些钞票。估算行话所称的"与事实相悖"的成本，是经济学家面临的最大挑战。即，如果我们没有进行这场战争，情形会怎样？一个人们通常接受的观点是：禁飞区仍将存在（海湾战争后，限制伊拉克飞机飞越该国的某些区域），情形仍会一如既往。那么在这种观点看来，发动战争而毋须强制地实施禁飞区，也许会略有结余。我们在计算中，将五角大楼实施禁飞令每年所耗的 100 亿美元从战费中扣了出去。[42]然而，问题是这笔结余会用到何处？显而易见的是，它肯定不会使国防开支有所减少。一个最可能的解释是，这笔结余还会用于伊拉克，这再一次说明我们低估了战争的实际费用。

政府其他分支机构的成本

尽管战争成本要由国防部、国务院、退役军人事务部以及社会保障基金来承担，但政府的其他部门也难以置身事外。这些部门包括劳工部（为签约人支付薪酬及保险），房屋及城市开发部（向退役军人提供房贷），农业部和中小企业管理局（发放农业补贴及企业贷款）；此外，燃油成本上升会波及整个政府部门。这些费用是巨大的，但我们的战费账单中并没有计入这笔费用。

例如在伊拉克战事中，由劳工部管理的向私营承包商支付的劳务报酬和保险金不断攀升，但我们对此却所知甚少。1941 年的《国防基地法》（Defense Base Act）规定，政府的一级承包商和二级承包商都必须为在美国出资的海外项目中工作的雇员提供劳动报酬和保险。这些保险包括医疗费用、时间损失、伤残及死亡抚恤。它适用于美国付酬的所有军事承包商的雇员，不论他是一个美国工程师，还是一个伊拉克的卡车司机。[43]这意味着所有的美国公司都必须为雇员投保以防伤亡。由于在战争期间保费高得吓人（以防公司就这些作业讨价还价），美国政府必须替军事承包商的雇员在保险公司买单。此外，如果签约人在“战争行动”中负伤或死亡（不论是否发生在作业期间），美国纳税人都必须为其支付伤残、医疗及死亡抚恤。[44]

军事承包创下了历史纪录，伊拉克战事中军事承包商的雇员超过 10 万人。有了这么多军事承包商的雇员，费用不断地爬高，就不足为奇了。政府要为此承担两项成本：一项是保费，一项是薪酬。政府到底支付了多少保费是很难估算的，因为没有哪一个机构负责对保费加以调控，也没有人跟踪这些费用。据测算，保费相当于薪酬的 10%～21%。这意味着，对一个年薪 10 万美元的私人保镖来说，政府应当支付的保费当在1 000～21 000美元之间。伊拉克翻译和劳工的周薪是60美元，卡车司机是1 800美元，而如黑水公司雇用的私人保镖周薪则高达6 000美元。不过，即使假定10万名承包商雇员的个人周薪仅仅是150美元，累计起来，政府每年也得支付7.8亿美元。

向死者家属提供抚恤金以及向工人支付补偿金是长期费用，要支付很多年，还要随着生活费用来调整。承包商雇员在伊拉克战争中伤亡率很高。冲突的本质是支持性部队和人员（翻译、卡车司机、维修及建筑工人）成了叛乱袭击者的“软目标”。[45]据估计，美国承包商雇员到目前的死亡人数已达1 001人，受伤者逾1 200人。这个数字只是来自于有限的样本，而且还假定只有一半的伤亡者申报索赔，即使如此，这笔抚恤费用也要超过30亿美元。[46]

下一章将集中讨论退役军人事务部要承担的归国士兵的医疗费用问题。但医疗费用远不止这些，还有很大一部分难以计量，得由政府其他部门来承付。例如，由于伤残，一部分归国军人收入低下，其家庭成员有资格在社会保障补助计划中享受公共医疗（medicaid）和社会安全补助（supplement social income，SSI）。退役军人年满65岁便有资格享受医疗保险。由于参加伊拉克战争，很多归国退役军人的医疗费用有可能很高。这些都是伊拉克和阿富汗战争结束几十年之后美国政府将要支付的成本。[47]

还有两项十分重要的成本：一是战争使得石油和能源的价格上涨，增加了政府和个人的支出；二是战争使我们的宏观经济受损，若宏观经济疲软，则税收亦难强劲。财政收入减少而费用却增加，赤字势必加大。我们将在第5章匡算GDP的减少额，据此也可以推算出税收收入的减少额。在“最佳”方案中，我们将战期设定为7年，即2003—2009年，税收减少额为110亿美元，而更理性的估算应当是介于1 280亿～3 680亿美元之间。但从保守的角度而言，我们全然不计这些税收损失。

对国防部来说，能源费用的上涨可以间接地包括在战争开支中。但政府的其他机构也必须为此买单。联邦政府的非国防部门每年要花掉40多亿美元的能源费，这些巨额的费用支出体现在能源部、邮政系统、退役军人事务部（如医院）、航空航天局（NASA）、交通运输部门、总务管理部门等。[48]每桶石油价格从25美元涨到近100美元，政府其他机构在预算不增加的前提下必须内部消化这些成本。每年额外增加的能源费用计为4亿美元，这也是战争对预算的影响之一。[49]对有些机构来说，开支额度未能增加，难以消化掉攀升的能源费用，只好砍掉某些项目，这是另一个维度的战争成本。

借贷及利息成本

伊战伊始，美国政府就已经是靠赤字运行。如果没有新的税源可资调节（其实开战不久，税收就已经开始降低，高收入阶层所降尤甚），而非国防性的开支还在持续地增长，那么，出于预算的考虑[50]，一个理性的假定就是，迄今为止的所有战争经费都是靠借贷来筹措的，都要计入已经负债运行的联邦预算中。因此，在“实际而中肯”的第二个方案中，我们在国家现行9万亿美元的债务基础上又加上1万亿用于偿付战争借款的债务。[51]

所有的债务都得还本付息。终将支付的费用共有三部分：一是自借贷以来已经偿还的本息；二是尚未偿还的本息；三是为了继续作战而必须借贷的款项以及这些款项的利息。就第一部分来说，我们已经支付了1 000亿美元，仅伊拉克一地就支付了750亿。

有人认为，我们不应当将利息计入战争费用。但布什政府的确选择了这种借款方式来维持战争，同时还降低了税负而不是缩减开支。我们或可采用其他方式来支付战争费用，而不一定非得对战费支付利息，但这只是一个理论上的假定。如果这一假定能够成立，那么，我们就可以从许多角度来看待伊拉克战争费用，从而得出与此相似的结论，例如，前面所述的某些伤亡并不一定是战争的必然产物，它取决于战事如何组织。战事如何组织以及战争如何筹款这两个问题是可以捆绑在一起的。我们正是将这两个问题捆在一起来评估它的预算含义的。

也可以按下面的方式换一个角度来看待这场战争的后果以及筹资方式。我们年年都要借几亿美元来维持这场战争。如果战事每况愈下，为退役军人支付的伤残与医疗保健费用就会越来越吃紧。就像我们贷款买车一样，所付利息总额通常与车价本身差不多。战争也是如此：旧债的利息和为还息而新借债务的利息是不断攀升的。在“实际而中肯”的方案中，我们预计这些利息到 2017 年总计为 1 万亿美元（按 2007 年美元价格计算，伊拉克和阿富汗战事的折现值超过 8 000 亿美元）。下一届政府也摆脱不了这些债务，而且还面临着那些长期滞后的其他需求的挑战：破旧不堪的基础设施难以满足国家增长的需求；医疗卫生系统无法为相当一部分人口提供服务；教育资源匮乏长期以来也是人所共知的事实。即使拓宽税源，与不发生战争相比，国家债务也依然会增大。在“实际而中肯”的方案中，2017 年时国家的债务将达到 3.6 万亿美元（相当于 2007 年的 2.8 万亿美元）；即使到那时，多数医疗补贴和伤残抚恤还仍未清偿。

天下没有免费的午餐，也没有免费的战争。这是本书传递的一个简单信条，有必要反复地讲。不管怎么说，欠债就得还钱。保守派强调提高税负的成本，认为这是效率损失，是产出角度的“净损失”（deadweight loss）；认为高税收具有激励递减作用。如果哪天我们决定清偿这些债务，那么整个国民经济体就得承受数万亿美元的债务成本。提高税收以偿债的额外成本也应当计入战争费用中；布什政府将这些负担推到了我们下一代的身上。如果我们继续延迟清偿这些债务，只付到期利息，那么税负也得提高，我们只能年复一年、永无尽期地品尝着战争酿造的“苦酒”。如果我们听任债务攀升，我们的境外欠款就会越来越多，我们的国家就会贫困交加。借款中的某些债务会损及境内国家和私人投资，会牺牲未来的经济增长。我们要为战争付出代价，但我们还得装作对这些成本视而不见，遥遥无期地推延下去，这也是我们必将付出的另一个代价。这些额外的“到期账单”可以轻而易举地将战争费用提升一半或者更多。不断累积的利息账单就是此类经济现象的报警器。

无论如何，我们都得偿还这些债务，今天还，明年还，未来的几十年还得还：税收要提高，公私投资要减少，社会公益项目也得萎缩。天下没有免费的午餐。要发动战争就得付出代价，对一场旷日持久、费用高昂的战争来说，更是如此。

战费由四部分组成：过去的费用，未来需偿付的费用，退役军人的医疗及伤残抚恤，国防部预算中潜藏的费用。加在一起，仅伊拉克一地的战费就高达1.3万亿～2万亿美元，这还没有算利息。如果将阿富汗战事的费用也加进来，“最佳”方案预测的总战费为1.7万亿美元，“实际而中肯”的方案预测的总战费为2.7万亿美元。如果我们将利息也考虑进来并仅将利息计算到2017年的话，“最佳”方案中伊拉克战争的总费用折现值为1.75万亿美元，“实际而中肯”方案中为2.65万亿美元。将阿富汗战争的利息也考虑进来的话，“最佳”方案的总战费为2.3万亿美元，“实际而中肯”方案的则高达3.5万亿美元。这说明，即使在“实际而中肯”的方案中，我们所估算的数字仍然是保守的。

但这些还仅仅是预算费用，并没有包括国民经济的总成本，如伤亡者的代价、油价飞涨的费用，以及赤字飙升对投资产生的“挤出效应”，这种“挤出效应”会使未来的经济增长趋于缓慢。

表2—1　　动态总成本：伊拉克战争预算费用总额　　单位：千亿美元

成　本	“最佳”方案	“实际而中肯”的方案
已经支出的军事行动费用（2001—2007年）	4.73	4.73
未来可能的军事行动费用	3.82	6.69
行将支付的退役军人费用（医疗费用＋伤残抚恤＋社会保险费用）	3.71	6.30
经调整的其他军事费用（隐藏军费＋未来的军事复位费＋复员安置费－取消禁飞区结余）	0.66	2.67
总额（未加利息）	**12.92**	**20.39**
利息（现有债务已付利息＋现有债务未付利息＋未来借贷拟付利息）	4.62	6.16
总额	**17.54**	**26.55**

表2—2　　动态总成本：阿富汗战争预算费用总额*　　单位：千亿美元

成　本	“最佳”方案	“实际而中肯”的方案
已经支出的军事行动费用（2001—2007年）	1.73	1.73
未来可能的军事行动费用	1.39	2.44

续前表

成　本	"最佳"方案	"实际而中肯"的方案
行将支付的退役军人费用（医疗费用＋伤残抚恤＋社会保险费用）	0.51	0.87
经调整的其他军事费用（隐藏军费＋未来的军事复位费＋复员安置费－取消禁飞区结余）	0.66	1.37
总额（未加利息）	**4.29**	**6.41**
利息（现有债务已付利息＋现有债务未付利息＋未来借贷拟付利息）	1.51	2.00
总额	**5.80**	**8.41**

*包括持久自由行动（阿富汗）和神鹰行动费用（提高伊拉克和阿富汗军事基地的安全水平），但不包括美军参与北约主导的阿富汗军事行动费。

表 2—3　　动态总成本：伊拉克和阿富汗战争预算费用总额　　单位：千亿美元

成　本	"最佳"方案	"实际而中肯"的方案
已经支出的军事行动费用（2001—2007 年）	6.46	6.46
未来可能的军事行动费用	5.21	9.13
行将支付的退役军人费用（医疗费用＋伤残抚恤＋社会保险费用）	4.22	7.17
经调整的其他军事费用（隐藏军费＋未来的军事复位费＋复员安置费－取消禁飞区结余）	1.32	4.04
总额（未加利息）	**17.21**	**26.80**
利息（现有债务已付利息＋现有债务未付利息＋未来借贷拟付利息）	6.13	8.16
总额	**23.34**	**34.96**

那些在伊拉克和阿富汗作战的男女士兵，是所付战争代价最高的群体。他们确实会得到一笔伤残抚恤和医疗补贴，但与巨额的战争费用相比，却只能远远地瞠乎其后。但这笔预算费用却至少向我们提供了一个起点，并由此展开下一章的讨论。

注释

[1] 这笔伊拉克和阿富汗战争款项自 2001 年以来，共分 25 笔拨付。见国会预算办公室预算分析部主任助理罗伯特·桑夏（Robert A. Sunshine）对众议院预算委员会的证词：《对美国在伊拉克和阿富汗军事行动及其他与反恐有关行动

的费用估算》，2007-07-31。

[2] 在伊拉克和阿富汗服役的部队，约有 36%来自国民警卫队及预备役部队，来自预备役部队的尤多。在 2002—2005 年间，一共动员了 531 000 人，配置了 378 000 人。见政府问责办公室：《国防部与进一步采取行动的兵役需求及预备役的动员数据》，GAO-06-1068，2006-09。此外，由于派往伊拉克，国民警卫队及预备役部队又征召了 60 000 人“填补”国内空缺。组织动员这些人的直接追加费用，每年达 30 亿美元。

[3] 只包括到 2007 年的军人医疗费用。

[4] 在 2003 年 9 月，国会为伊拉克重建拨付了 184 亿美元，是一笔史无前例的巨款。这笔款项的用途包括：学校复建、排污设施、卫生系统、电网恢复及其他民用项目。到目前为止，这笔钱大多转为军用，如培训爆破班和安保部队，建设监狱，购置装甲车；还有一部分用于 3 600 个项目的竣工，其中约有 25%用于安全防卫；也有一部分款项转为选举费用——见伊拉克重建特别审察长。2007 年底，管理当局宣称，将放弃对伊拉克重建余款的求取。

[5] 2007 年，联邦预算中的医疗费是 3 940 亿美元，医疗补助费是 2 760 亿美元，还有与此相关的其他支出。见美国政府 2007 年预算。

[6] 国会预算办公室提供了不同军事行动方案的费用区间。我们将焦点对准其中的两个方案：一个方案是快速脱离战事，就像在韩国那样只留驻少量非战斗部队；第二个方案是战事久拖不决，撤离迟滞。相较于国会预算办公室的估计而言，我们所预计的军事行动及军队配置费用与之大体相当；但军人的医疗费用和伤残抚恤却比国会预算办公室的高出一大截。主要原因是，我们所预计的费用发生期贯穿军人一生，而国会办公室的费用发生期为 10 年甚至更短。此外，我们还考虑了那些未在国会预算办公室计划中体现出来的费用。

[7] 一如第 1 章所述，所有费用都按 2007 年美元不变价来计算，也就是说，考虑了通货膨胀和货币时间价值因素。第 2 章的焦点在于分析对联邦政府的预算含义，因此，将政府借贷的实际利率定为 1.5%是毫无争议的。（股份公司就不能按这个利率来借贷，因此，通常是通过发行新股来筹集资金。因此对企业来说，面临着如何测算一个适度的折现率这个难题。我们选取一个什么样的折现率来评估广义的社会成本，也极易引起争议。这个问题将在附录中加以讨论。）

[8] 2003 年，由美国、英国、澳大利亚、波兰等国“牵头”，联军部队共来自 40 个国家。此后，为平息选民舆论，有 18 个国家自伊拉克全部撤军，有 8 个国家在该地区留驻的部队不超过 50 人。2007 年，在伊拉克留驻部队超过千人

的国家只有三个：英国、韩国和格鲁吉亚。鉴于战争涉及方方面面，到底有多少国家参与了联军部队是很难计算的（请与第 6 章相比较）。

[9]《美国在伊拉克长期驻军的成本》，见彼得·欧萨格（国会预算办公室主任）给国会议员肯特·康奈德（Kent Conrad）的信——《美国在伊拉克采取在韩国和东北亚地区驻军模式的成本》，2007-09-20，国会预算办公室。

[10] 2008 年底，这笔钱中的一部分已经花掉了，所以已经变成“过去”支出，而不是“未来”支出。不过，为简化起见，我们还是将 2007 年 10 月 1 日作为财政分界起始年。

[11] 据国防部应急调遣跟踪系统文案，自 2007 年 10 月 31 日以来，全球反恐作战共派出了 164 万多名在役军人；其中，陆军 800 681 人，海军 304 382 人，空军 325 023 人，海军陆战队 208 731 人，海警 3 077 人。由于服役、延长服役及伤亡情况带有很大的不确定性，因此估计 2017 年以后的数字是比较困难的。我们在“最佳”方案中估计，在伊拉克自由行动与阿富汗持久自由行动中需增派的兵力总量为 200 000 人。在“实际而中肯”的方案中，我们预计到 2017 年需增派的部队将达到 400 000 人。

[12] 以英国为例，2008 财政年度预计的军事人员费用只比 2007 年下降了 5%，而军队撤离了一半。见下议院国防委员会：《伊拉克和阿富汗的战事成本：对 2007—2008 冬季追加费用的估计》，2007-11-27。

[13] 退役军人福利管理局 2006 年 9 月发布的 2005 年度福利报告，网址：http：//www. vba. va. gov/2005 _ abr. pdf 以及海湾战争退役军人信息系统。折算成 2007 年美元价格，这笔款项为 6 927 美元（这个数额来由显得不明——译者注）。

[14] 当时的服役军人接近 700 000 人；仍然在世的约为 620 266 人，其中：有 280 623 人申领补贴，212 867 人获得了批准（161 313 人中 10%或更多的伤残与服役有关），30 679 人被拒绝，最新的报告表明，仍有 38 398 人的申请处于未处理状态。好多人患上了难以明确诊察的综合征，即通常所称的“海湾战争综合征”。退役军人事务部经常发布最新报告。见退役军人事务部关于海湾战争退伍军人的信息系统，数字截至 2007 年 5 月，发布日期：2007-06-30；发布网址：http：//www1. va. gov/rac-gwvi/docs/GWVIS _ May2007. pdf。另见退役军人福利管理局：《2005 财政年度的福利报告》，2009-09；网址：http：//www. vba. va. gov/2005 _ abr. pdf。

[15] 凯伦·H·塞尔等（Karen H. Seal，et al.）：《将战争带回了家园：退役军人事务部医疗机构显示，自伊拉克和阿富汗归来的 103 788 名退役军人心理

健康失常》。内部医疗档案，第 167 卷，第 5 号，(2007-03)，pp. 476-482。

[16] 在 2003—2007 年的五年间，社会安全保障年生活费用调整指数为 3.3%。

[17] 退役军人事务部的医疗费用是变动的（款项由立法机构一年一拨），既可能升也可能降，这要取决于国会，所以，我们很难对这笔费用做出准确的判断（而伤残抚恤金则具有刚性，不必每年履行拨款程序，所以，我们对这个数字的估计较为准确）。在“最佳”方案中，2007—2017 年十年间的医疗总费用约为 177 亿美元，在“实际而中肯”的方案中约为 320 亿美元，而国会预算办公室对此的同期估计是 70 亿～90 亿美元。

[18] 伤残抚恤金的上调速率通常快于生活费用指数，旨在（有针对性地）抵消军人因残所致的收入损失。历史数据表明，工资的上涨速率要快于物价。退伍军人的福利一直按 7%的复利水平在上涨。我们是按平均上涨 3.3%的水平来估算的，因为国会建议，要将退伍军人的福利与社会安全保障挂钩。（社会安全保障基金既考虑物价上涨，也考虑工资上涨。如果就业人员与退休人员之间的收入差距并非与日俱增的话，这一点就变得十分重要。）

[19] 退役军人伤残福利委员会：《向应征履职者致敬：21 世纪退役军人的伤残福利》，2007-10（http://www.vetscommission.org/pdf/FinalReport10-11-07-compressed.pdf）。

[20] 见洛瑞斯·科布、洛瑞·托普森、卡罗琳·沃汉姆斯（Lawrence Korb，Loren Thompson，and Caroline Wadhams）：《伊拉克战后军事装备》，美国发展中心与列克星敦研究所，华盛顿，DC，2006-04-25（http://www.americanprogress.org/kf/equipment _ shortage.pdf）。

[21] 威廉姆·索利斯（William M. Solis）（政府问责办公室，国防能力及管理部主任）：《装备调试挑战的临时观察及陆军和海军陆战队面临的问题》，在众议院军事委员会、备战分委会及战术空军与陆军分委会上的证词，GAO-06-604T。

[22] 政府问责办公室向国会提交的报告：《军事战备：国防部在战略计划中应区分并强调差距及潜在的危险，也应当有重点地配置某些关键装备》，GAO-06-141，2005-10。

[23] 安德鲁·费克特（Andrew Feickert，国防专家）：《美国陆军及海军陆战队的装备需求：进一步发展的背景及问题》，国会调研服务局报告，2007-06-15，序码 RL33757。

[24] 卡尔·康内塔：《“寅吃卯粮”的战争：“9.11”对美国军队应战能力的后续影响》，载《国防替代方案简报》，第 19 号，2006-09-11，p. 5（http://

www.comw.org/pda/fulltext/0609br19.pdf)。

[25] 总参谋长彼得·斯库梅克（Peter Schoomaker）于2006年6月27日对立法者说，军事冲突终结后的2～3年内，仅陆军就需支出120亿～130亿美元。见彼得·斯库梅克对众议院军事委员会的陈辞：《军力恢复战略及恢复资金需求计划》，华盛顿特区。

[26] 2 500亿美元是“最佳”方案中的数字。参谋长联席会议主席迈克·缪勒（Mike Mullen）上将对《纽约时报》说，他将“敦促国会即使在伊拉克战争结束后也要保持现在的军事开支水平，这样，五角大楼才能修复及更换损耗的装备并重建陆军”。见《纽约时报》，2007-10-25，p. A24。按现在的水平延长1整年就要花费2 000亿美元。

[27] 空战司令罗纳德·基斯（Ronald Keys）将军语，引自布鲁克（Tom Vanden Brook）:《将军：战斗机吃不消了》，载《当代美国》，2007-05-08，p. 1A。

[28] 请注意，我们已经将因通胀因素所致的费用增长考虑了进来。战争的费用开支计划已经留出了上涨头寸（如部队津贴的增加），但实际增加额远远高于预计的增长。我们发现，国防部增加了6 050亿美元的费用，超过按过去40年增长率所计算的水平。

[29] 例如，国会调研服务局发现，国防部战争资金中有140亿美元与哪一个科目都没有关联，因此应视为正常费用而不是战争开支。此外，我们在下文还将谈到这场战争所增加的成本，如军人的招募与留役。见贝拉斯克在众议院预算委员会听证会上的陈述:《伊战中不断攀升的预算费用》。

[30] 企业或政府部门财务系统的资料缺陷指数据严重短缺，系统中极可能存在着定期检查中难以察觉的重大错误或隐患（例如，虚报开支）。

[31] 国防部总检察官:《独立审计员对主账的报告》，国防部绩效与责任报告，2006财年，2006-11-12。

[32] 例如，2005年5月初定的征兵人数是8 050人，但后来降到6 700人；全年的情形也大抵如此。见艾瑞克·施密特（Eric Schmitt）：《降低征兵人数后，部队5月份的应招人数未足额》，载《纽约时报》，2005-06-08，p. A9。

[33] 利兹特·阿尔瓦雷斯（Lizette Alvarez）:《军队的征兵条件日渐放宽》，载《纽约时报》，2007-02-14，p. A1。

[34] 国家优先项目:《2006年的征兵工作》，2006-12-22，网址：http://www.nationalpriorities.org/Publications/Military-Recruiting-2006.html。

[35] 约瑟夫·盖洛威（Joseph Galloway）:《所求愈多，所得愈少》，载《麦克莱齐报》（*McClatchy Newspapers*），2007-10-24。

[36] 安德鲁·蒂格曼（Andrew Tilghman）：《部队的另一场危机：最好和最有前途的年轻军官为何离开部队》，载《华盛顿月刊》，2007-12-21。

[37] 戈登·鲁伯德（Gordon Lubold）：《为保证应征人数，美国的军费在上涨》，载《基督教科学学箴言报》（*Christian Science Monitor*），2007-04-12，p. 2。

[38] 奥汉龙：《扩充可派遣部队的必要性》，见《美国战争学院季刊》（2004 年秋季刊），pp. 4-17。

[39] 政府当局已经公布了一项服役扩军计划：在未来 5 年内，陆军要达到547 000人，海军陆战队 202 000 人，陆军预备役部队和国民警卫队 564 200 人。到 2010 年新增的军人总数要达到 74 000 人。

[40] 每年 160 亿美元，由于通胀率每年上浮 2%。

[41] 在最新的战费计算中，国会调研服务局已经将这笔款项计入战前成本。见贝拉斯克：《自“9.11”以来，伊拉克、阿富汗以及其他全球性的反恐军事行动的成本》。

[42] 禁飞区费用的估算并不是一个定数。斯科特·沃尔斯滕和卡特里娜·科斯克（Scott Wallsten and Katrina Kosec）估计，每年约 130 亿美元。但很明显，从总体上说，这笔结余并没有夸大，也没有低于国防部的开支。此外，由于我们已经考虑了资金的其他用途，如用于反恐战争及提高军备等，这意味着，这笔钱实际上还是被转用于战争。所以，我们应当每年再加上 100 亿～150 亿美元的费用以冲减这笔结余。见斯科特·沃尔斯滕和卡特里娜·科斯克：《伊拉克战争的经济成本》，AEI-Brooking 联合中心工作论文，2005 年 9 月，05-19 号。又见萨拉·格雷汉姆·布朗（Sarah Graham-Brown）：《禁飞区：花言巧语及实际打算》，载《全球政策论坛》，2001-02-20。

[43] 这涉及二战时期的两个法案：1941 年的《国防基地法》要求必须为承包商购买保险；1942 年的《战争风险补偿法》规定，美国政府作为投保人要将承包商的雇员的伤亡抚恤囊括其中。

[44] 甲等伤残抚恤为雇员每周平均工资的 2/3，现在已经涨到极值，每周为 1 030.78美元（对家属来说，这个数字已经上涨了 3/4）。部分地丧失谋生能力也可获得抚恤。配偶健在且无子女的死亡抚恤为雇员每周平均工资的一半，有子女的抚恤起点为周平均工资的 45%，每个子女追加 15%，上限为周平均工资的 75%。永久性的伤残及死亡抚恤可终生领取，且随着年生活费用指数进行调整。见劳工部就业标准管理局：《联邦雇员的伤残抚恤》，发布于 CA-810，1999-01。

[45] 约翰·鲍德尔和詹姆斯·瑞森：《伊拉克战事中承包商雇员的死亡人数再

创新高》，载《纽约时报》，2007-05-19，p. A1。

[46] 大量的索赔来自于主承包商，具体数额是：Halliburton，346 宗；CSC Dyncorp，309 宗；Raytheon，307 宗；Titan，157 宗；SCA Ltd，142 宗；ITT Industries，118 宗；L—3 Communications，99 宗；General Dynamics，96 宗；Northrop Grumman，89 宗；Washington Group International，54 宗。见詹姆斯·考克斯（James Cox）：《伊拉克承包商的费用在上升》，载《当代美国》，2004-06-16，p. 1B。

[47] 我们有理由相信，这些退役军人的期望寿命也许会缩短。如是，预算和经济成本就会降低。退役军人早逝可以为社会安全基金省下一笔费用，但早逝更是一笔实实在在的社会成本。不过我们的估算并未考虑这项因素。

[48] 见交通统计署、交通调研与技术创新管理局；又见，国防部能源安全工作队、国防调研与工程办公室常务主任阿尔·谢弗（Al Shaffer）于 2007 年 5 月 27 日的陈辞。

[49] 即使能源价格上涨三倍，赤字也得增加 120 亿美元。在“实际而中肯”的方案中，我们只将能源价格上涨的一小部分计入伊拉克战争费用中。

[50] 经济学的分析会稍许复杂，后面的讨论会使之水落石出。

[51] 2003 年 3 月，美国的债务已达 6.5 万亿美元。这 1 万亿美元可以近似地看成 2008 年之前战争费用的现值。其计算方法是：将现行估算的年战争费用加总（直接战争费用是 6 450 亿美元，占 75.4%，隐藏在国防预算中的间接费用是 1 510 亿美元），再加上按复利计算的到 2008 年 3 月的利息。

第3章

抚恤退役军人的真实成本

伊拉克战争在无休止地为军队增添沉重负担。超过一半的士兵还不到24岁，有些才刚刚中学毕业。许多士兵不得不超长服役，大约36%的军人是从国民警卫队和预备役部队抽调到战场上的，他（她）们不得不离开丈夫、妻子、年幼的孩子，并放弃工作。[1]在战场上，还要面对连续的战斗和死亡的威胁。

伊拉克战争中士兵的受伤比例要远高于历次战争。[2]越战中受伤士兵和死亡士兵的比例是2.6∶1，朝鲜战争的比例是2.8∶1，第一次世界大战和第二次世界大战的比例分别是1.8∶1和1.6∶1，而在伊拉克和阿富汗战场上，这一比例超过了7∶1，受伤比例达到美国战争史上的巅峰。如果我们把非战斗负伤也计算在内，这一比例竟恐怖地高达15∶1。[3]

这意味着截至2007年11月，大约6.7万名美国士兵在伊拉克和阿富汗负伤或染病。虽然在和平时期，士兵在服役中也可能负伤，但不管他们是如何负伤的，美国纳税人都不得不为他们支付伤残抚恤和医疗费用。在比较分析了5年前的战争和这次对伊拉克的入侵后，我们估计至少 4.5 万名士兵是在战斗中负伤或患病。非战斗负伤使这一数字增加了 50%，包括车祸、飞机失事和其他非战斗伤害。[4]

截至 2007 年 8 月，在需要救治而从伊拉克撤出的士兵中，有 2/3 是因为患上了各种疾病。[5]在伊拉克和阿富汗战场上，由于生活环境恶劣、卫生条件差，很多士兵患上了腹泻和急性上呼吸道感染，这与海湾战争相似。许多士兵还患上了各种寄生虫病（如利什曼病，这是一种由白蛉叮咬而将寄生虫传给士兵的致命的血液病，数千士兵受此病折磨）、普鲁氏菌病、鸡瘟、流行性脑脊髓膜炎和 Q 热（Q fever）[6]，还有少量士兵对炭疽热疫苗、抗疟药和其他医学措施产生不良反应。

获得以上信息并不容易，因为美国国防部对真正的伤亡数字是高度保密的。虽然国防部会通报战争中美国公务人员的死亡情况（包括战斗死亡和非战斗死亡），但是其官方负伤人员记录只列出了因战斗而负伤的人员。国防部并不对外公开非战斗负伤人员的数字，这个数字可能包括因车祸、直升机失事、火车事故负伤的人员，以及患有各种生理和心理疾病，严重到必须从战场撤离到欧洲的人员（这个数字甚至没包括未被空运离开战场的非战斗负伤人员）。军队完全能够判断士兵负伤是否与战斗有关，但为了弱化敌人的战绩，有时会将一些战斗负伤人员虚报为非战斗负伤。所以，往往夜间的直升机失事不被算成战斗伤亡（即便白天飞行确实不安全），除非直升机是明显地被敌军炮火击落。2006 年 9 月，美国退役军人事务部发布了《美国战争的情况说明书》后，士兵的伤亡总数才暴露出来。由于退役军人事务部完全采纳了国防部的统计数字，这样，我们才发现国防部公布数字中的猫腻。在 2007 年 1 月比尔米斯发表了她的第一篇研究论文后，美国国防部坚称，退役军人事务部只是引用了其官网上发布的战斗伤亡人数。而在国防部最新调整的第二版网站上，有关完全伤亡报告的内容就不容易查到了。尽管困难重重，退役军人组织还是成功地依据《信息自由法案》，获得了战争负伤情况的全套数据，并转达给国会和公众。[7]

我们前面提到的负伤比例的大幅度提高消耗了大量的药物，而且其对财政预算的压力是政府始料不及的。所有负伤的退役军人，无论他们是如何受伤的，都可以享受到伤残抚恤和其他福利（包括医疗费、长期的看护费用、补偿金、教育补贴、住房援助、康复费用和咨询服务费）。这些福利费用和管理费用都是巨大的开支，退役军人如果不能获得足够的补偿，他们的康复将受到非常不利的影响，甚至还会增加长期支出。当前，由于管理程序不完善和人员不足等原因，在将退役军人从国防部移交给退役军人事务部的过程中经常出现小问题。新增加的退役军人经常不能够及时得到医疗援助，或者说，给予他们援助意味着老退役军人必须等待更久或失去医疗机会。[8]

这一章我们将考察美国政府支付伤残补偿和提供高质量医疗援助的能力，关注政府是否能给伊拉克和阿富汗战争的退役军人提供必要的福利。从伊拉克和阿富汗战场回国的7.51万名退役军人是我们的研究对象。未来这些退役军人和仍部署在战场上的军人，会使政府的开支日益增加。（对应地，第4章我们将探讨那些患有生理和心理疾病的退役军人的社会成本。）

我们研究中使用了退役军人事务部的数据，并未区分这些退役军人是从伊拉克、阿富汗还是从科威特等邻近地区返回的。他们中的1/3已经多次服役，许多军人在伊拉克和阿富汗或其他地区都作战过。[9]当然，我们的目标是估算政府在退役军人身上投入的长期费用，所以没有必要区分他们是在哪儿服役的。五角大楼的伤亡报告显示，他们中的大多数是在伊拉克伤残的，大约占到总数的90%。[10]因此可以认定，医疗支出和伤残福利总额的90%被用于从伊拉克战场回来的退役军人。

本章我们主要研究美国财政为退役军人支付的医疗支出和伤残抚恤。美国政府一直致力于培植伊拉克军人来替代美国军人在伊拉克服役，所以也有必要关注提供给伊拉克军人的医疗支出和伤残抚恤。据统计，超过7 620名伊拉克军人战死，数万人负伤，这显然也是一笔大开支（在第6章中我们将计算战争给伊拉克和其他国家造成的损失）。

伊拉克战场上美国士兵的负伤情况

在国内，我们目睹了政府为伊拉克和阿富汗返回的士兵支付了惊人的费用。超过 26.3 万名退役军人在退役军人医疗系统中接受治疗，超过 10 万人患有心理疾病，5.2 万人被确诊为外伤后应激障碍[11]，另外 18.5 万人在退役军人医疗系统接受咨询和康复服务。[12]截至 2007 年 10 月，22.4 万名回国士兵申请了伤残抚恤，有证据表明他们中的大多数人有各种各样的健康问题。他们通常分别患有以下 5 种疾病：失聪、皮肤病、视力障碍、背痛和心理疾病。他们中那些最不幸的必须承受不可思议的痛苦，像脑损伤、截肢手术、烧伤、失明和脊柱损伤，一些士兵甚至患有被医生称为“多外伤综合征”这样的疾病。1/4 的退役军人因超过 8 种伤残情况申请了抚恤。[13]

目前，2/3 的外伤是被简易爆炸装置、触发地雷和其他路边炸弹等炸伤的。[14]爆炸引发的冲击波可以直接导致脑损伤，像脑震荡、脑挫伤（外皮没破但内部受伤）和脑梗塞（供血不足导致部分脑组织死亡）。冲击波也可以将弹片或其他东西打入人的大脑或身体中。现代军人都穿有防弹衣，戴有钢盔，可以有效防止弹片进入身体，但很难阻止冲击波造成的脑内伤，如外伤性脑损伤（TBI）。

外伤性脑损伤是这场战争造成的特殊伤害之一，与以往战争的不同之处在于，以往战争中超过 75%的受伤士兵将会死亡，而这场战争中，大多数人的生命能够被挽救。[15]行动迅速的外科医生们在战场上就将外伤包扎好，然后伤员 24 小时内就被运送到位于德国的兰德斯杜尔（Landstuhl）空军基地。那些被送到退役军人医院的老兵回忆说，他们在战场上，平均经历过 6～25 次身边炸弹爆炸。

外伤性脑损伤根据患者伤后失去意识和记忆的时间长度可分为轻微、中等和严重 3 个等级。轻微和中等患者可能出现认知冲突、行为失常、头昏眼花、头痛、耳膜穿孔及其他的视觉和神经问题，这些伤害不同于能治愈的脑震荡或脑外表擦伤。最近的研究表明，即使是爆炸引起的轻微和中等的外伤性脑损伤，也会导致细胞层面的永久伤害。[16]严重的外伤性脑损伤患者会变成植物人，大约 1/4 被炸伤的士兵将会死亡。[17]

吉恩·博勒斯（Gene Bolles）博士既是一名越战退役军人，也是一名有 30 多年从业经验的外科医生，在德国兰德斯杜尔地区医疗中心担任了两年的神经科主治医师。近来他是这样评论自己的经历的：

> 我在急救中心看到了这样一些严重负伤的年轻士兵：他们身处绝境，要么严重烧伤，要么失明，都受到了非常严重的伤害。当他们告诉我他们看到的和正在困扰他们的事情时，就变得情绪激动，双眼满是泪水。我已经听得太多了，几乎很少能睡个好觉。在我的职业生涯中，他们是最严重的病人。[18]

交接过程中的困境

这些受尽生理和心理折磨的退役军人们最终回到国内后，还要被迫面对许多新问题，如到哪儿获得医疗援助、到哪儿领取伤残抚恤等。回国的士兵们好似进入了一个真空地带，国防部和退役军人事务部都跟他们没有关系了。国防部只负责管理正在服役的士兵（包括提供军事系统中的医疗服务），而退役军人事务部负责管理退役士兵的医疗援助和福利发放。退役军人事务部分为两个机构：一个是退役军人福利管理局（VBA），管理各种与退役军人伤残有关的事务；另一个是退役军人医疗管理局（VHA），管理医院、诊所和其他医疗设施。尽管政府做了大量的研究工作，尽力提升工作效率和执行力，但国防部和退役军人事务部至今未能实现伤残军人交接的无缝对接。

在沃尔特里德陆军医疗中心门诊部爆出丑闻后，国防部和退役军人事务部的交接问题进入公众视野，等候退役的士兵们在沃尔特里德中心得不到有效的医疗救治。尽管医院已经满负荷运作，但仍难以应付从伊拉克撤出的数以千计的伤员。五角大楼命令医疗中心控制成本（以提高效率的名义），否则将被关闭。[19]在丑闻爆出后，国防部长罗伯特·盖茨任命了一个 9 人组成的两党联合委员会调查此事。委员会提交的报告显示，五角大楼以令人难以理解的疏忽态度来维持现状，并明显没有重视退役军人的医疗问题。[20]

沃尔特里德问题的根源在于，军人的退役交接系统处于混乱状态。伤兵在从沃尔特里德中心转送到退役军人医疗系统的交接过程中，将失去原来作为军人享有的全部福利，在他们有资格领取退役军人福利前，将没有收入来源，而这个交接过程可能持续数月甚至数年之久。全国的数百个诊所中，退役军人也都处于同样的状态。国防部副部长戈登·英格兰（Gordon England）是这样向参议院军队事务委员会解释的："交接中的一个问题出在伤残等级鉴定上，在国防部内部和向退役军人事务部交接过程中，伤残鉴定都要耗费大量时间。另外，大约11%负伤或严重负伤的退役军人要跟另外89%的正常退役军人走同样的程序。"[21]

在交接程序中，退役军人需要完成很多书面手续（包括提交一份23页的申请书），并证明自己确实需要医疗援助，这些任务都落在退役军人们自己身上（而澳大利亚、新西兰和英国等国政府会在第一时间受理退役军人的申请）。在这个过程中，国防部有时还不能及时提供一些文件，而这些文件对于将退役军人的薪资和医疗福利转入退役军人事务部是必要的。因此，退役军人经常不得不面对第二轮医疗鉴定，以确认是否有资格获得应有的伤残抚恤和医疗援助。

许多退役军人不能完成大量复杂的书面手续，像弗吉尼亚州共和党众议员汤姆·大卫三世（Tom Davis Ⅲ）说的那样，"纵使你把所有的退役军人都集中在丽思-卡尔顿（Ritz-Carlton）地区，也很难解决人事、管理和记录保管问题。退役军人们将在门诊部里苦等数月，申请书和其他文件在11个杂乱的系统中传来递去甚至被遗失"。[22]

在这第二场与当局的战斗中，一些严重负伤的士兵失败了。琳达·比尔米斯在2007年2月6日收到的一封电邮给我们展现了这样一个例子：

尊敬的比尔米斯教授：

我在2007年2月6日的《今日民主》（*Democracy Now*）节目

中见到了您。我已经给参议院办公室寄了许多封信，诉说了我的情况。我们看上去无路可走了。我的侄子帕特里克·费格斯（Patrick Feges）2004 年 11 月在伊拉克战争中严重负伤，在沃尔特里德医院，布什总统来看望过他，佩里州长也授予他紫心奖章，但直到今天他也没有得到任何抚恤金。他一直在跟退役军人事务部保持沟通，但无数的信件也没有解决问题。布什总统可以使用任何数字来描述用于负伤士兵的费用开支，但没有解决任何问题，他们需要的是人们的关注和关心。

谢谢！

凯思琳·克瑞斯博姆（Kathleen Creasbaum），

帕特里克的姑妈

来自得克萨斯州苏格兰德（Sugarland）地区的帕特里克·费格斯在走进伊拉克拉马迪市（Ramadi）的一个拥挤的大厅时，一枚迫击炮弹在旁边爆炸了，冲击波震断了他的一条主动脉，他的胃也受伤了。当时 19 岁的他，情况非常危急，5 周内他在 3 个国家的 4 所不同医院接受了治疗，最终在沃尔特里德医院的一次手术挽救了他的生命。虽然他的脚踝和膝盖不能活动了，要忍受腹痛折磨，不能长时间站立，但他毕竟在康复中。他不得不放弃成为机修工的梦想，决定利用本该得到的教育和其他福利，到厨师学校学习烹饪。19 个月过去了，他还是没有得到一分钱的抚恤金，只能跟妈妈生活在一起。他的母亲晚上还不得不做兼职，以养活他和他的四个兄弟姐妹。[在我们把他的情况提供给退役军人维权领袖保罗·沙利文（Paul Sullivan）和史蒂夫·鲁宾逊（Steve Robinson）后，他们跟退役军人事务部进行了交涉，《新闻周刊》也登载了帕特里克的故事，这样他才终于得到了所有的教育和伤残抚恤。][23]

尽管媒体非常关注像帕特里克·费格斯这样的退役军人的生存状态，国防部长盖茨任命了一个委员会协调此事，国会也举行了数不清的听证会，但退役军人要获得伤残抚恤仍需长时间地等待。

在本章的剩余部分，我们将估算提供给退役军人的援助费用，主要包括伤残补偿和医疗费用两部分。

伤残抚恤

美国共有退役军人 2 400 万人，其中约 350 万人（包括幸存下来的）获得了伤残抚恤。2005 年，美国政府向退役军人支付的伤残抚恤总额为 345 亿美元，包括参加过第一次海湾战争的 211 729 人、越南老兵 916 220 人、朝鲜战争老兵 161 512 人、第二次世界大战的老兵 356 190 人和第一次世界大战的老兵 3 人。另外，美国军方每年还要支付 10 亿美元的伤残退休抚恤。[24]

美国在阿富汗和伊拉克共部署了 160 多万人的军队（包括战争结束之前服役的成千上万士兵），他们每人都有资格向退役军人福利管理局申请伤残抚恤。伤残抚恤的发放对象是那些因服役而伤残的退役军人，也就是说，只要疾病和伤害因服役而起，就有资格申领，退役军人不必就业，对他们也没有其他附加要求。[25]

抚恤数额依据伤残度来定，伤残度从 0 到 100%，每 10%递增一个等级。[26]10%伤残度军人每年领取的抚恤金为 1 380 美元，而 100%完全残疾军人的年抚恤金为 45 000 美元。[27]尽管因伤残度不同，抚恤金额有较大的差别，但抚恤金平均值达到了 8 890 美元。比如，越战老兵的抚恤金平均为 11 670 美元[28]。退役军人中至少有 30%属于"与服役相关的"[29]的军人，他们有资格获得额外的福利，比如职业培训、住房补贴、交通费、子女抚养费、家庭开支补贴和其他补贴。一旦退役军人具有了这种资格，将会终生享有领取抚恤金的权利。即使退役军人去世了，他的家属也有资格获得抚恤。

退役军人申请伤残抚恤没有时间限制，大部分老兵在回国头两年就申领了抚恤金，也有不少伤残军人直到晚年才提出申请。退役军人在获得抚恤后，如果又发现了新的疾病，可以再次提出申请。退役军人事务部仍然在处理成千上万的二次申请，基本都是由越战老兵提出的，他们因检查出外伤后应激障碍和暴露于落叶剂 *(Agent

* 一种含有微量毒药的除草剂，在越战中被用来使森林地区的树木落叶。——译者注

Orange）引发的癌症而再次申请补偿。

确定退役军人是否残疾以及伤残程度是非常复杂且漫长的过程。首先要启动伤残评估程序，第一步由“医疗评估委员会”（MEB）来评判，这一步在军队医疗系统中完成。由医生根据士兵执行任务的能力来评判，如果被评估者被鉴定为不能履行现职，那么进入第二步，由“生理疾病评估委员会”（PEB）鉴别他们的伤病是否在服役期间发生。只有通过了这种特殊的伤残鉴定，士兵才有资格获得伤残军人的退休福利或一次性的伤残遣散费。[30]

退役军人需要向退役军人福利管理局的 57 个办公室中的一个提出申请，管理局指派一名专业人员来评估服役过程中的伤病，然后评出伤残度。退役军人要提供军队服役记录、医疗检查资料以及退役军人事务部、国防部和私人医疗机构开具的其他文件。对于那些患有多种残疾病症的老兵，评判人员则会确定一个综合的伤残等级。如果退役军人对当局的结论有异议，还可以向退役军人上诉委员会提出申诉。在常见的例子中，一个退役军人能同时申领多项伤残补贴，如同时申领身体健康补贴和皮肤病补贴，而退役军人福利管理局往往仅能批准部分申请，这种情况经常导致退役军人上诉。如果上诉结果没有令老兵们满意，他们有权向美国联邦法院继续提出二等或更高级别的上诉。[31]退役军人的每 8 个申请者中就会有 1 个提出上诉。

众多上诉的矛头主要指向的是申请审批程序，这也是美国联邦审计署研究和调查的重点。早在战争之前的 2000 年，审计署就指出了一些长期存在的问题，包括：大量的索赔积压事件，早期的索赔进程缓慢，索赔事件处理的差错率高，以及政府部门之间不协调的问题。[32]在 2005 年的一项调查中，联邦审计署发现，政府处理退役军人索赔事件的时间长短不一，盐湖城政府 99 天即可，而夏威夷政府需用 237 天。[33]在 2006 年的调查中，联邦审计署发现 12%的索赔并不准确。[34]

退役军人福利管理局积压了一大堆的索赔事件，其中上千件都是来自越战老兵的，甚至还有些是越战以前的。2000 年，退役军人福利管理局就已经积压了初次索赔 22.8 万件，其中的 5.7 万件已经拖延了 6 个多月了。[35]至 2007 年底，由于伤残退役军人数量大增，退役军人管理局又有 40 多万件新的索赔积压，而之前的 11 万件还有待解决，已经拖了超过 6 个月了。[36]新增的和正在评审中的索赔总数已经超过了 60 万件。退役军人事务部发表声明称，在接下来的两年内还会收到 160 万件索赔申请。

退役军人福利管理局处理一个索赔申请需要 6 个月，解决一个上诉需两年。[37]相比之下，私人保健和金融行业效率高得多，它们每年处理超过 250 亿件索赔，98%在 60 天之内就支付了抚恤金，包括那些期限有争议的索赔案件。[38]退役军人事务部这 6 个月的索赔处理过程对退役军人来说是一个瓶颈期，它在关键时刻剥夺了退役军人的权益，尤其是对那些患有心理疾病的退役军人来说，他们大多数徘徊在自杀的边缘，掉进了权力滥用的泥淖，离婚、失去工作，或者无家可归。

一些士兵可以通过“退休福利发放”计划来避免长时间不能享受福利。这项计划允许士兵们为了尽快得到抚恤而提前 6 个月退休，他们一离开部队，马上就能获得抚恤。但是，由于服役延长制度的普遍实行，士兵可以一而再再而三地被重新部署，以及“停止损失”命令[39]的实施，士兵退伍时间变得不可预测，这些都使得“退休福利发放”计划实施起来非常困难。而且，这项计划对国民警卫队并不适用。[40]

将重伤的退役军人从国防部转交到退役军人事务部的医疗系统也非常困难。转交前，受伤的退役军人在沃尔特里德陆军医疗中心先接受初步治疗。国防部和退役军人事务部的档案和跟踪系统显示的情况如果不一致，那么退役军人很难得到全额的伤残抚恤金。档案和跟踪系统若衔接不好，不仅会为退役军人的交接过程增添不必要的麻烦，而且在医学和其他研究中，伤兵的数据分析也会变得困难。

国防部糟糕的账务系统也给退役军人带来了很多问题。联邦审计署调查员发现，国防部在迫使数百名伤残士兵承担不存在的战争债务。例如，一个在战场中失去了左腿膝盖以下部分的陆军预备役士兵，被迫要支付一笔无中生有的 18 个月的 2 231 美元债务，而且这造成了其信用上的污点记录，使他无法获得抵押贷款。另有一个患有严重脑损伤和外伤后应激障碍的士兵，因为军队错记他有12 000美元的军务负债，其抚恤被迫停掉，还不准使用公用设施，这主要是因为系统将他错记离队。再如，在2005年1月，由于系统错记并不存在的15 000美元债务，一个自腰部以下瘫痪的士兵在军队的最后4个月里没有得到任何抚恤，直到2006年2月，他才重新获得了抚恤金。再又如，一名士兵的膝盖被弹片击中，在接受治疗的期间，系统错误地将没有离开部队的她记录成离岗。更具讽刺意味的是，这些债务的产生，很多是因为身受重伤的士兵们从伊拉克撤回后失去了个人装备（比如防弹衣和夜视镜），这种情况非常多。[41]

考虑到系统中现存的一些问题，我们必须重视伊拉克和阿富汗退役军人的福利需求。虽然索赔的人数很难预测，但我们知道已经有31%的退役军人申请了抚恤，而且我们预计这个比例还会增加。

第一次海湾战争为我们提供了一个参照系。我们对伊拉克和阿富汗战争中军人的残疾判定标准，会与第一次海湾战争老兵[42]的判定标准一致。海湾战争中的退役军人有45%申请了伤残抚恤，其中88%的申请部分或全部通过。[43]美国现在每年为海湾战争[44]退役军人支付43亿美元的伤残抚恤金。有人可能会说，海湾战争退役军人所承受的暴露在有毒化学物质中的危险极高，因此他们的索赔异常的高。但在伊拉克战争中，一些士兵也暴露在U.S. M1坦克和U.S. A-10强击机发射的贫化铀中。同时，伊拉克和阿富汗战争中的士兵们连续几个月参与激烈的地面战斗，并严重地暴露在露天高危地区。[45]因研究退役军人问题而获得2007年麦克阿瑟奖的退役军人事务部精神病医师乔纳森·谢伊（Jonathan Shay）说："伊拉克战争带来的精神健康损失可与越战相提并论——当今的军人因拥有先进技术和观念，生存率较高。"[46]

此外，在退役军人精神健康状况确诊后，他们才有能力申请伤残抚恤，这之间有一个滞后。迄今为止，退役军人事务部已经确诊了5.2万例外伤后应激性障碍患者，但是只有1.9万例为此申请了抚恤。联邦审计署报告显示，申请外伤后应激性障碍平均需要一年的时间。以后，这种类型的申请数量可能会增加。所以我们相信，这场战争的伤残索赔数量即使不高于第一次海湾战争，至少也会与之持平。

在伊拉克和阿富汗战争中部署的 160 万军人中，截至 2007 年 12 月已经有 75.1 万人退伍了。他们所有人都可能有资格申请伤残抚恤，到 2007 年 12 月为止，22.4 万名退役军人提出了申请。2007 年夏季之后，大概 90%的申请都得到通过。[47]

退役军人的伤残抚恤预算支出很大，在“最佳”方案中达到 2 990亿；在“实际而中肯”的方案中这个数字是 3 720 亿。这还不包括一些退役军人的福利，私人、国家、当地医保以及回国退役军人的残疾和就业福利；也不包括与退役军人的家庭成员有关的费用支出，如对健在的配偶和子女的抚恤和教育福利。

我们在“最佳”方案中假定，平均抚恤金与第一次海湾战争老兵获得的金额相同，为 6 506 美元。这是一个保守的估计，因为在第一次海湾战争中每个退役军人平均因 3 个伤残缺陷提出索赔，而新退役军人平均因 5 个伤残缺陷提出申请。[48]此外，我们知道实际的重伤率远远高于第一次海湾战争。

我们在“实际而中肯”方案中假定，每个伤残退役军人获得的平均抚恤金与 2005 年索赔者的实际平均所得持平，即 7 109 美元。[49]这个数字可能仍旧有些保守，鉴于越战退役军人平均获得超过 11 000 美元的抚恤，许多分析家认为，这场战争中的伤残抚恤可能与越战更为相似。

工作量的增加

当然，除了费用问题，为残疾老兵提供福利的效率也需要考虑。伊拉克和阿富汗战争的退役军人抚恤申请情况异常复杂。迄今为止，还有 4 万件战争抚恤申请未被处理，大部分退役军人仍未提出申请。虽然退役军人福利管理局对残疾老兵的境况非常关注和同情，但整个系统面临巨大压力这一事实不容置疑。纵使一年只有 1/5 的退伍军人符合申请条件，其总人数也会与第一次海湾战争持平。对退役军人事务部来说，“最佳”方案是未来十年内有 70 万人左右提出申请，每年大概有 7.5 万名新的申请者（见表 3—1）。[50]

表 3—1　　“最佳”方案中伤残抚恤申请的计划增加情况

目前为止退伍的人数											
	2007 年	2008 年	2009 年	2010 年	2011 年	2012 年	2013 年	2014 年	2015 年	2016 年	2017 年
目前累计退伍人数	751 000	751 000	751 000	751 000	751 000	751 000	751 000	751 000	751 000	751 000	751 000
抚恤金申请率	27.3%	28.5%	29.7%	31.0%	32.2%	33.4%	34.7%	35.9%	37.1%	38.4%	39.6%
退伍人员中的受益者	204 873	214 125	223 377	232 630	241 882	251 134	260 387	269 639	278 891	288 144	297 396
平均抚恤金额	$6 502	$6 697	$6 898	$7 105	$7 318	$7 538	$7 764	$7 997	$8 237	$8 484	$8 738
福利总成本(10 亿美元)	$1.3	$1.4	$1.5	$1.7	$1.8	$1.9	$2.0	$2.2	$2.3	$2.4	$2.6
未来退伍人数											
	2007 年	2008 年	2009 年	2010 年	2011 年	2012 年	2013 年	2014 年	2015 年	2016 年	2017 年
累计未来退伍人数	0	104 900	209 800	314 700	419 600	524 500	629 400	734 300	839 200	944 100	1 049 000
抚恤金申请率	19.4%	21.4%	23.4%	25.4%	27.5%	29.5%	31.5%	33.5%	35.6%	37.6%	39.6%
退伍人员中的受益者	0	22 432	49 110	80 035	115 205	154 205	198 286	246 196	298 352	354 755	415 404
平均抚恤金额	$6 502	$6 697	$6 898	$7 105	$7 318	$7 538	$7 764	$7 997	$8 237	$8 484	$8 738
福利总成本(10 亿美元)	$0.0	$0.2	$0.3	$0.6	$0.8	$1.2	$1.5	$2.0	$2.5	$3.0	$3.6
合计											
伤残抚恤净申请人数	204 873	236 557	272 487	312 664	357 087	405 757	458 673	515 835	577 244	642 899	712 800
平均抚恤金额	$6 502	$6 697	$6 898	$7 105	$7 318	$7 538	$7 764	$7 997	$8 237	$8 484	$8 738
合计(10 亿美元)	$1.3	$1.6	$1.9	$2.2	$2.6	$3.1	$3.6	$4.1	$4.8	$5.5	$6.2

退役军人福利管理局有超过 9 000 名理赔专家，他们帮助退役军人采集证据，弄懂那些鲜为人知的规则和程序。同时，他们还要评定赔偿等级，建立档案，批准支付抚恤，进行现场和电话采访，处理申请和制定各种通知文件。他们确定退役军人领取抚恤的生效时间，因为这些抚恤是具有追溯力的。换句话说，这些员工在保证退役军人利益方面起着非常重要的作用。

但目前，这个机构面临着非常严重的人员短缺问题。按退役军人事务部的解释，新员工需要两到三年的经验才能有效率地工作。在 2007 年 5 月，40%处理申请的员工工作不足三年；20%的员工工作还不满一年。[51]为了训练新雇佣的人员，许多有经验的老员工都调离了一线岗位。除此之外，退役军人福利管理局的一些地区办事处使用的仍是老式信息系统，使得这些专业人员很难有效率地办公，因为他们不得不使用不可靠的老式传真机来从退役军人和医疗提供者那儿获得重要文件。

目前，国会已经提议，增加 500～1 000 名额外的行政管理人员来处理堆积如山的申请。但这并不能解决退役军人们面临的长时间等待问题。当机构面临蜂拥而至的复杂抚恤申请的时候，几百个新员工（假定他们能很快被聘用）充其量只能够缩短一丁点申请处理时间。我们能够预想到的是，在短期内，培训和整合一大群没有经验的员工会延长处理时间、降低准确度和增加上诉比例。在接下来的五年内，由于退役军人福利管理局中大量经验丰富的员工将要退休，这个问题将会变得更加复杂。[52]

退役军人的医疗情况

退役军人事务部所属的医疗管理局每年为超过 500 万退役军人提供医疗帮助。医疗管理局为退役军人（住院病人及门诊病人）提供医疗服务，如牙齿、眼睛等部位的护理，精神治疗等，这些服务由其管理的 158 家医院、800 家社区诊所、136 家护理中心和 209 家退役军人中心以及其他部门提供。在退役军人回国的最初两年，这些医疗服务是免费的。两年之后，根据伤残等级和退役军人的收入情况，退役军人事务部规定，在某些治疗上政府与退役军人需要分担费用。[53]国会有可能将免费治疗年限增加到4～5年，这也是我们强烈支持的。

一直以来，退役军人事务部都为自己突出的医疗业绩而感到骄傲，尤其在康复领域，退役军人事务部的医院和诊所成绩斐然。医护人员在对退役军人的治疗和护理上经验突出，并为伤残军人营造了一个充满爱心的治疗环境。在培养医学专业的学生方面，退役军人事务部也大有作为，美国的126所医学院校中，107所与退役军人医院有合作关系，这些医院每年培训2万名医学专业学生和3万名居民。[54]

卓越的业绩让退役军人事务部声名远播，对其的医疗需求远超过了它的供给能力。2003年，前退役军人事务部部长安东尼·普林奇皮（Anthony Principi）宣布了基于需求和收入水平的限量医疗的决定，这项决定终止了收入在一定水平以上且没有残疾的退役军人群体（“第八优先群”）的最低医疗权限，同时增加了其他群体的共同支付额度和其他费用。这项决定至少让40万名退役军人失去了退役军人事务部所提供的医疗保健服务。

从伊拉克和阿富汗战争中归来的士兵目前处于漫长的等待状态，尤其在某些特殊医疗项目上，甚至得不到治疗和护理。至今为止，75.1万名从伊拉克和阿富汗卸甲归来的有资格接受治疗的士兵中，只有35%有机会在退役军人事务部的医疗机构接受救治。这一虽然仍在增长中的数字不到总伤病人数的5%。退役军人事务部表示，在退役军人中，伊拉克和阿富汗的回国军人在退役军人事务部登记的百分比在增加，得到医疗服务和处方治疗的比例也在增长中，新的健康问题也不断涌现。[55]

众多的生理疾病，尤其是外伤性脑损伤，使伊拉克战争备受关注，但需求最多且仍未得到满足的是对精神健康的护理需求。[56]扩张性的军事派遣，“停止损失”政策，激烈的地面战争，周边的释放物及假期的不确定性都会造成精神健康的损害。至今为止，接受治疗的38%的退役军人被诊断患有精神和心理疾病，这也达到了史上最高的比例。其中包括：外伤后应激障碍、深度抑郁、药物滥用等。

据保罗·沙利文介绍，现阶段战争中最典型、最普遍、治疗费用最高的疾病有：外伤性脑损伤、外伤后应激障碍、截肢手术、脊髓损伤，其中外伤后应激障碍是最受争议且治疗费用最为高昂的。[57]

心理疾病的治疗相当昂贵，不仅因为其治疗周期长，还由于心理疾病患者很容易患上其他的生理疾病。[58]一项对越战退役军人的长期研究也显示：外伤后应激障碍会导致病人终身易患严重的生理疾病。退役军人伤残福利委员会宣称，外伤后应激障碍患者在退役军人中是健康指数最低的人群，他们中的 1/3 永久失去劳动能力，被归类为"失业群体"。国家医疗机构发现，当外伤后应激障碍患者比例达到总伤残人数的 8.7%时，其医疗费用就将占总支出的 20.5%。[59]

由于反复的战场搏杀、简易爆炸装置的广泛应用、对"前线"的定义不明等原因，使得外伤后应激障碍十分普遍。从伊拉克和阿富汗回国的士兵，普遍存在不习惯平民着装、分不清敌友等问题。研究发现：服役时间长短和患外伤后应激障碍的可能性之间相关度很高。[60]因此我们推测，处于第二次或第三次服役期间的军人是患病风险最高的群体，而这些军人现在几乎都没退伍。精神科医生指出，外伤后应激障碍的症状包括：思维混乱、眩晕、易受惊吓、身体麻痹、嗜睡、沟通障碍等，这些也是外伤性脑损伤的症状，二者在症状表现上呈现出一定的重叠。

与以往战争相比，伊拉克和阿富汗战争中的军人更易患心理疾病，需要寻求医疗帮助。他们已经成为退役军人组织的工作重心，也是退役军人事务部的重点关注对象。没有确切的数据表明退役军人需要等待多长时间，但连退役军人事务部自己也承认，由于等待名单太长，不得不取消对一部分心理疾病患者的治疗。在 2006 年 5 月的《精神病学新闻》（*Psychiatric News*）杂志上，负责健康政策协调的副国务卿墨菲（Murphy）博士表示，在退役军人系统的一些医院中，心理疾病和药物密集治疗法还没能得到应用。即使等到医院有能力提供这些医疗服务时，过长的等待名单也使得医疗服务不能惠及每个患者了。[61]

退役军人组织向退役军人事务部提起了集体诉讼，为患外伤后应激障碍的退役军人及其家庭申请死亡福利和伤残抚恤。参与这一集体诉公的至少有 32 万人，甚至多达 80 万退役军人，这个数字是将可能患外伤后应激障碍的退役军人加总后推算出来的。与其说原告们的目标是寻求财政补助，不如说他们更希望退役军人事务部能够承认过失。退役军人的代理律师戈登·P·埃斯派墨（Gordon P. Erspamer）认为：这不是一个孤立的问题，也不是一个在与官僚机构打交道过程中偶尔经历的等待或困扰，而是反映出退役军人事务部在为英勇奋战过的军人提供健康帮助时准备不足。对待伤势严重的退役军人，退役军人事务部表现得却像是在对待二等公民一样。由于退役军人事务部的过失阻碍了老兵接受治疗，在数以千计的负伤退役军人心中，留下了一道不可磨灭的伤痕。[62]

在预算支出方面，政府也没履行其应尽的职责。在 2006 财年，退役军人事务部不得不申请 20 亿美元的紧急援助，包括 6.77 亿美元来治疗 2%的新增患者（一半是退役军人），长期护理成本也估计不足，存在 6 亿美元的缺口。医疗费用膨胀导致每位患者的医疗费用增加了 1.2%。在之前的一个财年，退役军人事务部也申请了 10 亿美元的紧急资金，其中 1/4 用于弥补病人成本增加、工作负担加重、等待时间延长和护理成本增加。[63] 2005 年的政府支出决策竟然还依据 2002 年的数据，这是政府工作模式的问题，在伊拉克战争之前就是这样，在战争开始后仍旧是老样子。退役军人事务部向议会表示其医疗能力在增长，然而事实却并非如此。[64] 2008 财年，议会为退役军人事务部争取了额外的 30 亿美元紧急资金，用于满足医疗系统的需求增加。

随着对医疗保健需求的增加，已经不知所措的退役军人事务部更加无能为力，尤其是在一些乡村地区，医疗组织已经难以招聘到医务人员。脑创伤组织和精神疾病治疗机构正经历着医务人员缺乏的困扰，退役军人事务部也需要扩展它的医疗系统，如将护理人员分类，以达到稀有医疗资源的利用效率最大化。在外伤治疗中心，仍有可能维持高质量的医疗护理服务，但以现在的整体状态来说，不是所有的医疗机构都能够及时地提供如此高质量的服务。

预算不足及墨菲博士的证实都表明了，从伊拉克和阿富汗战争中归来的退役军人，尤其是那些患有精神疾病的退役军人可能得不到他们所需要的医疗服务。这些退役军人是失业、无家可归、家庭暴力、犯罪、酗酒、吸毒等的高风险人群，给社会稳定带来了巨大风险，也给财政带来了极大的负担。当退役军人事务部不能提供医疗服务时，成本便转嫁到了其他地方。地方政府和州政府必须为退役军人提供其所需的社会服务，但是很多政府部门已经在巨大的财政压力下无能为力了。

正如我们在第 2 章中所论述的，在“最佳”方案中，以报告中所描述的退役军人事务部帮助的从伊拉克和阿富汗归来的退役军人数量为基础，我们估计退役军人事务部治疗的 48%的退役军人所需要的人均医疗成本将达到每年 3 500 美元。[65]然而，这个成本是极低的，因为这里只包括了初步诊断的病人所需费用（退役军人需要通过诊断估算自己应得到的伤残抚恤），而诊断费用远低于治疗费用。将第 2 章的有关内容做一下简要回顾：假定美国军队海外部署的总兵力为 180 万人，这个数字逐年下降，到 2012 年，共有 5.5 万名处于非战斗状态的士兵在海外服役，负伤率和其他成本比最初减少一半。在这样的假设下，美国政府将为退役军人的医疗保健支付 1 210 亿美元，为退役军人伤残抚恤支付 2 770 亿美元，再加上社会保险支付的 250 亿美元的终身伤残抚恤，联邦政府的长期总成本约为 4 230 亿美元。

“实际而中肯”的方案估计，退役军人事务部为退役军人提供服务的平均成本为每人每年 5 765 美元。[66]这里假设包括现役军人在内，海外部署的总兵力到 2017 年将达到 210 万人，士兵的死亡和伤残率按照已经发生的比率计算，我们估计在退役军人事务部登记的退役军人（占伤残退役军人的 1/4）中，有一半会将退役军人事务部作为终身的医疗福利提供者。在这样的假设下，为退役军人提供的终身医疗费用将达到 2 850 亿美元，伤残抚恤为 3 880 亿美元，社会保险补贴有 440 亿美元，这使得美国政府长期总成本达到 7 170 亿美元。

我们已经强调了，退役军人事务部不是联邦政府中唯一一个受伊拉克和阿富汗战争拖累、面临成本增长的机构。比如许多受伤的退役军人找不到工作，就得不到家庭医疗福利，所以就需要公共医疗补助制度来买单。最容易量化的大额成本是社会保险支付的伤残抚恤，“实际而中肯”的方案估计，总成本包括医疗服务费用、伤残补偿和社会保险支付的伤残抚恤，总计 7 500 亿美元，而在“最佳”方案中，总成本也将达到 5 000 亿美元。

表 3—2　　退役军人医疗服务费用、伤残补偿和社会保险支付的伤残抚恤的成本总计　　单位：10 亿美元

退役军人成本	“最佳”方案	“实际而中肯”的方案
伊拉克医疗成本	106.4	250.1
伊拉克伤残成本	242.9	341.2
伊拉克社会保险成本	21.7	38.4
伊拉克成本总计	**371**	**629.7**
阿富汗医疗成本	14.7	34.7
阿富汗伤残成本	33.7	47.3
阿富汗社会保险成本	3.0	5.3
阿富汗成本总计	**51.4**	**87.3**
总成本	**422.4**	**717**

我们必须再次强调，从几个关键假设上看，这些方案是十分保守的。例如，方案中假设只有一半的退役军人最终要求退役军人事务部负责提供治疗，而实际上许多退役军人都没有可替代的医疗来源，除非美国提供全民医疗，否则，退役军人事务部将是唯一可供选择的医疗系统。我们还得相信，退役军人事务部可以在不增加工资的条件下，雇用到所需的额外的医护人员，以提供必要的医疗服务。

我们目睹了退役军人在官僚作风下经历的梦魇，包括申诉长期被积压、要求长期得不到满足。但我们也知道目前这个系统正在承受更多的医疗诉求。如果不能很好地维护当前的医疗系统，退役军人将真正地面临更多的申诉积压，更长的等待时间，也许还有日渐降低的医疗质量。在接下来的几年里，还有成千上万的退役军人寻求医疗帮助和申请伤残抚恤，这些治疗预约、诊断测试、要求评估以及寻找各领域的专家（如外伤性脑损伤），将把整个医疗系统搞得

不堪一击。由于人力匮乏、精力不足，不能根据预约区分高风险和低风险人群，患有心理疾病的退役军人必然要承担很高的风险。

为了满足巨大的医疗需求，行政管理成本和人力成本也会增加，这些我们也没有计算进来。在某些地方，总有一些观点认为公务员是傲慢的官僚机构的一部分，但无论是公共部门还是私人机构，如果不花费很高的行政管理成本，都不可能完成如此庞大的管理工作。退役军人事务部自身就要消耗掉数十亿，甚至数百亿美元，而为退役军人要花费 5 000 亿～7 500 亿美元。这样，“经费”和“交易”成本实际上已经超出了福利支出的 10%还多，即使在运转良好的私人机构，管理支出的增长也将是巨大的。[67]

我们在这里所关注的预算成本只是战争总成本的一部分。就像没准备为退役军人发放所承诺的福利那样，政府也没打算承担其他的大额支出。从形式上来看，退役军人事务部的伤残抚恤是“强制性”的支出，不受年度财政拨款的约束，传统上，这笔支出被贴上“权利”的标签。相比较而言，退役军人事务部的医疗预算是自行决定的，是由立法者按比例每年规定的，但是国家有义务为退役军人提供所承诺的医疗福利，难以想象国家违背承诺的后果。在我们的分析中，我们预测了成本，并假设国会将提供必要的资金。(我们所估计的 2007—2017 年这十年中的医疗成本与国会预算办公室的预测有较大差别。我们在“最佳”方案中的预测为 166 亿美元，国会预算办公室的预测为 70 亿～90 亿美元。这样大的差别在于，国会预算办公室忽略了庞大的超过 10 年的终身医疗成本。)

在任何一种方案中，退役军人的福利支出都包含一些额外的费用以及医疗和社会保险。布什总统经常在发言中提及社会保险中的资金缺口，缺口大小取决于对工资增长、移民、寿命长短的假设，资金缺口造成的后果很可能不会立即显现出来。相比而言，自 2003 年以来，伊拉克战争又制造了另一个新的、巨大且不断增长的资金缺口。

一些额外的费用支出是预算内支出的补充，也是退役军人医疗系统的一个经费来源。历史经验告诉我们，战后政府总是忽视退役军人的生活，除非建立信托基金并确保资金的安全，否则退役军人们可能再次遭受伤害。

退役军人的伤残抚恤和医疗保健费用是伊拉克战争中最重要的长期成本。战争的每一方面都会产生预算支出，也将带来经济和社会成本，尤其是军队的人员伤亡。这一章中，我们主要讨论了治疗退役军人的预算支出，并没有考虑生命损失的代价，也没有考虑大量的残疾退役军人因不能工作而对经济产生的影响。这些经济和社会成本或许比联邦政府的预算支出更为巨大，下一章我们将对其进行具体阐述。

注释

[1] 参见美国国会预算办公室报告：《志愿入伍军人：问题和绩效》。2007年7月，普遍的入伍年龄是18岁，约半数现役军人年龄在17～24岁之间，女性占14%。从国民警卫队和预备役部队抽调的比例下降到25%以下，因为他们越来越反对2年的服役期。

[2] 这里的士兵包括所有的陆海空军战士、女兵、水手、海岸警卫队、国民警卫队和预备役士兵。

[3] 参见国防部网站：http：//siadapp. dior. whs. mil/personnel/CASUALTY/castop. htm。

[4] 约翰·霍顿（John Horton）：《伊拉克战争中的意外伤亡》，攻读博士期间未公开发表的论文，国家经济研究局和肯尼迪政府学院，2007-09。研究表明：与和平时期比较，伊拉克和阿富汗战争造成了190种额外的意外伤亡——我们比较了之前5年的战争和入侵伊拉克后5年的意外伤亡率，推断出当前战争中的意外负伤比例比和平时期高50%（这将在第4章中更详细地阐述）。

[5] 菲舍尔（Fischer）：《美国军人伤亡统计：伊拉克自由行动和持久自由行动》，国会调研服务局向国会提交的报告，2007-08-17，文件编码：RS22452。

[6] 这个信息有几个不同来源，包括公开出版的科学文献。参见肯尼思·C·海姆斯（Kenneth C. Hyams）等：《地方传染病和海湾战争中的生物战：10年研究和最终结论》，载《美国热带医疗卫生杂志》，第65卷，2001（5），pp. 664-670；斯科特·F·巴帕里欧（Scott F. Paparello）等：《沙漠盾牌行动中，医学救援船（USNS-Mercy T-AH 19）上的腹泻和呼吸道疾病》，载《军事医学杂志》，第158卷，1993（6），pp. 392-395；A. L. 理查兹等（A. L.

Richards, et al.):《沙漠盾牌行动中的医疗问题》，载《英国新医学杂志》，第325卷，第13期，1991-09，pp.970-971；斯科特·桑顿等（Scott Thornton, et al.):《伊拉克自由行动中美国海军的胃肠病研究》，载《诊所传染病杂志》，第40卷，第4期，2005-02，pp.519-525；格伦瓦·M·塞尔曼等（Glenn M. Wasserman, et al.):《沙漠盾牌行动中美国前线军队门诊就诊情况调查》，载《军事医学杂志》，第162卷，第6期，1997-06，pp.374-379。参见美国疾病控制预防中心军队医疗监督组出版的每月医疗监督报告，美国国防部和退役军人事务部专家也参与了该报告的编写。

[7] 我们最早是从退役军人事务部公共和政府间事务办公室出版的统计年鉴上发现了真实信息。2006年9月30日出版的《美国战争的情况说明书》表明：截至2006年9月30日，在全球反恐战争中未死亡的伤员数量是50 508人，2 333人在战斗中死亡，另有707人死在手术台上。该情况说明书也可见于国防部网站：http://siadapp.dior.whs.mil/personnel/CASUALTY/castop.htm。同时通报了相同数字的未死亡的伤员情况。在2007年1月，琳达·比尔米斯发表了论文《从伊拉克和阿富汗返回的士兵：在退役军人医疗和伤残福利上支付的长期费用》（肯尼迪政府学院工作论文 No. RWP07-001)，在论文中她引用了以上统计数据。她后来接到了一个电话，是助理国防部长威廉·温肯韦尔德（Willian Winkenwerder）打来的，询问她数据的来源，她实情相告，是从退役军人事务部和国防部网站上引用的。在这个电话之后，退役军人事务部网站上的50 508人变成了更少的25 000人，而国防部网站的数据不再可见了。丹尼斯·格雷迪（Denise Grady）专门就此在《纽约新闻》上撰写了2篇文章：《政府调整了伤亡数据的发布方式》，载《纽约新闻》，2007-02-02，p. A17；《当局说那个更高的伤亡数字是错误的》，载《纽约新闻》，2007-01-30，p. A17——详细的数据参见附录中的图表。斯科特·捷斯里克（Scott Jaschik）报道了事件的整个经过，见《向信使射击》，高等教育内部资料（*Inside Higher* Ed)，2007-01-30。

[8] 见《美国退役军人状况》，载《纽约新闻》，2007-11-12，p. A20。

[9] 至2007年10月，约占部署在伊拉克和阿富汗军队总数（1 641 894人）34%的564 769名士兵，超过两次被派到战场，见国防部人力数据中心事故追踪系统，2007-10。

[10] 2007年10月中旬，国防部网站显示在伊拉克自由行动中28 711名士兵负伤，另有1 840名士兵在阿富汗的持续自由行动中负伤——美国国防部伤亡情况，见网站：www.defenselink.mil/news/casualty.pdf.（这是早先的记录，

使用的是狭义受伤概念，没有把所有非战斗负伤人员统计在内)。

[11] 参见艾拉·卡兹 (Ira Katz) 博士在众议院退役军人事务委员会上的证词，他是美国退役军人事务部隶属的医疗服务中心心理疾病科的副主任，2007-07-25，以及国防部副部长戈登·英格兰 (Gordon England) 在参议院军事服务委员会和退役军人事务委员会上的证词。

[12] 杜尔-沙拉拉委员会是沃尔特里德丑闻的产物，正式名称是总统直接领导的美国回国负伤士兵援助委员会，这个委员会由参议院前共和党领袖罗伯特·杜尔 (Robert Dole) 和克林顿政府的前卫生部长唐娜·沙拉拉 (Donna Shalala) 领导。见美国回国负伤士兵援助委员会：《服务，支持，简化》，2007-07，p. 15，网址：http：//www. pccww. gov。

[13] 见美国卫生部助理部长丹尼尔·库珀 (Daniel Cooper) 在众议院退役军人事务委员会关于士兵伤残情况的说明，2007-03-23，以及麦克尔·麦克盖瑞等 (Michael McGeary，et al.)：《21 世纪的退役军人伤残抚恤评估系统》，国家科学出版社，华盛顿，2007。

[14] 有社会责任感的医生们：《美国军队伤亡的情况说明书》，http：//www. psrla. org/emails/medical—consequences/documents/Military Casualties FactSheet. pdf，2006-10 (2007 年 10 月 14 日访问)。其他伤亡包括：汽车事故、榴霰弹炸伤、枪击造成的伤亡。

[15] 在近年来美国参与的战争中，外伤性脑损伤在士兵伤亡中占据较大的比重。美国军队外科手术研究院下属的联合外伤手术中心的记录如下：被送到德国兰德斯杜尔地区医疗中心的伊拉克和阿富汗受伤军人中，有 22%头、脸和颈部受伤。国防部退役军人脑损伤研究中心主任，沃尔特里德陆军医疗中心的神经和精神病学专家德博拉·L·沃登 (Deborah L. Warden) 认为，根据这个比例，可以大致估算出患外伤性脑损伤士兵的数量。沃登说，真正的比例可能更高，参见《有一些脑损伤患者未能被迅速确诊》，载《英国新医疗杂志》，2005 (5)，pp. 2043-2047。

[16] 埃博加·索纳克 (Ibolja Cernak)，在约翰·霍普金斯大学应用物理实验室工作，自从巴尔干半岛冲突以来，就致力于研究冲击波导致的脑损伤问题，参见他于 2007 年 8 月在美国科学院的演讲；也参见格雷格·佐瑞亚 (Gregg Zoroya) 对杰夫·玲 (Geoff Ling) (国防部) 和玛丽亚·莫拉提迪斯 (Maria Mouratidis) (位于贝塞斯达的海军医疗中心脑损伤治疗项目负责人) 的访谈：《战争导致的脑损伤超出了我们的想象》，载《今日美国》，2007-09-24，p. 8A。

[17] 同上。

[18] 基恩·鲍尔斯（Gene Bolles）博士，在《新闻一小时》节目中对吉姆·莱勒（Jim Lehrer）的采访，2005-02-15。

[19] 沃尔特里德医院有260张病床，一年可以接纳超过1.3万名患者，门诊部的医疗器具够700名伤患使用，但他们平均要在医院住上10个月。由于军事基地的使用期限将至，不确定是否续约，因此医院可能于2011年关闭。

[20] 参见前陆军部长，联任主席多哥·西（Togo West）的讲话，见史蒂夫·沃格尔（Steve Vogel）：《谈判组要求尽快关闭沃尔特里德医院》，载《华盛顿邮报》，2007-04-12，p. A1。

[21] 戈登的证词，2007-04-12。

[22] 引用自德纳·米尔班克（Dana Milbank）：《描述沃尔特里德医院第18号楼的问题》，载《华盛顿邮报》，2007-02-23，p. A2。

[23] 沙利文是退役军人事务部的前雇员，他和罗宾逊都是海湾战争的退伍老兵，退役后他们为美国退役军人组织工作，该组织是由诺贝尔和平奖得主鲍比·穆勒（Bobby Muller）领导的，沙利文目前是退役军人实际上的领袖。

[24] 联邦审计署：《审计署关于美国国防部和退役军人事务部伤残管理的调查结果和建议》，GAO－07－906R，2007-05-25。

[25] 见退役军人福利管理局年度福利报告，2005财年，p. 17。报告中有伤残抚恤的准确定义；见退役军人事务部伤残抚恤项目及其规则：《立法历史》（*Legislative History*）和退役军人事务部门政策：《2004年的计划和军备》。

[26] 然而，伤残度并不是从0到100连续地度量。比如说，有些身体状况定量为：0，10，30，70，或100；冠状动脉疾病则定量为：10，30，60和100；脊髓状况定量为：10，20，30，40，50，或100。定量这些伤势状况需要花大量的时间。

[27] 退役军人事务部在《2007联邦福利手册》中列示：对10%伤残的人员给予1 380美元抚恤，完全残疾人员给予30 000美元抚恤，那些超过30%伤残度的军人还会获得额外的抚恤。完全残疾人员将获得每年45 000美元的抚恤。参见退役军人事务部：《退役军人及军属的联邦福利》（2007版），网站：wwwl. va. gov/OPA/vadocs/fedben. pdf。

[28] 退役军人福利管理局：《年度福利报告》，2005财年，p. 33。

[29] 这些30%的“服役有关的”士兵的资格依具体情况而定，但是通常是指那些中等残疾老兵。

[30] 联邦审计署：《联邦审计署关于美国国防部和退役军人事务部伤残管理的

调查结果和建议》。
[31] 联邦审计署：《退役军人福利管理局：面对伤残索赔进程的机遇和挑战》，参见审计署在监督和调查小组委员会的证词，众议院退役军人事务委员会，2000-05-18。
[32] 同上。
[33] 联邦审计署：《退役军人福利：退役军人福利管理局的外地办事处结构变革将会改善抚恤受理进程》，GAO—06—149，2005-12。
[34] 联邦审计署：《审计署关于美国国防部和退役军人事务部伤残管理系统的调查结果和建议》。
[35] 联邦审计署：《退役军人的伤残抚恤：索赔解决过程中仍然面临着挑战》，GAO—07—562T，2007-03-13。
[36] 2007年12月底，退役军人福利管理局积压的悬而未决的索赔案件有406 065件——退役军人福利管理局周一上午工作报告，2007-12-22。网址：http://www.vba.va.gov/bln/201/reports/mmrindex.htm。
[37] 退役军人事务部：《2007财政业绩和问责的报告》，2007-11-15。网址：http://www.va.gov/budget/report/2007/2007FullWeb.pdf。
[38] 大多数索赔都是由健康保险购买者在30天内提出申请的，这样总偿还期控制在60天左右。部分悬而未决的索赔也只延迟9天（政策研究中心，美国健康保险计划，2006）。此外，49个州和哥伦比亚特区颁布了《迅捷支付法》，要求保险公司在30到60天之内赔偿健康保险购买者。对不遵守上述法律的处以比率高达18%的罚款。联邦政府颁布的《迅捷支付法》规定，30天内联邦承包商就必须开具发票，不然的话将施加惩罚。联邦政府另外一条法规，即《联邦旅行条例临时规则》，要求联邦机构在雇员提交旅行凭证正式获批之后30天之内，偿还雇员所有费用。
[39] 即使士兵们的合约已到期，“停止损失”命令授权军队拒绝士兵离开。军队将这条命令利用到了前所未有的程度。2005年年底，约有50 000名士兵被迫在到期后还继续留守驻地。见汤姆·里根（Tom Regan）：《停止损失命令留住了50 000名士兵》，见《基督教科学箴言报》（*Christian Science Monitor*），2006-01-31。
[40] 这或许是国民警卫队和预备役部队被拒率高的原因之一。正规军士兵被拒率为6.6%，相比之下，国民警卫队和预备役军队的被拒率为15.5%。参见退役军人事务部：《退役军人福利事宜：全球反恐战争中的退役军人》，2007-07。

[41] 联邦审计署，国会要求的报告：《全球反恐战中数以百计的伤残士兵在全力摆脱军队债务》，GAO-06-494，2006-04（http：//www. gao. gov/new. items/d06494. pdf）。

[42]《1994 年退役军人福利改善法案》（国际公法 103-446）和《1998 年波斯湾战争的退役军人法案》（国际公法 105-227）。自 1991 年起，所有退役军人都被归类在一起，以便更好地弄清退役军人是否有资格享有福利。退役军人事务部没有将第一次海湾战争和现在的战争的始末时间区分开。（38 USC 101 部分 [33] 是这样记载的，1990 年 8 月 2 日海湾战争爆发，一直持续到总统和国会宣布战争结束，38 CFR 3. 317 还描述了战争发生的地点。）

[43] 第一次海湾战争中，迄今为止所有的索赔申请共有 280 623 件，其中批准了 212 867 件，否决了 30 679 件，还有 38 398 件正在处理中。参见退役军人事务部：《海湾战争退役军人信息系统》，2007-05（参见前言，注释 [8]），p. 7。

[44] 退役军人福利管理局：《年度福利报告》，2005 财年，p. 33。

[45] 相比之下，第一次海湾战争中的退役军人同样是由于暴露在危险的环境中要求赔偿，包括油井大火、低水平的战争化学试剂、实验炭疽疫苗、一种叫溴化吡啶斯的实验抗化学试剂，还有甲氟喹抗疟丸。

[46] 见 2007 年 10 月 7 日与乔纳森·谢（Jonathan Shay）博士的讨论。

[47] 退役军人事务部：《退役军人福利事宜：全球反恐战争中的退役军人》。（截至 2007 年，72 万名退伍的士兵中 20. 2 万人已经申请到了伤残抚恤。）

[48] 共有 22. 4 万名军人申请了伤残抚恤，在计算伤残抚恤时，尽可能地考虑了所有有资格申领的退役军人。我们没有调整增加的成本——那些在和平时期申请伤残抚恤的退役军人还没有被计算在内。这是因为，在退役军人医疗系统接受治疗的 263 000 名士兵中，哪些是在战斗中负伤，哪些不是在战斗中负伤，退役军人事务部并没有记录。然而，根据粗略估计，和平时期退役军人事务部可能接到 25 000 起索赔事件（假设有一半非战斗负伤的退役军人和 5%患病的退役军人申请赔偿）。这将降低入侵伊拉克总成本的约 10%～15%。（调整后成本将非常高，因为计算时假设和平时期国民警卫队和预备役部队的伤残率和正规军的伤残率相同。）

[49] 2005 年，系统中在世的退役军人平均赔偿额为 8 890 美元。

[50]“最佳”方案，服役士兵按 180 万人计，还采纳了国会预算办公室预计的直至 2017 年的军队部署人数。

[51] 丹尼尔·库珀在伤残索赔圆桌会议上的发言，2007 年 5 月 23 日。

[52] 琳达·比尔米斯在众议院退役军人事务委员会上的证词，2007-03-13。在

伤残索赔圆桌会议上，库珀估计，理赔专家只能解决22%的现存积压事件。
[53]《医院、家庭护理与保健资格》，38 USC Section 1710。这一建议得到两党的强烈支持，这项提案在2007年7月12日（在阿卡卡（Akaka）修正案中）获得了议会的一致同意。网址：http：//veterans. senate. gov/public/index. cfm? pageid=12&release _ id=11183。
[54] 丽莎·斯普拉格（Lisa Sprague）：《退役军人健康帮助：资源与义务的平衡》，第796号，2004-04-01，国家健康政策论坛，乔治华盛顿大学。
[55] 退役军人健康管理局公共健康与环境侵害办公室：《美国在亚洲西南部战争中退役军人的健康保健利用情况分析》，2006-11，p. 14。
[56] 参见美国退役军人事务部健康管理局心理健康服务办公室的艾拉·卡兹博士2007年7月25日在众议院退役军人事务委员会上的证词；霍格、奥奇特劳尼和麦利肯（Hoge，Auchterlonie，and Milliken）：《心理健康问题、心理健康服务的利用情况、从伊拉克和阿富汗回国后消耗的军事服务》，pp. 1023-1032；查尔斯·霍格、卡尔·卡斯特罗、斯蒂芬·梅塞尔等（Charles Hoge，Carl Castro，Stephen Messer，et al.）：《伊拉克和阿富汗的战争费用：心理健康问题和护理障碍》，载《英国新医学杂志》，第351卷，第1期（2004-07），pp. 13-22。这些研究估计从伊拉克归来的19%至30%的退役军人将患有严重的心理健康失常。
[57] 琳达·比尔米斯在美国退役军人节目上对保罗·沙利文的采访，2006-12-23。
[58] 退役军人伤残福利委员会，最终报告，2007-08，pp. 470—477。
[59] 道格拉斯·扎兹克等（Douglas Zatzick，et al.）：《越南男性退役军人的全国代表性样本体现出的外伤后应激障碍及生活质量改变》，载《美国精神健康杂志》，154期（1997-12），pp. 1690-1695。
[60] 塞尔等：《将战争带回了家园：退役军人事务部医疗机构显示，从伊拉克和阿富汗归来的103 788名退役军人心理健康失常》，pp. 476-482。
[61] 引自瑞之·达利（Rich Daly）：《新自由委员会成员评估报告的影响》，载《精神疾病新闻》，第41卷，第9期（2006-05），p. 1。
[62] 参见戈登·伊斯帕莫（Gordon Espamer）的证词，莫里森-福斯特（Morrison & FoersterLLP）律师事务所的诉讼伙伴，2007-08-07，证词归档于美国加利福尼亚北部地区法院。
[63] 联邦审计署：《退役军人事务部健康补助预算方案》，GAO-06-430R，2006-09，pp. 18-20。

[64] 丹尼尔·库珀在伤残索赔圆桌会议上的发言。

[65] 我们假设83%严重伤残的退役军人，将依靠退役军人事务部为他们提供医疗帮助。对于中度伤残的退役军人来说，这一比例下降至58%。而轻度伤残的退役军人中只有42%依赖退役军人事务部，其中60%的退役军人只是短期治疗（少于5年），其他40%将退役军人事务部的医疗系统作为终身的医疗单位。

[66] 国会预算办公室的估计过低，参见国家安全委员会预算办公室副助理主任马修·S·戈德堡（Matthew S. Goldberg）2007年10月17日在众议院退役军人事务委员会的证词。他估计2006年伊拉克和阿富汗战争的退役士兵，在退役军人事务部的医疗费用为每人2 610美元，总体人均费用为5 765美元。我们的两种预测反映了这一范围。在我们咨询了治疗新退役军人的医生后，将这一范围缩小至3 500美元。

[67] 管理成本的大小取决于政府的工作程序，如果我们在第8章中提倡的改革被采纳，不仅退役军人能获得他们本应得到的福利，而且行政管理成本也会降低。

第4章

政府尚未支付的战争费用

从前面的章节中，我们了解了美国财政部在这两场战争中的预算支出，如果不计算利息的话，支出总额介于1.7万亿至2.7万亿美元之间，最终，这笔费用会由美国纳税人承担。如果考虑到整个社会为战争支付的真实代价，那么联邦政府的预算支出并未完全反映出社会的总负担。我们估计，整个社会承担的战争费用，除去预算支出外，还将增加0.3万亿～0.4万亿美元，这还不包括我们将在下一章中计算的宏观经济成本。

这些社会成本中的一部分可以被量化，例如在伊战中牺牲或严重负伤的美国青年，他们给生产力带来的损失可以计量，但社会成本的另一部分是难以计量的，属于战争成本的隐性部分。

社会经济成本与预算成本有以下区别：

首先，这些成本来自于退役军人及其家庭、生活社区，而非政府。例如为了更好地照顾伤残士兵，他们的家人可能因此辞职或更换工作，因为患有严重身体或脑损伤的士兵是完全不能自理的。虽然退役军人能从联邦退役军人事务部获得大约4.5万美元的抚恤金，从社会伤残保险基金获得 1.2 万美元，也能得到其他保健和福利，但所有这些抚恤和福利跟 1 周 7 天，1 天 24 小时，照顾 1 个年轻人的起居饮食和医疗看护相比，只是一小部分费用。这些退役军人的妻子、丈夫、父母和其他的社区志愿者们才真正为此付出了巨大的代价。

如果医院缺乏足够数量的心理健康专家去治疗外伤后应激障碍，负担就被转嫁给了退役军人和他们的家庭。他们不得不忍受长时间的排队，奔波数百里寻找合适的医院，并且至少提前 1 个月时间预约医生。[1]

其次，政府的预算支出并没有从市场价值上充分体现出战争的影响和对经济的长短期冲击。政府运用一个公式来计算，如果伤残军人没有受伤，参加工作能获得多少收入，据此给伤残军人抚恤。但是近期退役军人伤残福利委员会[2]的一项深入研究表明：政府支付给那些比较年轻的和患有严重心理障碍的退役军人的抚恤，与他们本来应该挣到的钱还有很大差距。[3]而且因伤残给退役军人及其家庭带来的痛苦和折磨，生活质量的下降，这些都是政府的金钱所不能补偿的，这些社会成本是真实的，但难以量化。

生命的经济价值

战争的主要经济成本之一是：在伊战中，大量年轻的美国士兵死亡或严重负伤，削弱了美国的生产力，这种伤亡的社会成本我们已经做了评估。政府在士兵伤亡方面的预算支出相当小，虽然没有人怀疑军队会为死亡士兵举行隆重的追悼会，但官方只会为每位死亡士兵支付 50 万美元的抚恤金，分为 10 万美元的死亡抚恤金和 40 万美元的生命保险。

按照最简单的方法估算死亡给士兵及其家庭的经济损失，那就是假设他们活着，一生能够为家庭挣到的收入，政府的抚恤金只相当于其一小部分。与在战争中死亡获得的抚恤相比，车祸或者工伤的赔偿标准远高于前者。例如，陪审团对意外死亡赔偿金额的判决越来越高，在近期的诉讼中，判决赔偿的金额甚至高达 2.69 亿美元。[4] 2005 年，在一场火车事故后，一位严重脑损伤的火车售票员获赔了 850 万美元。这位售票员在事故后被送入医院，起初被诊断为轻微脑震荡。在他出院后，很快开始持续头痛，然后再次回到医院接受核磁共振检查，检查结果显示大脑无任何异常。数周之后，他的家人反映他行为古怪，并且酗酒。最终，再次的核磁共振检查显示患者的小脑出血，这是明显的脑损伤迹象。这位售票员不能再工作了，他获得了 850 万美元的赔偿。[5]

从伊拉克和阿富汗战场上回来的士兵，很多都有脑损伤，他们会有行为改变，也很难找到工作。患有外伤性脑损伤的人要更多地依赖康复设施，并可能出现认知障碍和运动机能紊乱。当这些人出院后，他们依然要经常光顾医疗门诊，花费不菲的费用。因为患有外伤性脑损伤的人在记忆力、注意力和执行力方面有认知障碍，他们很难坚持医疗训练，并按照预定的治疗方案持续治疗。[6] 即使外伤性脑损伤已经确诊，政府支付的最大抚恤金额也少于每年 6 万美元，这已经包含了退伍福利和社会保险支付的费用。据脑损伤专家估算，患者一生将要支付 400 万美元的治疗费用，所以政府的抚恤是不够的。[7]

经济学家已经开发了一套系统方法，用于评估个体死亡造成的损失，称为“统计生命价值”方法。政府运用这套方法评估一些政策（如汽车安全和环境保护政策）的成本—收益比，即挽救生命的价值是否高于执行政策的成本。例如，环境恶化引发的灾难导致很多人死亡，环保机构估计死亡造成的人均损失为 720 万美元。[8] 在伊战中死亡的年轻士兵大多都处于黄金年龄段，处于他们职业生涯的起始阶段[9]，所以他们死亡的真实经济成本可能更高。

这种方法也被广泛应用于保险公司和其他私人机构对“非正常死亡”的赔偿估算。运用“统计生命价值”方法，根据不同政府机构的测算，综合考虑各种非正常死亡原因（包括环境恶化、工伤事故等），一个美国人的平均生命价值为 720 万美元。在我们的研究中，我们采用这一数值[10]，这比上文我们提到的，政府为士兵死亡支付的 50 万美元大很多。

以“统计生命价值”方法计算出的 720 万美元衡量，在伊拉克和阿富汗战争中死亡的 4 300 名美国军人所造成的经济损失已经超出了 300 亿美元，比 21.5 亿美元的预算成本大很多。甚至这个估算还没有考虑任何间接成本，如对士气的影响，以及目击死亡的士兵们患外伤后应激障碍的可能性提高等。

我们也可以运用“统计生命价值”方法计算在战争中死亡的 1 000名美国工程技术人员的价值，他们中的许多人都是有一技之长的专家，为重建项目（如修复电网或石油设施）工作。在计算他们的生命成本时，我们也没有考虑他们的死亡对伊拉克重建项目顺利完成的影响。而且，施工人员的高死亡率使得项目承包人雇用新员工变得困难和昂贵。

如果我们把美国军事承包商也考虑在内，未来的冲突会造成额外损失。如果以 2007 年的汇率计算，哪怕根据最乐观的估计，伊战的社会成本也要超过 500 亿美元。虽然把这些死亡转换成冰冷的财务数字，看起来很刺眼，但这很重要，我们要承认战争的确给经济和社会带来了灾难。

严重负伤的经济成本

不论从预算角度，还是从经济角度看，士兵的负伤都增加了战争费用。他们由于生活不能自理，需要政府的房屋援助、生活援助以及其他补偿和福利。

最新数据表明，在伊拉克和阿富汗，有超过 6.5 万名美国公务人员负伤，大约一半是在战斗中负的伤。其中的 1.4 万人是严重负伤，以后再也不能工作了。战争中的负伤，既包括来自弹片、爆炸、枪击、迫击炮、地雷、手榴弹等火器的伤害，也包括由于感染引起的脑和脊椎损伤、失明、毁容、骨折、神经损伤、心脏和内部组织损伤，以及心理创伤。另外，大约 3.5 万人属于非战斗负伤，原因包括卡车事故、建筑事故、训练事故、误伤、其他事故，以及患病等。

还有数以千计的退役军人，他们负伤或患病后，没有撤走而是继续留守岗位，在超过 25 万从战场返回的军人中就有很多这样的人。这 25 万名返回的军人在退役军人医疗机构中接受不同程度的治疗，并且其中的 80%申请了伤残抚恤，这意味着超过 20 万名返乡军人已经承受了身体或心理伤害。这还只是已经从战场返回军人的情况，如果算上未撤离的士兵，在战争彻底结束前，负伤军人的数量可能还要加倍。

量化伤害成本是复杂的。经济学家们使用的常规方法是，计算如果没有负伤，一个士兵未来能有多少收入，这被称为“统计伤害价值”。有人可能冷酷地认为，军人在参军前就已经对他们未来可能承受的死亡或负伤的风险有所了解，但仍然选择了从军。[11]但这一逻辑应用于伊战中的伤亡并不合理，大部分在伊拉克和阿富汗服役的军人并没有完全理解他们将遭受的风险。这些军人中的 1/3 是从国民警卫队或者预备役部队中抽调的，这部分军人不可能想象到他们将被长时间部署到海外。甚至正规军（包括陆海空军队和陆战队）中的士兵也很少能预料到他们将到海外服役 15 个月（而不是常规的 12 个月），探亲时间被缩短，并且第 2、第 3、第 4 次被重复部署在海外战场，这种服役时间的强制延长超出了士兵入伍时的预期。

我们根据受伤的严重程度来估算负伤的经济损失，负伤的范围包括：脑损伤、肢体切除、失明、外伤后应激障碍以及烧伤、脊椎和主要器官受到严重伤害等。我们估计受到这些严重伤害的士兵将不能再被雇用，将会跟死亡的军人承担同样大的经济损失，因为对经济而言，他们的劳动是无效的。因此，我们认为严重负伤士兵的社会成本等同于“统计生命价值”，同为 720 万美元。而那些虽负伤但还没有到完全残废程度的士兵，将会按照他们的残疾程度，由退役军人事务部做出评估，判定他们的伤残抚恤金水平。我们也根据残疾程度来评估伤残军人的经济成本。[12]

前面的章节我们关注的是政府为伊拉克和阿富汗退役军人支付的预算成本，而本章我们根据伤亡军人为社会带来的经济损失，计算战争的社会成本。一些分析家提出，那些非战斗伤亡是否应该归咎于战争？政府预算中明显反映了这些非战斗伤亡，退役军人事务部的医院也不会拒绝因直升机起飞失事而受伤的士兵，他们虽然不是在战斗中受伤，但不会被区别对待。当然，和平时期的军事行动中也会有意外负伤，问题是伊战中的非战斗伤亡是否比和平时期更多。要回答这个问题，我们比较了战争前 5 年意外地面伤亡率和 2003 年以后战争中的伤亡率。我们发现，2003—2007 年间部署在伊拉克的部队其非战斗死亡率比 2001 年之前 5 年的非战斗死亡率要高 1 倍以上[13]，受伤人数比率与这类似。

专家们认为，伊战中后勤部队的高伤亡率，导致了部队整体的伤亡率高过以往的战争。马里兰大学军事组织研究中心主任大卫·斯格勒（David Segal）博士解释说，在过去的冲突中，战斗部队和后勤部队在受到心理伤害方面有巨大差别，而现在几乎无差异。后勤部队的人员亲眼目睹了比以往更多的战斗。基本上一旦你踏上伊拉克的土地，你就在战场上了。[14]

心理疾病的经济成本

战争中很多士兵受到了刺激，变得心理异常，这是战争带来的另一项经济损失。退役军人组织的首席发言人称：心理健康问题将是伊拉克与阿富汗战争给退役军人带来的首要问题。[15]以下数据肯定了这一说法：到目前为止，超过 1/7 的回国退役军人接受了退役军人事务部的心理康复治疗。相比于过去的 1.16‰的平均自杀率来说，近两年，军队中的自杀率达到 16 年来的最高水平，分别为 1.73‰和 1.99‰。[16]在伊拉克或阿富汗服役过程中，无论男女，有 1/4 的军人有过自杀行为。

那些长期或多次到海外征战的士兵无疑是心理疾病的高发人群。[17]国防部近期的一项调查也证实了之前的研究结论：服役超过 6 个月或者多次被派往海外的士兵更容易患心理疾病，变得情绪消沉。服役的时间越长，亲眼目睹战友死亡或因伤毁容的机会就越多，越容易患心理疾病。这份报告显示，约 2/3 的士兵因目睹了他人重伤或死亡而表现出了心理异常症状。同时这份报告指出：服役期长短与军队士气直接相关。[18]

如果退役军人患了心理疾病，他们便有权获得伤残抚恤，但是退役军人伤残福利委员会发现，伤残退役军人的实际所得低于他们的经济损失。例如：对于一个35岁患心理疾病的退役军人而言，退役军人事务部给予的抚恤只相当于其实际经济损失的69%。一个因心理疾病彻底丧失劳动能力的退役军人，其所获的抚恤与实际损失的差额竟高达360万美元。[19]

这个委员会也发现，患有严重心理疾病的退役军人，他们的健康状况和生活质量是最糟糕的。外伤后应激障碍的患者中，1/3根本无法从事工作，而且，长期的心理失常使得患者的身体状况也变得很差。正如这个委员会指出的，一般而言，生理疾病不会诱发心理问题，但心理疾病却会反作用于身体，侵害患者的健康和体质。[20]这点证实了旧金山退役军人医院首席心理学家查尔斯·玛墨（Charles Marmar）博士的研究结论，他对越战退役军人进行了长达30年的跟踪研究，发现外伤后应激障碍患者往往身体状况每况愈下，生理功能受限，进而导致长期卧床，永久性失业，并可能有暴力倾向。[21]

生活质量下降的成本

美国残疾人协会调查了退役军人的残疾对他们生活的影响，调查显示，57%的残疾退役军人身体上都承受着“严重甚至极其严重”的痛苦。这一发现令人十分震惊，因为这一调查的样本只是残疾度为10%的退役军人。被调查的退役军人中有将近一半需要每天服用各种药物，1/4在洗澡、穿衣、做饭等日常活动中需要他人的帮助。总体来说，53%的退役军人反映，残疾已经对他们的生活产生了很大影响，他们之中的3/4表示，生活不能自理严重干扰着每一天的生活。[22]

患有心理疾病的退役军人生活质量下降得更严重，尽管人们尝试对生活质量的下降程度做出量化，但这种量化很难。比如，与同龄人相比，99%的残疾军人的健康状况更糟糕，即便那些残疾度只有10%的军人，他们的生活满意度评价值也仅为61%；而对于心理残疾度为50%～90%的退役军人来说，这一评价值仅为30%。[23]

到目前为止，退役军人事务部还没有为生活质量下降支付补偿，这个部门支付的抚恤金连退役军人的收入损失都无法弥补，更不要说补偿生活质量的下降了。英国、加拿大、澳大利亚、新西兰等其他一些国家，都为生活质量下降支付补偿，最低为澳大利亚的220 459美元，而英国甚至支付高达50万美元的抚恤金。[24]

美国残疾人协会和杜尔-沙拉拉委员会十分关注退役军人生活质量下降问题，也提出应该对此进行补偿。基于他们的提议，布什政府的卫生部提出，在残疾评估体系中追加一项新的生活质量补助，用以弥补伤残军人生活质量的下降，这项补助将提高伤残抚恤金的月支付额。在我们对战争的预算影响的分析中，并没有包含战争损失的经济价值的衡量，这也间接反映出我们对损失的计算是多么保守。同时，这也明显表明，如果我们的建议被采纳，将大大增加预算成本。

退役军人家庭承受的压力

美国政府的伤残抚恤既没有弥补退役军人家庭的痛苦，也没有提高他们的生活质量。退役军人家庭承受的损失是真实的，但大多难以量化。

海外军事生涯给军人和他们的家庭带来了巨大的情感压力、社会压力和经济压力，伊拉克和阿富汗美国退役军人组织首脑保罗·里克霍夫（Paul Rieckhoff）用下面的话描述了这一情况：

当一个军人严重负伤时，他的家人和朋友往往会放下自己的工作，到医院守候在他的身旁。安妮特·麦克里奥德（Annette McLeod）就是这样，当她的丈夫温德尔·麦克里奥德（Wendell McLeod）在伊拉克服役期间受伤后，她匆忙离开位于南卡罗来纳州切斯特菲尔德的家，赶往位于华盛顿的沃尔特里德陆军医疗中心，此后，照顾从背部到头部多处负伤的丈夫便成了她的全职工作。陪丈夫在沃尔特里德医院接受了3个月的治疗后，她曾工作了20年的工厂通知她，由于她一直未来上班而被解雇。她失去了工作和所有的福利。

从麦克里奥德的故事中，我们可以了解到战争的两项额外成本，一是家人的收入损失，甚至失去工作，这个经济成本可以量化；而另一项成本，家庭成员承受的情感压力却是难以估量的。

现行的法律几乎没有保护看护者的工作权利，以至于他们频繁地失业并陷入经济困境。杜尔-沙拉拉委员会估计，20%的伤残退役军人（例如患心理疾病）家庭中，家庭成员被迫放弃自己的工作来做一名全职看护。[25]而许多其他的家庭则需要雇用一个看护，我们估计将有一半家庭需要对家庭生活方式做出重大调整。

对于这些做出牺牲的家庭，经济上自然要受到损失。我们最乐观地假设，只有20%的严重受伤（包括外伤性脑损伤、截肢、失明、失聪、严重烧伤）和30%的患有外伤后应激障碍的伤残士兵需要家人放弃工作来做全职看护。即便如此，这项经济成本也将超过500亿美元。

许多家庭还要为伤残士兵支付医疗费用，从他们退伍回来就开始支付，而且持续一段较长时期，花费远远超出了政府的抚恤金额。那些患脑损伤、多重创伤、失明、失聪、严重烧伤和遭遇截肢的退役军人在他们的余生中都需要特殊的医疗护理。[26]

国防部会组织对伤兵的救治，不论在退役军人医疗系统，还是在军队医院中治疗，大部分费用会由国防部的美军卫生保健计划（TRICARE）承担。[27]即便如此，对于那些没有办理个人医疗保险或伤残保险的军人家庭来说，不得不承担一些其他的费用，尤其是低收入家庭的经济负担明显增加。例如：普林斯顿大学的乌韦·莱因哈特（Uwe Reinhardt）教授，他的儿子（一个水兵上尉）在阿富汗战争中受伤，他与妻子前去探望，事后他在参议院退役军人委员会上是这样陈述的："我们要前往兰德斯杜尔（在德国的一个军队医院），我和妻子要做的只是跳上飞机，飞抵兰德斯杜尔后住进宾馆。

但我扪心自问，对于低收入阶层的人们来说坐飞机到兰德斯杜尔真的很轻松吗?”这样的探访对于伤兵的恢复治疗是十分必要的，但对某些家庭来说，这确实是一个难题。[28]

在伤残军人退伍后，需要办理大量的文件和证明，以便可以进入退役军人医疗系统继续治疗，这些工作当然落在家人的头上。在从现役军人到退役军人的过渡期，生活和医疗费用通常也压在家人的身上。

虽然这又是难以量化的成本，但无疑是一项大支出。政府可以支付标准的治疗费用、康复费用、物理治疗费用、假肢器官费用以及药品费用，但像替代性疗法、补充护理以及购买一些新处方药品等的费用，政府并未承担。需要强调的是，像严重脑损伤这样的疾病，终身医疗费用将达到数百万美元。

主要社会成本估算

我们在这里估算的伊拉克和阿富汗战争的实际社会成本是超过预算成本的，即，超出了政府支付的费用。对于每位战死的士兵，政府只支付了 50 万美元，但我们计算的“统计生命价值”为 720 万美元。对于战争中的重伤者，我们按照伤势情况来估算经济损失价值，至少也不会低于伤残抚恤金额。[29]战争的社会成本包括：生命损失的价值、严重的身体创伤和心理创伤而造成的经济损失价值，以及家人失业和看护雇佣费用等。我们发现，在扣除政府对伤残退役军人的预算支出后，哪怕根据最乐观的估计，伊战的经济成本也至少超出了预算支出 2 620 亿美元，而现实很可能超出了 3 670 亿美元。如把阿富汗和相关战争成本也统计在内，增加的成本则在 2 950 亿至 4 150 亿美元之间。

我们在乐观估算中统计的军人数量，仅仅包括没有复职的战争伤员和半数的非战争伤员（为了估计递增的伤员数量——这些数字包含了那些在和平时期军队中就发生伤残事故的人员数量）。[30]我们假设 50%非战争伤员的伤病会发展成其他形式的残疾，因此我们仅仅包括了 50%的外伤后应激障碍患者[31]和 50%的其他非战争重伤员，比如失明、失聪、严重视觉创伤和创伤性脑损伤患者。

然而，我们对这种估算结果有所保留。考虑到在退役军人事务部接待的 26.3 万名军人中有 5.2 万人被诊断患有外伤后应激障碍（这类病症在和平时期根本没有出现过），非战争残疾人员的人数减少一半这一算法似乎有些武断，在和平时期，预备役军人和国民警卫队中极少人被派上战场，所以他们的伤亡率应该会非常小。

相应地，为了贴近现实，我们在估算社会成本时把所有重伤员都考虑进去了，其中包括了所有在战斗和非战斗状态下受伤的重伤员，所有需要医疗后撤退的士兵和 1/3 的患外伤后应激障碍者。部分后勤人员也伤势惨重，需要撤离战场进行治疗，这也构成了一部分经济成本。

在以上两种情况下，我们都作了这样的假设：在战争中受伤的后勤人员在治愈后又回到岗位，除了因受伤而得到的少量伤残抚恤外，他们的损失将不会被计入成本。生活质量下降造成的损失也未被包括在内，但照顾伤兵或心理疾病患者的家庭成本被统计在内。总之，我们的估计非常谨慎，如果我们把家庭承担的医疗费用和生活质量下降的损失都考虑在内，计算出的总成本会更加可靠。

而且，仍然存在一些其他的战争成本，难以计量但确实存在，这些是与我们的国家和经济相关的，也是与军队和家庭相关的更广义的成本。

难以量化的社会成本

在第 2 章中，我们讨论了国民警卫队和预备役部队被派往国外后，填补他们在国内空缺所支出的预算成本，这项成本很难计量。队员中的许多人在当地的社区中担任重要的“第一负责人”工作，如在消防局、警察局，甚至一些急诊机构。在卡特里娜飓风暴发的时候，这项成本就显现出来：飓风袭击时有 3 000 余名路易斯安那国民警卫队队员和 4 000 余名密西西比国民警卫队队员驻扎在伊拉克。

国民警卫队和预备役部队的海外部署增加了战争费用，而且留守在国内的警卫队也要面临设备供给的不足。2007 年夏天，灾难暴发了。堪萨斯州的格林伯格遭受突如其来的龙卷风袭击，10 人死亡，上百人受伤。国民警卫队只能利用其拥有的车辆和重型机械中的 40%到 50%来对付风暴袭击。其余大部分营救作业需要的设备已经运到了伊拉克。堪萨斯州威奇托市的参议员小唐纳德·贝茨（Donald Betts）说："我们应该在龙卷风袭击之后马上出动国民警卫队，稳定当地局势，挖掘倒塌的废墟，确保活着的人能被营救。但我们的行动太迟缓了，这似乎已经成为一种趋势。其实在卡特里娜飓风之后，我们就已经认识到了问题，这次就像是历史重演一样。"

早在 2007 年 1 月份的时候，联邦审计署就发布了一项关于国民警卫队设备短缺的报告，对这一问题提出了警示。报告指出："因国民警卫队过多地参与了海外任务，使其设备可用于国内的比率大大降低，而国内的设备需求还处于膨胀状态。"[32]据联邦审计署和国民警卫队报道，美国国防部已经抽调了国民警卫队 2.4 万件设备，以充分装备在伊拉克的驻军，另外，联邦审计署估计多达 44%的此类设备现在需要维修或更换。[33]

部署国民警卫队和预备役部队的全部经济成本远远大于他们的报酬与产出之间的差距。当他们在国外服役时，如国内出现紧急状况，他们就不再能提供有价值的救护。其实，紧急情况发生时，如果公众知道有他们存在，这本身就很有价值，经济学家称此为"养兵千日，用兵一时"的"保险"价值。不管是"保险"损失的经济成本，还是补偿责任能力降低的预算成本，我们都没有衡量。

国民警卫队和预备役部队在伊拉克的大量部署，将成本强加给了国家和社会。就是对于士兵们自己，也存在着一项额外的成本，应召入伍的预备役军人和国民警卫队队员在他们服役期间工资就下降了。2004 年国防部调查显示，40%的预备役军人和国民警卫队队员在入伍后所挣工资比入伍前要少。一项对所有预备役军人和国民警卫队队员的调查发现，军人入伍后年人均收入减少了 3 000 美元，部分甚至每年少挣了上万美元。

2006 年兰德公司对预备役军人和国民警卫队队员入伍后的税后

总补偿做了一项研究，结果显示他们在入伍前后的收入没有显著差别。但是该研究存在明显的技术缺陷，如当他们离开时给家庭带来的额外成本就没有考虑。[34]更重要的是，这项研究没有考虑士兵们承担的风险应该得到补偿。[35]纵使是首次服役，他们大多也非自愿，更不要说第二次服役和延长服役期了。因此，经济成本中还应该包括对风险承担者的补偿。

工资损失的数学统计不会告诉大家所有的事情。预备役军人和国民警卫队队员的海外部署，严重影响了他们的职业生涯。尽管有法律规定他们的工作会受到保护，但他们所在的公司总能找到办法回避法律、进行裁员，使他们回国后不能恢复工作。[36]而且，预备役军人创业也缺乏财务扶持，他们中的一些创业者甚至以破产告终。

国民警卫队队员和预备役军人还面临着工资问题和退役军人伤残抚恤被剥夺的问题。在战争爆发的早期，联邦审计署的一项研究就表明：在6套研究样本中，95%的国民警卫队队员“至少存在一个与入伍相关的工资问题”[37]。而且，尽管国民警卫队队员和预备役军人作为一个特殊的团体为获得更多报酬联合提出了申请，同正规部队相比，他们的伤残抚恤被剥夺的次数却更频繁。迄今为止，37%的正规部队士兵已经向退役军人管理局提出伤残抚恤申请，而预备役军队和国民警卫队中提出申请的只有21%，其中，16%的申请被拒绝，而正规部队军人的申请被拒绝的比率只有6%。[38]

我们强调以上成本还有一个重要的原因，即在未来的战争中（或者就在这场战争中，如果战争持续的话），我们不应该过度地依赖国民警卫队和预备役部队。战争初期，或许需要他们远征国外，但5年之后，战争已不能被称作是紧急事件，也就不再是国民警卫队和预备役部队的职责。如果我们仍打算使用国民警卫队和预备役部队的话，就应该给予他们财政补贴，减轻他们的财务负担。[39]

之前，我们谈到国民警卫队部署在伊拉克存在一项机会成本，即他们没能在国内应付紧急事件，比如卡特里娜飓风事件。国内拥有国民警卫队就像是拥有了一项“保险”政策，但我们失去了这个“保险”。

同样，我们每年为军队支付几千亿美元，这也是一种“保险”，用来对抗外来威胁的“保险”。而我们将军队资源投入伊拉克和阿富汗，就意味着这些资源不能用于对抗其他威胁——来自于伊朗、朝鲜或者其他地方。

当我们把关注的焦点放在根本不存在大规模杀伤性武器的伊拉克的时候，朝鲜却拥有了这种武器。许多分析家认为，我们把注意力集中在伊拉克不仅为朝鲜提供了机会，还刺激了其发展核武器的欲望，一旦朝鲜拥有了大规模杀伤性武器，美国对其发动攻击将更加困难。

同样，我们主动出击，实施先发制人打击伊拉克，也给伊朗提供了一个明确的信息，就是防止美国军队武力干涉的最佳方式就是发展核威慑力量。事实上，许多分析家得出这样的结论：美国对伊拉克采取军事行动的主要受益者是伊朗，伊朗的地缘政治地位因此比以往任何时间都要强大。[40]

成本总计

在本章中，我们关注了战争给军人及其家庭造成的经济和社会损失，这些成本并未在政府预算中反映出来。其中部分成本容易计量，剩余的则难以量化。仅能够计量的部分就已经有 3 000 亿至 4 000亿美元（我们并未考虑政府补偿伤亡军人的预算支出，只考虑了经济成本）。

如果不计算利息，我们认为“最佳”方案下的战争总成本至少为 2 万亿美元，在“实际而中肯”的方案中，这一数字恐怕是 3.1 万亿美元（参见表 4—1）。

战争还有一项更重要的成本，就是对经济整体的影响。这场战争没有给美国以致世界经济带来任何益处，这些年来美国内部对这场战争的看法也产生了分歧。在下一章中，我们将解释原因并试图量化战争给经济带来的不利影响。

表 4—1　动态总成本：引入社会经济成本后的伊拉克和阿富汗战争费用总额　单位：亿美元

社会经济成本	"最佳"方案	"实际而中肯"的方案
社会经济成本		
统计生命价值	560	640
统计伤害价值	1 800	2 730
社会、家庭和其他医疗支出	550	780
现行伤残抚恤（扣除）	−120	−160
其他社会成本	160	160
社会成本总计	**2 950**	**4 150**
加上战争的预算支出		
已经支出的军事行动费用	6 460	6 460
未来可能的军事行动费用	5 210	9 130
行将支付的退役军人费用（医疗费用＋伤残抚恤＋社会保险费用）	4 220	7 170
经调整的其他军事费用（隐藏军费＋未来的军事复位费用＋复员安置费用－取消禁飞区的结余）	1 320	4 040
预算支出总计	**17 210**	**26 800**
战争费用总计（未算利息）	**20 160**	**30 950**

注释

[1] 斯特拉·M·霍普金斯（Stella M. Hopkins）：《患有严重疾病的退役军人不得不长时间等待医疗援助》，载《夏洛特观察报》（*Charlotte Observer*），2007-10-21。该报揭露在退役军人事务部的医疗系统中，部分严重负伤的退役军人为了就医不得不等待 1 个多月，外伤性脑损伤及相似疾病的患者等待的时间最长。作为对助理国务卿麦克尔·库斯曼（Michael Kussman）证词的回击，退役军人事务部主任指出：只有 75%的退役军人能够在 1 个月以内被安排就医。而助理国务卿麦克尔·库斯曼于 2007 年 2 月 14 日在美国众议院退役军人事务委员会健康分会上汇报说：95%的军人能够被退役军人事务部安排在 1 个月内获得医疗援助。

[2] 这个委员会依据 2004 年《联邦防卫授权法案》组建，研究那些逃过死亡或未致残的幸存者是否获得了足够的抚恤和援助。委员会是独立机构，不归国防部和退役军人事务部管辖，它的 13 位成员由总统和议长任命。2007 年 10 月，这个委员会发布了最终研究报告：《光荣的使命召唤：21 世纪退役军人的残疾福

利》。网站：http：//www. vetscommission. org/reports. asp。

[3] 乔伊斯·麦克马洪·克里斯滕森等（Joyce McMahon Christensen，et al.）：《残疾退役军人福利委员会最终报告：赔偿，研究结论和备选主题》，CNA 公司，亚历山大，退役军人事务部，2007-08。网址：https：//www. 1888932-2946. ws/vetscommission/e-documentmanager/gallery/Documents/Reference _ Materials/CNA _ FinalReport _ August2007. pdf。

[4] 在过去 5 年中的几百起意外死亡诉讼中，大陪审团判决的赔偿金额从 200 万涨至 2. 69 亿美元。这其中包括，在 2004 年一起诉讼中，由于伊丽莎白（Elizabeth）和约翰·瑞顿（John Reden）的看护不周导致他们的女儿受到脑损伤，陪审团判夫妇二人赔偿 1. 12 亿美元。在 2001 年路易斯安那的另一起诉讼中，24 岁的塞思·贝克尔（Seth Becker）在为贝克石油工具公司（Baker Oil Tools）工作中由于受到了持续的伤害需要切除双腿，获得了 4 300 万美元的补偿。在这些诉讼中，赔偿金额主要依据患者后半生无休无止的医疗支出判定，而非根据经济上的机会成本决定。最高的 2. 69 亿美元的赔偿额判给了死于 1998 年的 15 岁得克萨斯女孩儿雷切尔·马丁（Rachel Martin）。在大多数这些数百万美元案件的执行中，原告不能足额获得所有赔偿金，平均只能得到判决赔偿额的 10%。即使这些缩水的赔偿金也远大于退役军人得到的金额。

[5] 麦克尔·卡普兰（Michael Kaplen）：《火车事故后的行为改变引发了 850 万美元的脑损伤赔偿案》，脑损伤新闻和信息博客，2005-04（http：//www. braininjury. blogs. com/）。

[6] 斯蒂芬·文格尔（Stephen Vangel）等：《外伤性脑损伤幸存者的长期医疗成本》，载《美国理疗学和康复医学杂志》（*American Journal of Physical Medicine and Rehabilitation*），第 84 卷，2005（3），pp. 153-160。

[7]《情况说明书：外伤性脑损伤的统计学解释》，密苏里脑损伤协会，http：//www. biamo. org/BrainInjuryFacts. asp（访问时间：2007 年 9 月 26 日）。

[8] 截至 2004 年 4 月 21 日，以 2002 年美元价值计算，联邦环保署（EPA）给生命价值的估值是 620 万美元。参见克里斯·道肯斯（Chris Dockins）等：《统计生命价值分析和环境政策白皮书》，联邦环保署，环境经济学研究中心，2004-04-21（http：//Yosemite. epa. gov/ee/epa/eermfile. nsf/vwAN/EE-0483-01. pdf/$File/EE-0483-01. pdf）。考虑到从 2002 年到 2007 年 8 月消费物价指数（CPI）的变化，以 2007 年的美元价值计算，统计生命价值为 720 万美元。

[9] 统计生命价值模型中，潜在收入损失最高的“峰值”年龄是 29 岁，以 2002 年美元价值计算，统计生命价值介于 600 万至 750 万美元之间，如果以 2007

年美元价值计算，这一数值达到了 680 万至 850 万美元。参见 W·卡皮·维斯库斯和约瑟夫·E·艾迪（W. Kip Viscusi and Joseph E. Aldy）：《统计生命价值：全世界市场价值估值的评述》，联邦经济统计局（NBER），工作论文 W9487，2003-02。

[10] 斯科特·沃尔斯滕和卡特里娜·科斯克在 2005 年对战争经济成本的研究中，以 2000 年美元价值估算，统计生命价值为 650 万美元。2000 年统计生命价值区间为 400 万至 900 万美元，如果转换为 2007 年美元价值，这个价值区间为 472 万美元至 1 062 万美元。参见沃尔斯滕和科斯克：《伊拉克战争的经济成本》。

[11] 一些评论认为，那些志愿参军的士兵们，即使他们没有死亡或负伤，他们也愿意比普通人挣得少些，因此，如果他们死亡或负伤，他们也应该能接受较少的补偿。这种观点认为，从经济学的角度看，这些志愿者负伤或死亡的损失要小一些。

[12] 这意味着，如果一个人被评估为 50%伤残度，那么他的统计伤害价值为 720 万美元的一半，360 万美元。政府部门和法院在判定意外伤害的赔偿额时，也使用相似的方法，评估伤害的伤残度（完全残疾的一个百分比）。与此类似，在 2002 年联邦环保署的报告中，根据不同的伤残度，例如划船事故被划分为几等：微小伤害的伤残度为 0.0020，温和伤害为 0.0155，较严重伤害为 0.0575，严重伤害为 0.1875，重大伤害的伤残度为 0.7625。参见美国交通部：《儿童观光游艇上个人救生设备的使用》，载《联邦公报》（*Federal Register*），67 卷，第 121 号，2002-06-24。网址：http：//www. epa. gov/fedrgstr/EPA-IMPACT/2002/June/Day-24/i15793. htm。

[13] 霍顿（Horton）：《伊拉克战争中的军事事故》，未出版论文。

[14] 彼得·卡特尔（Peter Katel）：《受伤的退役军人：在医疗援助上美国正在欺骗退役军人吗?》，载《国会研究季刊》，第 17 卷，第 30 期，2007-08-31，pp. 697-720。

[15] 美国哥伦比亚广播公司新闻访谈节目，嘉宾：保罗·沙利文，退役军人中心主任，2007-11-13。

[16] 心理健康顾问组（MHAT－IV）的最终研究报告。

[17] 塞尔等：《将战争带回了家园：退役军人事务部医疗机构显示，自伊拉克和阿富汗归来的 103 788 名退役军人心理健康失常》，pp. 476-482。

[18] 心理健康顾问组（MHAT-IV）的最终研究报告。

[19] 退役军人伤残福利委员会：《光荣的使命召唤：21 世纪退役军人的残障福

利》，2007-10。

[20] 同上，p. 15。

[21] 扎兹克等：《越南男性退役军人的全国代表性样本体现出的外伤后应激障碍及生活质量改变》，兰德公司，1997。

[22] 埃里克·克里斯坦森等人：《退役军人伤残福利委员会的最终报告：调查结果和选择性主题》，2007-08，p. 269。

[23] 退役军人伤残福利委员会：《光荣的使命召唤：21 世纪退役军人的残障福利》，p. 155。

[24] 在英国因生活质量受损能够一次性获得的最高赔偿额为 28.5 万英镑（约 57 万美元），这是退役军人收入的一个额外的补充来源。

[25]《总统委员会对美国归来的负伤勇士的关爱》，第三章，“服务，支持，精简”，p. 9。

[26] 位于密苏里的脑损伤协会估测，包括医疗和非医疗支出（例如：搬家、职业康复和健康保险）在内，每个外伤性脑损伤患者平均可以获得 151 587 美元。

[27] 美军卫生保健计划（TRICARE）是为现役军人、退役军人以及他们的家庭、幸存者及前配偶等服务的健康保健项目。作为军事医疗系统的重要组成部分，美军卫生保健计划利用一个由专家、机构、药房和供应商构成的网络，将统一的服务和供应商资源整合在一起。在保证对军事行动的支持能力的基础上，提供高质量的健康保健服务。

[28] 乌韦·莱因哈特（Uwe Reinhardt），参议院退役军人事务委员会关于关于退役军人健康保健基金的听证，国会文稿，2007-03-08，参见卡特尔的报道《受伤的退伍军人》，载《国会季度研究》(*Congressional Quarterly Researcher*)。

[29] 社会成本是退役军人付出的全部代价，无论受伤与否。因此，计算超出预算费用的社会成本时，我们应该减掉退役军人事务部支付的伤残抚恤金，虽然伤残抚恤也是经济成本的一个重要组织部分。在“最佳”方案中，我们扣除了 110 亿美元，而在“实际而中肯”的方案中，则要扣掉 150 亿美元了，之后再减掉每位死亡士兵 50 万美元的抚恤金。

[30] 截至 2007 年底，6.7 万名负伤或需要医治后撤回国内的士兵中，大约 60%被诊断为患有严重疾病，这说明了伊拉克战争状况极其恶劣。和平时期，美国军队中的年轻士兵在青壮年时期很少患严重疾病，因此他们中的 95%可被视为增加的伤员。

[31] 患有外伤后应激障碍的士兵中，“严重”患者占 1/3，他们永久失去了工作能力。换句话说，他们不能胜任工作。参见退役军人伤残福利委员会：《光荣

的使命召唤：21 世纪退役军人的残障福利》。

[32] 联邦审计署：《预备役部队：国民警卫队国内设备需求的识别行动》，见资深少数党成员在监督和政府改革委员会的报告，也参见美国众议院国家安全和国际关系的小组委员会报告，GAO-07-60，2007-01。

[33] 联邦审计署：《在重大战役中，陆海军不能保证装备充足，即装备重置战略的有效性遭质疑》，GAO-07-814，2007-09。

[34] 大卫·S·洛克伦、雅各布·A·卡勒门和克雷格·马丁（David S. Loughran, Jacob A. Klerman, and Craig Martin）：《预备役部队的激励和收入》，兰德国防研究所，圣塔莫尼卡，联邦审计署，2006。这项研究利用了社会保险的数据记录，而未对士兵及其配偶进行调查。每种研究方法都有其自身特点，调查的准确性取决于准确记录收入的能力。但依赖社会保险记录的方法依然存在根本的缺陷：（1）上报的社会保险所得没有包括附加福利，这部分附加福利通常不征税但比重不小，占低收入者工资的 25%或者更多。（2）研究假定个体工商业者上报的收入是准确的（甚至有正式工作的人也时常创业），但漏报现象很普遍。很显然，在此项调查中，62%服现期短于 30 天士兵，自己创业都可能有超过 10%的收入损失，部分人损失达 55%。（3）此项研究未考虑那些不能依靠丈夫（或妻子）来照看孩子的家庭的经济损失。（4）这项研究未考虑应召入伍后的家庭额外支出（比如，住房和生活费用），事实上家庭实际收入减少了，税收减免上退役军人也没有多大优势。住房津贴是兰德公司最主要的单项研究，解决如何弥补日益增加的住房成本（这项成本是免税的）。有观点认为，如果要合理比较，就不能包括津贴或者免税。如果一位士兵成家了，他（她）就能享受到购房免税，如果未成家，他（她）则享受不到此项优惠。

稍有遗憾的是，这项研究没有区分全职工作者和没有稳定工作的人。对一个没有稳定工作的人来说，应召入伍增加了收入，不存在机会成本。但是对于其他人而言，成本可能会很高。

最后，这项研究没有考虑到有些工作虽然不能得到报酬，但也是有价值的，比如说维修自己家的房屋，虽然没有报酬，但房子可以增值。在伊拉克服役的军人错过了这些机会。再退一步说，即使士兵的收入很高，但并不是每小时都是这样，他们一周 7 天一天 24 小时都处于危险之中。

简而言之，就算战争的风险可以完全被补偿，也有好的理由解释预备役军人和国民警卫队队员服役的志愿性问题，但他们的经济损失是肯定不能回避的。

在早期的分析中，我们借鉴了沃尔斯滕和科斯克的估计数值：预备役军人在国内每年收入是 33 000 美元。他们估计，即使以更早的收入水平来衡量

（按照这些士兵在平民工作岗位上的报酬水平），动用预备役部队的机会成本也要达到 39 亿美元。而实际拿到手的要少于全额补偿，士兵们如果没有被派往伊拉克，这种全额补偿可以衡量他们的实际价值。参见沃尔斯滕和科斯克：《伊拉克战争的经济成本》，p. 8。在我们的早期研究中，我们还考虑了福利，尤其是那些在警察局和消防局工作的预备役军人，他们还会获得相当于收入 60%～100%的福利，因此我们将预备役军人的补偿略微提高到了 46 000 美元。当然，战争还在继续，成本还在上升，现在我们计算的战争总成本还没有包括机会成本。

[35] 征兵越来越难，也表明人们不愿意承担加入预备役部队的风险，他们获得的报酬并不能完全补偿风险。

[36] 兰德公司研究了收入的钝化及其影响问题。但没有研究在多次服役后，预备役军人和国民警卫队队员受到的综合影响，尤其是高发的伤残事故是客观存在的。除了伤残的影响外，延长士兵的服役期，对士兵的职业生涯也存在潜在的负面影响。从服役中获得的经验，很可能与工作没有直接联系，也不会在职业生涯中起到促进作用。对于那些本该取得更高收入的人来说，成本就更高了。对非自愿工作替代后果的广泛研究表明，这样的行为会导致收入的显著下降。

[37] 联邦审计署：《军队工资：服役中的预备役军人都存在着严重的收入问题》，GAO-04-911，2004-08，p. 1。

[38] 参见退役军人事务部下属的退役军人福利管理局进行的绩效分析和整合：《退役军人福利事宜：全球反恐战争中的退役军人》，2007-06-25（http：//www.veteransforcommonsense.org/files/VFCS/VBA_GWOT_Claims_June_2007.pdf）。

[39] 见第 8 章，我们对这个问题及其他改革进行了更为广泛的讨论。

[40] 见韦尔·奈斯尔（Vail Nasr）关于伊拉克区域霸权的研究：《安拉复活：伊斯兰世界的冲突如何改变未来》（纽约：W. W. Norton，2006）。

[41] 应该强调的是，难以量化的成本中，我们讨论过的还只是一小部分。第 2 章研究了联邦政府的预算成本，州和地方政府也有隐性预算支出，比如在公共医疗补助制度下，州和地方政府也要为退役军人支付医疗费用。同时，我们已经提到的一些费用属于转移支付，是从我们的社会或其他地方转移过来的。比如说，有一些钱被贪污了（联系一下哈里伯顿公司和黑水公司），这意味着我们花了更多的钱购买资源，纳税人的钱进了哈里伯顿等公司的股东和管理者的腰包。与此相似，政府为购买能源支付了更高的价钱（这部分战争成本我们没有量化，没有反映在我们的战争总成本中），这些美国纳税人的钱被转移到了美国石油和其他能源公司手中。

第 5 章
战争的宏观经济影响

自从伊拉克战争爆发后，原油价格从每桶 25 美元飙升到 90 多美元。[1]美国人在加油时都感受到了油价的飞涨，对其他国家的人民来说也是这样：印度尼西亚的燃气价格越来越高，埃塞俄比亚的公共汽车票价越来越贵。而且，油价上涨并不仅仅是单一的问题，由于连锁反应，高油价几乎影响了经济的每一方面。对于美国这样的石油进口国，高油价导致了巨额贸易赤字和通货膨胀压力。中央银行通常会提高利率来应对这些压力。由于美国政府花费了比原来更多的资金用于进口石油和支付已发行的债券利息，因而平衡政府财政预算就更为困难。高利率还会导致投资和消费减少，股票价格下跌，经济低迷。在美国，战争也在其他方面对经济造成了负面影响。本章试图估计战争对美国宏观经济的成本，并在可能情形下对成本进行量化。

首先，我们要打破“战争对经济有利”这一神话。这种观念在第二次世界大战期间曾盛极一时。第二次世界大战之前，美国和世界其他大部分国家皆经济萧条有年。问题在于需求不足，即在充分就业的情况下，社会生产，也就是经济的潜在供给量超过了人们的意愿购买量，于是经济停滞，失业率上升。第二次世界大战创造了坦克等武器的需求，经济满负荷运转，每个求职者都能够找到工作，战争甚至需要工人两班倒昼夜不停地工作。

今天，没有一个负责任的经济学家还认为战争对经济有好处。经济学家约翰·梅纳德·凯恩斯（John Maynard Keynes）告诉我们，一个国家能够通过降低利率、增加政府支出来确保和平时期的经济运行能达到或接近完全就业状态，但是，在武器上的投资却是付诸东流，如果将这些钱投资于厂房、设备、基础设施、研发、医疗保健、教育等方面，不但社会的生产率会得到提高，未来产出也会增加。

问题不在于经济是否会被战争削弱，而在于经济在多大程度上会被战争削弱。[2]如果要对这个程度做出估算，得出的数字将极为庞大。在本章要讲到的一个“实际而中肯”的估计方案中，这个数字是一万多亿美元。

石 油

除了中东地区外，全世界许多人士都认为美国政府发动这场战争，是因为想要得到伊拉克的石油。[3]在此，我们不想讨论他们的看法到底对不对，至少这说明美国确实有通过战争获得廉价的石油的考虑，不过事实也说明这个想法最终落空了。但是，战争却使那些美国石油公司变得更加富有。埃克森美孚石油公司是战争中屈指可数的受益者之一，它的利润和股价直线飙升。然而，整个国民经济却付出了惨重代价。[4]

要弄清楚这个代价到底有多大，需要回答以下三个问题：由于战争的原因导致油价上涨的幅度有多大？油价上升给美国经济带来多少直接成本？又给整个宏观经济带来多大的负面影响？

战争一爆发，油价就上蹿，而且战争持续得越久，油价上涨得就越高。毋庸置疑，战争导致了油价的上涨。多数石油专家赞成这一观点。但是，价格涨幅中有多大部分是由于战争引起的呢？要回答这个问题，应当先弄清楚：如果没有战争，价格会如何变动?[5]

作为体现石油买卖双方对一年或更长时间内石油价格走势判断的期货市场，能够提供以上问题的答案。在战争之前，交易者们认为价格在未来几年中还会像以前那样保持在20～30美元的范围内。[6]期货市场是在"正常状态"下运行的，即人们设定期货市场不会发生异常事件。伊拉克战争是当时油价开始上涨时的最为反常的事件，在2003年和2004年中（2005年的卡特里娜飓风和丽塔飓风导致了一段时期内美国石油大幅度减产和价格上涨），很难再找到对石油的供求有同样影响力的另一件事情了。战争爆发后，"正常状态"意味着伊拉克战争导致的混乱还会持续，期货市场还会去赌未来几年油价走高。[7]

因而，我们认为油价上涨主要源于战争。我们难以准确计算出战争把油价提高了多少美元，但我们做出了两种估计：第一种是保守估计，即估计每桶油价中只有5美元源于战争，更中肯的估计是10美元。我们和石油行业专家对这种估计进行了充分探讨，虽然在对导致价格上涨的不同因素的重要程度上存在分歧，但是，专家们都认为我们还是低估了战争的影响。我们在保守估计方案中认为高油价会持续7年，在"实际而中肯"的估计方案中认为会持续8年。

根据这些估计，我们也可以大概计算出战争对美国经济带来的直接成本。美国每年进口约50亿桶原油[8]，这意味着，以每桶多5美元的价格计算，每年会增加250亿美元的额外支出；以10美元计算，则增加500亿美元。[9]保守估计高油价持续时间是7年，额外支出总共为1 750亿美元[10]，"实际而中肯"估计高油价持续时间为8年，则额外支出为4 000亿美元。

当油价上涨到每桶100美元时，当期货市场继续预测今后油价仍将持续走高时，我们感觉到，我们预测的7～8年内5～10美元的上涨幅度实在是太保守了。如果当前95～100美元的价格与战前25美元的差额的一半源于战争，那么战争的石油成本高达每桶35美元，而不是10美元。简而言之，如果仅仅是将油价上涨的一半原因归咎于战争，在到2015年这段时间内，油价上涨的直接成本将超过

1.6 万亿美元。

高油价意味着人们没有更多的钱消费其他商品。自从油价开始攀升以来，美国家庭汽油和取暖费用占总收入的开支比重比以前提高了约 5%。[11] 政府部门，特别是州和地方政府，也必须“量入为出”，削减其他开支来支付高价进口原油。美国从沙特阿拉伯、俄罗斯、委内瑞拉购买石油所费越多，则意味着用于购买美国产品的钞票就越少。消费不足必将降低经济产出。

换一种思考角度，如果美国每年所费的 250 亿美元不是从沙特等国购买石油而是购买美国商品的话，则美国的产出就会提高。国货消费的提升会增加美国企业的利润和工人的工资，利润和工资中的大部分再用于消费国货，则美国经济就会日趋强劲。

每年 250 亿或 500 亿美元的石油支出会降低国内生产总值和国民收入，就这一点而言，人们并无异议，异议在于降低的幅度有多大。进口石油的资金转化为国内产出的比例，经济学家将其称为“石油进口乘数”。乘数大于 1 意味着用于购买美国商品的 250 亿美元将生成高于 250 亿美元的国内生产总值。通行的乘数估计值约为 1.5。[12] 我们还是保守一点儿估计，250 亿美元乘以 1.5 得 375 亿美元，这个数字意味着：由于进口石油使我们的 GDP 一年内损失掉了 375 亿美元；如果是 7 年，则为 2 625 亿美元。[13]

高油价阻碍了美国的经济发展，也阻碍了我们的贸易伙伴的经济发展，导致我们的贸易伙伴从美国的购买量日趋减少。一些经济学家试图通过经济计量模型测算这种全球影响，他们采用的乘数要比我们在“实际而中肯”的方案中采用的乘数 1.5 高（有时高出 2 或 3 倍）。针对长期全球效应理论分析的经济学家也认为乘数会比 1.5 高很多。为了始终保持谨慎的态度，我们将在“实际而中肯”的方案中使用的乘数值调整为 2。[14] 我们得出每年的 GDP 减少量为 500 亿美元，按照 8 年计算，GDP 的总减少量为 8 000 亿美元。我们把这8 000亿美元分成三部分：4 000 亿是直接的影响；2 000 亿是通过国内总需求产生的常规的乘数效应；其余 2 000 亿是“全球乘数效应”，也称为“全球一般均衡效应”（如果我们把每桶 35 美元的油价上涨归因于战争，那么整个因战争导致的油价上涨的经济影响超过了 3 万亿美元，而这仍然是一种保守的估计）。

显而易见，如果经济主体有能力生产更多，那么不断增加的需求就可以生成更多的产出。但是，在战争期间，我们的经济运行仍没有发挥出它的潜力。在整个战争期间，如果消费者增加了他们对美国商品的需求，而不是把钱花在购买外国的石油上，企业就会提高产量以满足消费者日益增长的需求。[15]

政府支出

美国政府在战争中的支出如同给石油生产国每年开出巨额支票，这无疑会阻碍美国经济发展。政府在伊拉克的支出并没有像把钱花在本国那样刺激美国经济。我们不禁要问：哪怕只将一部分花在伊拉克军事基地建设方面的资金用在建设美国本土的学校，结果会怎样呢？这样的支出转换无论是在短期还是长期，都会使本国经济水平得到提高。

在前面，我们分析了高油价引发的经济产出降低是如何致使消费者减购美国商品的。同样，增加政府支出——如果是 10 亿美元——在所谓的支出乘数的作用下，则增加的国民经济产出会比 10 亿美元多。[16]乘数能够产生“花小钱获大利”的效果，但不同种类的支出会有不同的乘数。政府在不同的用途上所花的每一分钱所产生的 GDP 的增加额度都是不同的，在伊拉克的支出所产生的增加额远远不及其他形式的支出。例如，如果花 1 000 美元雇用尼泊尔工人在伊拉克进行服务，这种支出不会直接增加美国人的收入，所以我们说这对美国 GDP 没有直接的刺激作用。而且，间接的经济影响也微乎其微，除非尼泊尔人购买了美国生产的商品。相反的是，如果 1 000 美元用于美国大学的科学研究就会产生至少 1 000 美元的直接经济效益。然后，随着大学花钱购买美国的产品和服务，还会产生更大的经济效益。

如果用乘数测度不同的支出类型对 GDP 的影响，那么用于伊拉克的支出的乘数肯定是最低的之一。在我们“实际而中肯”的估计方案中，我们认为正常的国内政府支出比用于伊拉克的支出在乘数上多出 0.4。8 000 亿美元若用于美国国内投资则每年会多产生 3 200 亿美元的 GDP 增长（估计我们将陷入伊拉克战争的泥沼长达 15 年之久）。[17]我们在方案中采用了这一数据。[18]

支出转换是关联分析（incidence analysis）中使用的一种方法。关联分析被宏观经济学家试图用来确定某种政策的实施效果。所有的方法都建立在一个简单的前提之上：在伊拉克的战争支出通过某种方式取代了（经济学家也称之为“挤出了”）其他类型的支出。每种方法试图跟踪分析这种取代的全部结果。所有的结果产生了非常大的宏观经济影响。支出转换方法假设伊拉克战争的支出挤出了政府的投资，其他方法则侧重分析战争支出取代了私人投资或消费的后果。

当政府任凭财政赤字增长，而不减少政府投资时，私人投资就被挤出了。正如第 2 章的分析指出的，我们认为政府没有减少其他支出，至少没有很大程度地减少，因而伊拉克战争直接导致了巨额的财政赤字，这一点是毫无疑问的。之所以使用支出转换方法，是因为它能明确地显示宏观经济的结果，赤字巨额增加这一结果最为明显。由于美国年复一年的财政赤字，美国所欠的国家债务不断增加。截至 2008 财年，阿富汗战争和伊拉克战争导致美国债务超过 9 000亿美元。根据我们的估计，在截至 2017 年的整个期间内，因战争支出增加的债务（不计退伍军人的报酬和医疗健康福利）连同累计的利息超过了 2 万亿美元。[19]

赤字增加的经济后果分析可以分为两部分。首先，美国人是否增加了他们的储蓄来应对增加的赤字？一些理论，特别是强调供给的理论认为赤字无所谓，因为居民会增加个人储蓄而使国民储蓄得到增加。[20]但是，现实的证据驳斥了这些理论。即使在平常，储蓄也只会增加很有限的一点。[21]在目前这种经济环境下，储蓄的增加并没有从根本上抵消赤字的增加，反倒实际上会减少，从经济萧条以来，减少到乃至为零。

再者，储蓄未增并且赤字上涨，这会使美国国内投资减少、对外借款增加。美国已经向海外借了大量的款，如 2006 年高达

8 500 亿美元。预算赤字在美国经济腾飞中起到了相当大的作用，而现在世界上最富的国家却不能再依靠这一办法发展经济了，其中的一个主要原因就是它发动了人类历史上最为昂贵的一场战争。严重的事态招来联邦总审计长大卫·沃克的一番评论，他警告说："美国当前的局势和罗马帝国覆灭的前夜惊人地相似，包括盲目自大、过度的军事扩张、不负责任的中央财政"[22]。公认的估计是财政赤字的一半或不到一半来自海外借款，余下的来自国内投资。私人经济主体如果与政府争抢资金，其结果一定是私人投资被挤出。[23]并且，私人在国内的投资比政府在伊拉克的战争支出更多元化，因而，政府巨额投资的产出比较低。伊拉克战争的支出效应不仅为负，而且超出了支出转换方法所得到的结果。[24]

与战时的这些影响同样重要的是战后的影响。战后花费在伊拉克的资金本可以投入到学校、公路或科研中，这些投资会带来更高的回报。同样，资金也可以更高效地投入到退役军人事务部的培训和研究项目中，或用来建设心理健康诊所和购置医疗设备。然而伊拉克战争的花销并没能带来这些方面的收益。

投资缺失致使未来国民经济产出会更小。前面，我们分析了赤字增长的短期效应，关注赤字增长的原因之一就是赤字会挤出私人投资。在较低的投资水平下，经济的长期潜在产值会减少。如果先前估计的 2 万亿美元的债务增长挤出了 60%的私人投资[25]，那么损失的投资就是 1.2 万亿美元。如果这些投资能带来 7%的回报，且以 1.5%的"社会贴现率"贴现，那么被放弃的产值将超过 5 万亿美元；以 4%的贴现率贴现，将超过 3 万亿美元；以 7%的贴现率贴现，将为 1.2 万亿美元。[26]

如果增加的债务全部来自于海外，那么国内私人投资就不会被挤出，美国的经济产出只会减少约 2 万亿美元。如果美国需要为这些债务偿付 4.5%的利息，并且设法通过增加税收来支付增加的利息（从借款时开始算起），那么年税收额须连续提高约 900 亿美元。税收的提高会导致其他开支和消费被挤出，或者赤字更大幅度地增长——两者都有负面经济效应。例如，如果公共投资被挤出，这意味着未来的产值将降低几千亿甚至几万亿美元。[27]

采用支出转换方法也能得到相似的结果。在这一方法中，被挤出的是公共投资而非私人投资。例如，假设根据“实际而中肯”方案，我们估算的战争消耗中直接军事费用为 1.6 万亿美元，如果其中的一半（8 000 亿美元）用于投资，且以保守的 7%为收益率计算[28]，这意味着美国产值每年将增加 560 亿美元，每个美国家庭的收入将平均增加 500 美元。[29]以 7%的贴现率贴现，总数为 8 000 亿美元；以 1.5%的贴现率计算，这一数值将达到近 4 万亿美元。

毋庸置疑，无论哪种方法，无论长期还是短期，战争都将对宏观经济产生重大的影响。[30]保守推算的战争成本是 1.1 万亿美元，这也是联合经济委员会使用的数据。[31]没有免费的午餐，也没有免费的战争。以一种或几种的方式，在现在和将来，我们终将要为战争买单。在这场特殊的战争中，政府和国会选择将账单推给未来的政府，也可能是将来的子孙们。我们确信“实际而中肯”方案所使用的数据，从总体上说，几乎必然会低估我们实际行将付出的代价。[32]

其他宏观经济的成本

2003 年 3 月至 2007 年 10 月美国股市行情不错，这乍看起来与我们在本章分析中显露出的担忧并不一致。但是，你应该考虑到的事实是：这一时期美国人工资增长并不大，而美国公司利润猛增。显然，我们并没有看到在这些事实下应该发生的股价上涨。美国经济学家罗伯特·韦斯科特（Robert Wescott）估计在伊拉克战争开始的随后几年中，股市总市值比基于业绩预测的市值低了约 4 万亿美元。[33]战争导致的不确定因素、中东局势的混乱以及油价的飙升使企业市值低于“正常值”。企业市值的减少表明了消费量的降低，从而加剧了经济衰退。

当然，美联储试图采取措施消除上文分析过的那些战争带来的负面效应。美联储降低了利率，还采取了其他方式，例如降低信贷要求，以鼓励家庭商业贷款，从而扩大消费。在利率降到接近历史最低点的时候，时任美联储主席的格林斯潘鼓动美国家庭使用利率可变的房屋抵押贷款，至于风险嘛，留待以后再说。[34]较低的初始利率使得美国家庭能够借得更多的贷款来购房，促使美国人以超过自身偿还能力的购买水平去消费。

很快，家庭储蓄率自大萧条时期以来首次变为负值。[35]但利率回升只是时间问题。当利率上调时，成千上万进行可变利率抵押的美国人发现他们的抵押贷款还款额已经上升——他们已经还不起贷款，甚至失去了房子。[36]这些都是很容易预测的，因为毕竟利率不可能永远保持在那一史无前例的低水平上。[37]到 2008 年末，这场次贷危机的全部后果仍未完结。经济增长缓慢，再次大幅度地低于潜在水平。

伊拉克战争，特别是高居不下的油价，削弱了美国的经济。但由于低利率和宽松的贷款政策，这些弱点并没有明显地显现出来。[38]如果没有这些政策，我们将更充分地看到高油价、高赤字以及伊拉克的战争开支所带来的宏观经济的负面效应[39]——产值将会降低且负面效应将更加明显。我们已经成为一个依赖借用金钱和时间为生的国家。如前些章节所述，利用财政赤字，在过去的 5 年中我们并没有为伊拉克战争的全部开支买单。通过本章的分析可以发现，我们同样也没有为伊拉克战争的全部宏观经济成本付账。在随后的时间里，我们将为这些成本付出代价。就像我们曾经为约翰逊总统的大炮和黄油政策在越南战争结束很长一段时期内所付出的沉重代价一样（在 20 世纪 70 年代以通货膨胀的形式），我们现在以及今后的几年同样会为此付出沉重的代价。[40]

我们的估算中并没有包括战争对股市影响的长期成本，也没有包括这 10 年来美国政策导致的“家庭负债遗留问题”。[41]然而毫无疑问，如果有较低的油价促进经济，并且有能够更有效刺激经济的消费模式，美联储将不会如此大幅度降低利率，也不会如此费尽心机地鼓励消费贷款。在较小的债务压力下，美国将会采取更好的经济模式来应对未来的挑战。

我们在表 5—1 中总结了可量化的宏观经济成本。在“最佳”方案中，我们仅仅是非常保守地估算，排除了支出转换的宏观经济后果，也排除了赤字增长、全球负面影响、供方效应（不仅从投资减少的角度，而且从死亡、残疾和残疾人保障等劳动力减少的角度考虑）以及长期增长的影响。然而这些也同样是经济的真实成本，因此被包括在"实际而中肯"的估计方案中。但即使在该方案中，我们仍然排除了一些难以量化的大额成本：全球大量不确定的投资减损，反过来进一步减少需求和产出；被转移到战争中的资源（包括劳动力）的供方效应；股票市场价格的连锁反应；随之而来的总需求的降低。

表 5—1　动态总成本：引入宏观经济成本后的伊拉克和阿富汗战争费用总额

单位：10 亿美元

成本	"最佳"方案	"实际而中肯"的方案
宏观经济成本		
油价影响	187	800
预算影响	0	1 100
宏观经济成本合计	187 *	1 900
附加预算和社会经济成本		
已经支出的军事行动费用	646	646
未来可能的军事行动费用	521	913
行将支付的退役军人费用（医疗费用＋伤残抚恤＋社会保险费用）	422	717
经调整的其他军事费用（隐藏军费＋未来的军事复位费用＋复员安置费用－取消禁飞区结余）	132	404
总预算成本	1 721	2 680
社会总成本	295	415
总预算和社会成本	2 016	3 095
总预算、社会和宏观经济成本（未算利息）	2 279	4 995

伊拉克战争使得国际局势恶化。无论出发点如何，这场战争都无益于中东地区的稳定与安全，也并没有减少恐怖主义的威胁。相反，从最近恐怖袭击事件的数量看来，这种威胁愈演愈烈。[42]机场的破坏活动更加猖獗，而非有所好转。近些年在巴厘岛、西班牙和英

* 原书为 263。——译者注

国等地的爆炸袭击和爆炸未遂事件一次又一次显示出这一影响的全球化。不安全因素必然对经济不利，因为企业厌恶风险且努力追求对风险的控制，而且风险也阻碍了投资和增长。

近几届总统都无一例外地强调国际贸易的好处和对经济的刺激作用。但是伊拉克战争导致的全球紧张局势带来了新的障碍，这一障碍阻碍了商品、服务和边境人员的流动。一些新的贸易壁垒来自于恐怖活动，但是伊拉克战争使问题更加严重。

这些壁垒不仅仅是一种“不方便”。全球化给世界带来了巨大的利益，它意味着全世界商品、服务更紧密地一体化，意味着劳动力更自由地流动，这些主要取决于运输和沟通成本的降低，同时也是人为障碍减少的结果。[43]而我们现在有了一系列新的流通障碍，这些障碍抵消了许多之前的收益，美国和全球经济都很可能为此付出巨大的代价。美国获得了全球化利益的最大份额，这就其经济规模来说很不相称。然而有得必有失，正如美国在全球化过程中的获利一样，其损失也一定巨大。

战争导致了大家对美国的认识的转变，我们将在下一章以更长的篇幅进行论述。世界上大部分人总是对美国抱有毁誉参半的看法，有对其成功和民主的羡慕，也有对其滥用权力的嫉妒和怨恨。而现在，这种混合的态度已更多地向对美国的怨恨和愤怒单方面转变。关塔那摩和阿布格莱布监狱已经因为强烈的民主和人权呼吁而改善了管理，现在人们关注的焦点是它们的虚伪和双重标准。

这些认识的转变是关乎经济后果的。中东地区的石油收入和不平等使得个人财富能够达到数十亿，这里的大量富人已经把银行账户从美国转到了其他地方。新加坡发现并且抓住了这个机遇，迪拜等其他地区和国家也正试着这样做。美国公司，特别是那些像麦当劳和可口可乐一样已经成为美国标志的公司，与其说遭受了明确的抵制，不如说经历了大众对于所有美国事物更广泛的厌恶。一些美国公司更是受到了重创，这对于宏观经济的影响同样难以量化。

最后，在我们的估算中，尤其是在“实际而中肯”的方案中，我们并没有包括国家赤字飙升的全部影响，也没有包括一些现在看来明显错误的应对经济疲软的货币调整政策的负面影响。战争至少对次贷危机负有部分责任。

完整统计

通过将这些宏观经济成本加入前些章计算的成本中，我们能够得到一个战争成本的完整统计。这些数据是令人吃惊的。根据“实际而中肯”的估计方案（我们认为该方案的数据最能够反映伊拉克活动的成本，即使没有计算利息），仅伊拉克战争的总成本就超过 4 万亿美元，如果包括阿富汗战争，这一数字将增至 5 万亿美元。即使根据“最佳”方案（该方案中我们排除了大部分宏观经济成本，并且乐观地假设战争规模逐步缩小），伊拉克战争的成本也达到了 1.8 万亿美元；而如果包含阿富汗的冲突，总成本接近 2.2 万亿美元（不计利息）。

但这些仅仅是美国经济的成本，伊拉克战争还造成了数十万亿的其他成本。我们将在下一章分析这些成本。

注释

[1] 在 2002 年，每桶原油平均价格为 23.71 美元，在战争爆发的前一个月，上涨到 32.23 美元。原油价格上涨的一个原因是由于担心原油供给中断而进行囤积。2003 年原油的平均价格为 27.71 美元，2004 年为 35.90 美元，到 2005 年 6 月则上升到 49.28 美元。2005 年 8 月的卡特里娜飓风也导致了油价上涨。自卡特里娜飓风之后，油价就持续走高。

[2] 1991 年的海湾战争已经显示出战争对经济没有好处，海湾战争对当时衰退的经济几乎没有正面促进的作用。本章将对其中的一些原因做出解释。

[3] 关于石油是否是战争的关键，更多论述参见附录。

[4] 根据《福布斯》杂志的资料显示，在 2007 年，世界上最赚钱的十个公司中有 5 个是石油和天然气公司——美国埃克森美孚、荷兰壳牌、英国石油、美国雪佛龙和中国石油。在 2002 年，最赚钱的十个公司中只有 1 个是石油和天然气公司。正如我们在第 1 章讲到的，战争一爆发，石油公司的股价就飙升。

[5] 这样的问题是与事实相反的，是一种“要不是……”的反事实假设分析：要不是伊拉克战争，油价该会怎样？很难确定地回答这样的问题，但是现代的社会科学方法使我们可以做出比较合理的估计。

[6] 比如，根据 2003 年 1 月 2 日《华尔街日报》金融与投资版面的数据显示，

2003年1月2日，市场仍认为油价会在2003年底保持在25美元以下，2009年底轻质原油的远期合同价格为22.57美元（实际上，那时战前的气氛已经对价格有所影响）。

[7]《纽约商品交易所轻质原油价格报告》显示，在2007年12月1日，期货市场估计在2007年底价格仍会保持在94美元左右，到2008年底会下降到85美元，随后逐步上升到2011年的81美元，到2015年都会保持这样的水平。

[8] 在2004年，原油进口比2003年略多出480万桶，2005年和2006年，都比2003年略多500万桶。2007年原油进口略低于2006年。

[9] 我们强调这只是估计。我们没有根据通货膨胀、货币的时间价值、进口的长期变化来进行数据的调整。精确的计算会比我们的估计数据要略高一些（按照保守和"实际而中肯"的两种方案，精确计算数分别是1 954亿美元和4 464亿美元，比估算的数据1 750亿美元和4 000亿美元都要高）。由于我们认为不能给读者一种印象：我们总倾向于使用高的数值，所以我们采用较低的数值，特别是，2008年和2009年的进口水平还存在不确定性，则我们倾向于保守的一面。

[10] 这个数字和众议院联合经济委员会所做的《战争的代价》报告（2007年11月）中的估计差不多。他们估计是1 740亿美元，但他们认为真实的数值要更高一些。

[11] 从理论上讲，居民会将他们的储蓄用于维持他们的支出。然而，由于美国人的储蓄率向来都接近于零或为负数（也可参见后面的注释[35]），所以，他们难以靠储蓄来支付增加的油钱。

[12] 乘数效应并不仅是在油价上涨的时期出现，油价下跌的时期也会有。乘数是指总消费减少额与初始油价成本增加额的比例。一年内的乘数是比较小的，但是我们关心的是整个影响，而不仅仅是油价上涨的一段时间（这种情况关注的是短期的GDP预测）。

[13] 联合经济委员会估计乘数超过2，这与我们在"实际而中肯"方案中估计的乘数是一致的（略高一点）。该委员会的乘数估值与希拉德·G·亨廷顿（Hillard G. Huntington）的预测是一致的（来源于2005年为美国能源部所作的报告：《高原油价格的经济后果》，发表于斯坦福能源建设论坛），比以下研究的估计要低一些：唐纳德·W·琼斯、保罗·N·雷柏和尹珈·K·派克（Donald W. Jones，Paul N. Leiby and Inja K. Paik）所做的《石油价格影响与宏观经济：我们从1996年以来学到了什么》（发表于《能源月刊》，第25卷，2004（2））；詹姆斯·哈密尔顿和安娜·赫雷拉（James Hamilton and Ana

Herrera）所著的《石油影响与总体宏观经济行为：货币政策的角色》（发表于《货币、新用于银行月刊》，2004 年第 36 卷，pp. 265-285），以及本书附录中关于研究方法的一些研究。另一方面，这个乘数要比美国国会预算办公室在《近期能源价格上涨的经济效应》报告中的估计要高。但是正如我们在附录中作出的声明，我们认为“实际而中肯”方案中乘数 2 的估值还是很保守的。

[14] 本书将在后文中对此进一步做出实证和理论分析，参见本书附录。

[15] 同上，详细原因参见本书附录。

[16] 在前文，我们论述了石油乘数，即增加石油支出对 GDP 的影响。

[17] 第 3 章分析了一些长期成本，例如增加的伤残和退伍军人的医疗保健费用，这不会对乘数造成很大的影响。所以我们认为战争对 GDP 造成的8 000亿美元的损失仅仅是战争直接总支出的一半。我们在国防部的标准方案的基础上做出的“实际而中肯”方案已经描绘出了至少在 2017 年前美国人在伊拉克的状况。

[18] 例如，相对于正常的国内支出（例如大学所做的科研工作）来说，战争的 2/3 的资金没有用于购买国内商品和服务。我们认为首轮的“泄漏”（泄漏的资金无法再回到美国消费）占了 2/3，这产生了 1.5 的乘数。这个乘数与我们前文的估计是一致的。如果不是 2/3，而是一半的初始支出没有用于购买美国商品，那么整个伊拉克支出的乘数是 1.1，比一般的乘数少 0.4。在首轮支出中，支出的形式有少许变动也会对乘数效应有很大的影响。现实中，首轮支出的“泄漏”资金的差异是很大的，并且随后的支出形式也有很大的不同。这再一次证明我们的估计还是很保守的。

[19] 联合经济委员会在《战争的成本是多少》报告中估计纳税人多支出了 1.9 万亿美元，如果包括累计的利息，将超过 2 万亿。在我们的估计中，直接的伊拉克军事行动成本是 1.4 万亿美元。在增加的债务产生的累积利息中，我们还没有计算社会保障的支出、退伍军人伤残抚恤和医疗健康支出。如果计算它们，则数额超过 2 万亿。若考虑阿富汗战争，那么总数会增加 1/3。

[20] 这被称为“李嘉图均衡”，是由 19 世纪的经济学家李嘉图首先提出的。

[21] 大多数情况下，储蓄增加额只占增加赤字的 1/2 到 1/3（引自：威廉·盖尔和彼得·欧萨格（William Gale and Peter Orszag）：《预算赤字：国民储蓄和利率》，载《经济活动论文》，2004（2），pp. 101-210）。

[22] 引自杰里米·格兰特（Jeremy Grant）：《吸取罗马帝国覆灭的教训：来自美国官方的警告》，载《金融时报》，2007-08-14，4 版。

[23] 参见艾丽丝·瑞维琳和伊莎贝尔·塞维尔（Alice Rivlin and Isabel Sawhill）：《增长的赤字及其形成原因》，引自瑞维琳和塞维尔（Rivlin and Sawhill）编辑：《恢复稳健的财政 2005：直面长期挑战》，华盛顿，卜鲁金印刷机构，2005）；威廉·盖尔和彼得·欧萨格：《预算展望：分析和内涵》，载《税收纪要》，2003-10-06，145～157 页；威廉·盖尔、彼得·欧萨格：《预算赤字：国民储蓄和利率》。如果美国向海外借款不会对利率产生影响，那么美国是可以向海外借款的，也不会有替代效应，国民生产付出的成本仅仅是已经估计到的直接成本。但是，正如后文要讲的，"国民收入仍然很低"。考虑到部分赤字由海外资助，以上的一些研究试图实证地计算替代效应涉及的范围。

[24] 假设在此期间 2 万亿美元的赤字削减了 60%的投资（可参见后文的论述），私人投资减少了 1.2 万亿美元，那么以 1.5 为乘数计算，总需求将减少 1.8 万亿美元；以一个更现实的乘数 2 计算，减少量将为 2.4 万亿美元。如果战争支出以 1.1 作为乘数，1.4 万亿美元的战争支出将使总需求（和产值）增加 1.54 万亿美元。因此，产值净减少量在 2 600 亿美元到 8 600 亿美元之间。这一范围的中点约为 5 500 亿美元，这有些大于我们在支出转换方法中使用的数字。第三种方法关注边际收支平衡的预算，该方法假设税收被提高以支付增加的政府支出。但没有证据表明布什政府曾试图通过提高税收来弥补额外开支。即使提高税收，短期效应也将很相似，因为税收的提高将导致消费的降低——在这一方案中，伊拉克战争使消费被挤出，这一乘数再次高于战争支出的乘数。然而，长期效应将更小。

[25] 这是联合经济委员会使用的估计数据，基于布什政府的经济顾问委员会所提供的评估，参见《总统经济报告》，2003，54～55 页。这个数据在上述研究估计的数值范围内。

[26] 关于贴现率的更广泛探讨，参见附录。

[27] 例如，如果我们像前文一样假设投资仅获得 7%的真实报酬率，收益以 1.5%的贴现率贴现，我们会注意到真实支付额只有 300 亿美元，未来年产值的损失为 140 亿美元，年复一年总额将达到 9 330 亿美元。此外，这些估算并不包括替代投资的低税收所产生的连锁反应。2 万亿美元是一个巨额数字，它能产生巨大的后果。

[28] 政府投资被证明能获得更高的回报率。标准的政府项目回报率下限值为 7%，因此平均回报率应大大超过 7%。因为提高税收的代价是昂贵的，经济学家们达成了共识，即在公共领域投资应受限制，所以损失的产值实际上比

投资本身的价值还大。较为适中的新奥尔良防洪堤投资也许会节省数千亿美元。

[29] 2007 年美国有 1.16 亿个家庭（引自：美国统计局:《精选家庭参数》，载《当前人口研究》，2007 以及《年度社会经济补编》，表 HINC-01）。

[30] 成本的来源可能不同；一些估算认为有较大的短期乘数效应，另一些估算认为有较大的私人或公共投资的替代效应，还有一些认为增长的海外债务会带来较大的损失。对于贴现率的选择来说，短期成本没有长期成本敏感。

[31] 参见《战争的成本是多少》，但我们强调我们认为委员会使用的数据是很低的。他们以 3%的贴现率得出了该数据。如果我们的分析正确，适合的贴现率应为 1.5%，那么产值的损失（正如他们所计划的）是这一数据的两倍，或者是 2.2 万亿美元。在这组数据中，我们认为最现实地做出了总体宏观经济的成本来自于赤字财政的假设，即用以下条件运行预算：40%的海外资金，挤出公共投资以支付利息，7%报酬率的私人或公共替代投资，1.5%的贴现率，保守估计近 1.5 万亿美元（现值）的债务融资，那么未来产值损失的贴现价值为 7 万亿美元。结果令人震撼：几乎以任何似乎合理的假设做出的估算都能得出超过我们在估算中使用的 1.1 万亿美元的成本预算。（原书数字为 11 亿，疑有误。——译者注）

[32] 在第 2 章中我们提到，许多经济学家认为战争的利息成本不应被加入直接成本中，但适合估算如果我们没有发动战争，也没有为融资提高赤字所导致的机会成本。现在所公布的估算仅是我们尝试做出的这些机会成本的保守估计。

[33] 这是罗伯特·韦斯科特在与作者的个人通信中所表露出的观点。股市表现不佳的主要原因是激增的财政、贸易赤字以及持续升高的油价带来的高度不确定性。

[34] 随着市场利率变换而改变利率的抵押贷款。利率在近十年的最初几年持续走低，这意味着个人能负担起更大的房子。但几乎可以肯定的是，利率终将摆脱较低水平而上升（考虑到通货膨胀，这一时期的实际利率是负值）；而且因为可变利率抵押贷款还款额随利率上升，可以预见，许多家庭会遇到问题。现在，我们的预测成为了现实。然而在 2004 年 2 月 23 日，格林斯潘指出，“在过去的十年中，许多家庭由于选择了可变利率而不是固定利率的抵押贷款从而节省了数万美元”（引自格林斯潘在华盛顿的国家信用联盟协会 2004 年政府事务会议中所做的题为“合情合理的家庭债务责任”的发言，网址为：http：//www.federalreserve.gov/boardDocs/speeches/2004/20040223/default.htm）。

[35] 2005 年第三季度，个人储蓄率是－0.5%，从 2005 年第一季度至 2007 年第二季度，个人储蓄率持续低于 1%。参见经济分析统计，商业部（http://www.bea.gov/briefrm/saving.htm）。

[36] 据估计，超过 220 万美国人将失去他们的房子——他们将所有钱都投到了房市（引自艾伦·斯格雷默（Ellen Schloemer）等人：《失去的土地：次级市场抵押品赎回权的取消和房屋所有者的成本》，借贷主管中心，2006-12）。2007 年第三季度，美国有 635 159 份抵押品赎回权取消档案，高于前期的 30%（引自：丹·利维（Dan Levy）：《美国第三季度家庭抵押品赎回权取消翻倍》，载《彭博新闻》，2007-11-01）。

[37] 次级借款者，他们中的大部分不精通财务，可能并不能充分认识到这个问题，特别是受到所谓精通财务的人的鼓励。监管者这样的失误难以理解。

[38] 一些人可能认为这些问题不完全是伊拉克战争的结果，但却是战争的融资方式与随后的货币和财政政策的结果。之前，我们碰到了讨论赤字的相似观点，也论述了关于战争的许多其他方面，它们都不是战争不可避免的结果，但却是战争所采取的特定方式。本章分析表明，战争的任何融资方式都有它的负面宏观经济后果。不同的战争融资方式其影响的时效性会有所不同。货币政策可能在短期内隐藏了这种影响并将负担转移至今后几年。例如，如果美国没有面临高油价的负面影响，美联储将不能或不愿如此大幅地降低利率，也不会有这么多肆意的借款。

[39] 这种借贷也给予经济巨大的刺激作用，再抵押贷款的规模和财务消费的数量之大使经济更加突出。2003 至 2006 年净抵押贷款资产撤回额估计在 5 000 亿～7 500 亿美元之间，这一数额的很大一部分（约一半）流入了消费中（引自：艾伦·格林斯潘和詹姆斯·肯尼迪（Alan Greenspan and James Kennedy)：《从房屋中撤回资产的来源与用途》，载《联邦储备局财经讨论系列》，2007-03，第 20 期)。消费增加所带来的积极促进作用足以抵消我们这里所描述的影响，但正如我们所强调的，债务的增加将导致（或者已经导致）问题的严重化。

[40] 当然，就像约翰逊和尼克松所坚持的为越南战争融资的政策一样，布什政府可以施行其他不会带来债务的政策：例如，将税收负担更多地转移至高收入的个人。正如我们所强调的，长期负面影响将会减小，但很难完全消除。

[41] 我们的“实际而中肯”估计方案甚至没有包括任何对联邦政府债务机构的成本估计。

[42] 还有一个布什政府试图利用数据影响公众观点的例子。2003 年政府发布统

计数据，声称其显示出恐怖主义活动的减少——据推测是战争打击了恐怖主义的结果。事实上，更深入地观察正确的数据就可以发现事实恰恰相反，正如普林斯顿大学教授艾伦·克鲁格（Alan Krueger）指出，他们的研究与政府发布的数据相反，他们对政府的做法很反感（引自：艾伦·克鲁格和大卫·莱廷（Alan Krueger and David Laitin）：《“误解”恐怖主义》，载《海外事务》，2004-09-10）。

[43] 战争所导致的高油价实际上增加了这些运输成本。

第6章 全球后果

入侵伊拉克的全球后果非常深远。在这场灾难中，伊拉克做了冤大头，损失最为惨重。由于伊拉克中央政府的大部分职能都已解体或瘫痪，我们很难获得可靠数字来完成像对美国所做的这种成本分析。

在入侵之前，伊拉克是一个独裁统治的国家，许多人过着悲惨的生活。伊拉克曾经还遭到了10年的经济制裁；那时的伊拉克机能不良，但即便如此，它当时仍是一个尚能生存的国家。五年后，美国占领了伊拉克，并宣称其目标是为人民建立一个民主国家，然而战争从根本上破坏了该国的经济、社会和主权。

在全球范围内，由于战争爆发引起油价飞涨，这使所有其他经济成本相形见绌。考虑到宏观经济的影响，我们在“实际而中肯”方案中假设的较高石油价格表明了这给世界经济带来了直接成本，约为1.1万亿美元。在人力方面，生命的丧失和伊拉克社会的破坏是最令人震惊的。与此同时，对于伊拉克人民及其经济，以及世界其他地区来说，代价将继续增加。

对于大多数伊拉克人来说，他们已经无法承受生活的煎熬，甚至那些离开自己国家的人也有同样的感受。直至 2007 年 9 月，已有 460 万伊拉克人被赶出家园，每 7 名伊拉克人中就有一人被赶出家园。自从 1948 年以色列创建以来，这是中东地区最大的一次移民。[1]

一半以上的伊拉克人，其中许多是妇女和儿童，已经完全逃离该国。数百万人在叙利亚、约旦和其他周边国家寻找临时避难所。伊拉克也是首先在欧洲寻求庇护的民族。据联合国难民事务高级专员报道："成千上万的伊拉克人正在逃离伊拉克，他们是酷刑、性暴力、汽车炸弹袭击或其他暴力袭击事件的受害者，他们迫切需要医疗服务；大多数伊拉克儿童都不去学校上学"。[2]

然而，周边国家都感觉到接受这么多难民很有压力。例如，叙利亚将不再接受没有获得签证的伊拉克人。这迫使一些伊拉克人返回家园，但在 2007 年 9 月，每天仍然有 2 000 名伊拉克人抵达叙利亚边境。[3]直至 2007 年 11 月底，如果难民返回家园，伊拉克政府愿意支付 700～800 美元，并允许他们免费乘坐公共汽车和飞机，但联合国难民署指出："只有提供适当的返回条件，才能实现大规模的遣返，包括物质条件、法律支持和人身安全保障。目前，没有迹象显示任何大规模返回伊拉克的行动，因为该国许多地区的安全局势仍然动荡不安、难以预测"。[4]

伊拉克境内的局势也很悲惨。220 多万伊拉克人被迫背井离乡，而且往往引起邻国的教派暴力冲突。由于叙利亚加紧签证限制，而且很少有伊拉克人可以得到欧洲国家的签证，因此越来越多的人被迫转移到伊拉克境内安全的地区。

我们很难估计这场人间灾难的财务成本，更不用说人员伤亡了。接受难民的国家需要为数百万人提供食物、水、卫生、保健、住房、交通、法律援助、安全保护及教育。例如在约旦，估计费用超过了 10 亿美元。[5]在 2007 年，联合国难民署为照顾伊拉克难民编制的预算为 1.23 亿美元，但这只是总预算费用的一小部分，也没有考虑到对约旦、叙利亚、埃及和黎巴嫩等国直接产生的经济损失。[6]

正如我们在第 1 章所指出的，相对于其人口来说，美国只承担了这些难民的一小部分。在伊拉克的债务方面，其他国家也背负了沉重的负担，实际上大多数债务由其他国家持有。美国明白，只有免除伊拉克的现有债务，才可以使其有能力开展重建工作。美国免除了伊拉克亏欠美国的 22 亿美元（如果包括利息则为 41 亿美元），后来迫使其他债权国于 2004 年 11 月 21 日签署协议，共计免除伊拉克 297 亿美元债务。[7]

伊拉克死亡人员及伤员的代价

很明显，伊拉克死亡人员应该包括为美国作战的伊拉克阵亡士兵。我们一直想让这些士兵代替美国人作战；因此，我们倾力去训练他们，使他们能够代替美国人。如果他们不这样做，就需要有更多的美国人作战，就会有更多的美国人死亡。在我们的强迫下，与美国军队并肩作战的 7 697 名伊拉克士兵阵亡。[8]

奇怪的是，美国政府并不掌握伊拉克士兵的伤残人数。正如我们在第 3 章所了解的，在战斗中，部队伤残人数是死亡人数的 8 倍以上（如果所有伤残者都算在内，这个比率是 1∶15）。若保守估计，伊拉克伤残人数仅为死亡人数的 2 倍，这意味着迄今为止伤残人数约为 15 394 人。我们来推算一下，如果继续战争两年，以同样的死亡率，保守估计伤残人数将提高为 23 946 人。当然，随着伊拉克军队承担更重的任务，哪怕在最好的情况下，他们也可能要面临更高的死亡率。

在写这本书时，我们一直不愿意估计战争中伊拉克死者的生命值多少美元。有人认为伊拉克人的生命没有美国人的生命值钱，这一观点是不合情理的。如果我们视伊拉克人的生命和美国人的生命具有同等价值，那么伊拉克军人死亡的总成本是 1 724 亿美元。假设受伤为生命价值的 20%，那么成本将增加 690 亿美元。伊拉克的工资低于美国，同理，平均收入也低于美国。但有一个原则是一样的：失去了年轻人，经济将更加萧条。[9]

与平民人员伤亡相比，伊拉克军队死亡和伤残人数则“逊色”很多。平民伤亡包括被联军部队杀害的无辜平民（他们的伤亡都被算作“附带伤害”）；在入侵引发的内战中死亡的平民，以及“失踪者”：直到 2006 年 3 月，每天大约有三四十名伊拉克人被绑架[10]，许多绑架案以受害者的死亡而告终。[11]

直至 2007 年 12 月，战争中平民伤亡的官方统计数字已增加到 39 959 人。[12]尽管这个数字看上去很大，实际上也被大大地低估了。布鲁金斯学会的《伊拉克指数》提出伤亡总人数略低于 10 万人。暴力事件急剧上升，以至于布鲁金斯学会研究人员评论说：“从 2006 年开始，我们发现区分战争行为和犯罪已经不再实际”[13]。在 2006 年大部分时间里，正式记录的死亡人数每天超过了 100 人。[14]从 2007 年开始，记录表中出现了一种新谋杀类型：“法外杀戮”（即没有法院或政府的批准而执行死刑）。在 2007 年的前 7 个月内，这类死亡人数约为 5 150 人。

我们必须将那些患有重病，或由于伊拉克经济遭到破坏，以及由于没有实施足够的救济计划而死亡的人数加到这一统计中。在经济困难时期，一些人会营养不良，因而难以抵御疾病。清洁用水和电力的缺乏以及大批医生外流（今天伊拉克的医生数量连战争开始时的一半都不到）也使得死亡人数增加。[15]

在伊拉克，生活条件逐渐恶化的症状之一是霍乱的爆发——当供水系统、卫生设备、食品安全以及医疗防疫系统不够健全时就会引发这种疾病。进食或饮用被感染者污染过的水后，人们会被传染。卫生条件差、饮用水供应不安全、过度拥挤的社会是霍乱弧菌的滋生地，这种细菌会导致霍乱。严重的霍乱病例表现为大量腹泻和呕吐，如果没有适当的治疗，可能导致迅速脱水和死亡。霍乱在非洲部分地区很普遍，但在世界其他地方是罕见的。2006 年期间，整个亚洲大陆（包括印度和中国）报道了不到 2 500 例病例。2006 年，在南美洲、北美洲、欧洲、澳洲没有人因感染霍乱而死亡。[16]

在战争爆发之前，霍乱在伊拉克极为罕见。[17]现在却成了严重的健康危机。2007 年 8 月 14 日，伊拉克北部地区的基尔库克首先发现了霍乱爆发。现在霍乱已经蔓延到伊拉克18个省份中的9个。目前已经得到证实的病例超过了3 315件——比亚洲在2006年发生的病例还要多——有3万人因急性腹泻（霍乱症状）而病倒。至少有14人死于这种疾病[18]，而且疾病继续在伊拉克各地蔓延，尤其是在基尔库克省和苏莱曼尼亚省。巴格达、巴士拉、摩苏尔和提克里特等市，以及迪亚拉、杜胡克和瓦西特等省出现的病例越来越多。

世界卫生组织派遣传染病学家到伊拉克工作，发放了500万片水处理药片，并已采取其他措施控制疾病的传播。疾病的爆发将有可能最终得到控制。但世界卫生组织指出，在伊拉克，“水和卫生的整体质量非常差，这是已知的导致霍乱蔓延的最主要的因素”[19]。控制这种疾病的直接费用难以估计。世界卫生组织每年的预算只有33亿美元（接近我们在伊拉克一周的花费），这些预算要用于处理艾滋病、肺结核、疟疾、SARS、营养不良以及其他许多疾病。因而对世界卫生组织来说，他们很不情愿拨付这笔额外支出。

为了充分了解由于伊拉克战争而导致的死亡人数，我们需要看看在美国入侵后，该国的总死亡率发生了什么变化。我们有全面的方法来确定死亡率的变化，而且约翰霍普金斯大学的研究员也遵循这些方法进行了一项研究：首先通过科学方法挑选出村庄样本，而后对比这些村庄战前和战后的死亡率。[20]这种抽样方法与政治民意调查中使用的方法相同，在美国对1 000个人进行抽样可以高度可靠地预测投票结果，而且往往误差率仅为3%或更低。约翰霍普金斯大学的研究采用了大规模样本（1 849个伊拉克家庭，12 801名成员），而且竭尽全力确保报告的死亡人数是实际发生的。截至2006年7月，该研究报告指出，死亡人数增加到654 965人。[21]自那时起，死亡率上升的速度开始加快。假设到2010年3月，死亡率仍然保持在霍普金斯大学报告的水平，那么伊拉克的死亡总人数将超过100万人。正如我们前面所指出的，我们没有关于这些重伤者的数据，但是，如果保守假设伤残人数是死亡人数的两倍，那么总数将超过200万人。[22]

估算伊拉克平民伤亡的价值与估算军队伤亡价值同样困难。使用我们的方法来估算美国人的死亡造成的损失，则费用总额为8.6

万亿多美元，超过了我们之前计算的所有数字。伊拉克的经济较贫困，但原则却是一样的。也有一点我们没有考虑到：实际上，一个失去了很多人口的国家，在经济和社会发展上肯定削弱得更加厉害。

我们在本书其他地方已经用到的反事实假设是很有效的：如果我们没有入侵伊拉克，情形将会怎样？包括那些强烈支持战争在内的一些研究表明，如果联合国的经济制裁像伊拉克战争爆发前一样继续执行，一年内会有 1 万名伊拉克人死于这种经济“遏制”。这项估计似乎没有坚实的基础，但如果是真的，就意味着伊拉克的死亡人数可能只是 7 万人，而不是因战争而死亡的 100 万人。

反事实假设最难的一点是，萨达姆政权结局会怎样？它终将会结束，结束后会有一个同样残酷的复兴党政权取代它吗？会有一个民主的、没有暴力的平稳过渡吗？或者，伊拉克会爆发内战吗？如果有人认为伊拉克国内矛盾重重，那么他会认为美国的入侵只是加速了伊拉克的最终分裂。虽然关于“可能发生什么”具有不确定因素，但是很显然，战争至少加剧了许多长期存在的隐患。由于摧毁了伊拉克的经济和政治基础，美国的占领让伊拉克难以团结一致。现在，对这些石油地区的许多伊拉克人来说一切都要从零开始了，他们认为如果依靠自己其实可以做得更好。[23]

伊拉克经济付出的代价

伊拉克战争给伊拉克经济造成了沉重的打击，而且它在美国入侵前就已经面临着严重的困难。伊拉克花了 8 年时间与伊朗作战，但徒劳无益。在 1991 年的海湾战争中，又惨败而归。1991 年，第一次海湾战争结束后，联合国和美国对伊拉克石油实施了封锁禁运，这也让伊拉克付出了沉重代价。2001 年，伊拉克的国内生产总值比 10 年前低 24%（按购买力计算）。[24]正如许多其他中东国家一样，伊拉克的经济主要依靠石油——几乎占国内生产总值的 2/3。[25]该国拥有实力强大的中产阶级，而且大多数伊拉克人认为一旦他们的国家摆脱了贸易禁运的制裁，未来将会一片光明。

正如前文所说，尽管石油现价将近战前的 4 倍，但当前伊拉克真实的国内生产总值并不高于战前的2003年，4名伊拉克人中至少有1人失业，而且巴格达每天只能获得9个小时供电，这比战前还要少。[26]生活在巴格达130华氏度的夏天，让人难以忍受，当然，占领军生活的通行区除外。战后伊拉克石油出口已大幅下降，目前还没有恢复到战前水平。[27]

经济灾难当然是伊拉克崩溃的一部分。但是，经济灾难既是原因，又是后果。它还导致了叛乱，而叛乱对经济造成了毁灭性的破坏。在一些地方，破坏超过了建设的速度。大约59%的伊拉克人认为他们今天的经济状况是“贫穷的”，只有11%的人认为是“好的”或“很好的”。[28]美国扶持的伊拉克政府无力给伊拉克人民提供就业机会和收入，也没有从美国政府那里得到什么支持。更糟糕的是，处于失业状态的18～35岁的男性可能会随时揭竿而起，这是美国自己造的一个定时炸弹啊！

美国未能为伊拉克提供足够的安全保障，使伊拉克重建工作几乎成为一项不可能完成的任务。另一方面，伊拉克经济重建的失败也是由具有根本性缺陷的经济战略造成的。很多人重视布什政府犯下的重大军事和政治错误，尤其是在关键的占领初期，但很少有人关注布什政府所制定的那些为重振伊拉克经济而推行的具有缺陷性的经济政策。

在伊拉克还没有稳定、重建工作还没有开始的时候，美国政府就迫不及待地企图将自由市场资本主义带到伊拉克。2003年9月，保罗·布雷默颁布了法律，免除许多进口关税，并将企业和个人所得税限定为15%。[29]尽管1907年海牙公约《关于地面战争的法规和惯例》禁止占领者廉价销售一国资产[30]，但我们一再企图对伊拉克国有企业实施私有化。这一私有化计划是布什政府从一开始就宣扬的口号。

《华盛顿邮报》驻巴格达记者拉吉夫·钱德拉（Rajiv Chandrasekaran）写了一本很畅销的书，书名是《翡翠城里的皇室生活》。书中讲到了一名共和党的赞助商托马斯·弗利（Thomas Foley），他2003年8月被任命负责伊拉克的私营部门发展，夸口说将在30天内将伊拉克所有国有企业私有化。当被告知这是违反国际法的时候，弗利回答说："我不在乎任何东西……我毫不在乎什么国际法，我向总统保证过要将伊拉克企业私有化"[31]。

显然，人们对于转型经济中私有化和自由市场的益处仍有争议。也许弗利以及别的像他一样的人都没能认识到，除非伊拉克局势稳定，否则任何购买其资产的人都只会支付最低的价格，然后试图转手卖掉，而不会坚持实际经营业务并在一个危机四伏的国家继续投资。就在伊拉克企业最需要帮助时，美国政策的结果是使它们进入到低关税甚至零关税的境地。而这是美国自己的企业在自由竞争市场中都无法忍受的。这些政策的效果是可以想象到的。除石油工业外，伊拉克几乎没有国外直接投资，而且许多本土产品无法与大量的进口产品相竞争，企业继而倒闭，从而导致更高的失业率。

美国财政部通过坚持紧缩信用政策而使得伊拉克的经济崩溃。大量美元从美国流入伊拉克，但大部分下落不明，并且，许多经济资源短缺，价格高涨。财政部却机械地做出反应，鼓励伊拉克人提高利率、收紧信贷。但伊拉克存在的问题不是过度信贷。事实上，美国国际开发署（USAID）的官员一直试图解决如何刺激小企业的问题，小企业是创造潜在就业机会的主要源泉。他们得出结论认为，发展小企业的主要障碍在于缺乏获得信贷的机会，因此他们精心设计了部分担保计划，加强信贷向中小企业流动，并希望有助于创造更多的就业机会。但美国政府一方面努力增加信贷供应来刺激伊拉克萧条的经济，另一方面又担心"经济过热"，采取措施努力减少信贷供应——结果，此时的失业率上升到25%～40%之间。

美国依靠军事承包商的政策也无意中导致了伊拉克经济复苏的失败。美国采购法规定可以使用美国军事承包商，但某些情况除外。在伊拉克，用于重建的大量美国资金流入高价的美国军事承包商手中，而不是低成本的伊拉克当地劳动力。加州众议员亨利·韦克斯曼（Henry Waxman）指出，美国军事承包商收取2 500万美元来重新粉刷20个派出所，而巴士拉市长宣称如果这项工作由伊拉克本地公司来做，可能只收取500万美元。[32]这不仅浪费，而且还诱发了伊拉克人的怨恨。

然而，这还不只是怨恨的问题。为伊拉克大量失业青年男子提供就业机会符合我们的利益（特别是考虑到，因为我们解散了伊拉克军队，造成了许多武装青年男子对此不满，他们可以很容易被说服加入叛乱之中）。入侵之后，某种情况下 1/2 以上的伊拉克男子处于失业状态，因此伊拉克人渴望得到工作。但是，美国承包商强调尽量减少其劳动力成本[33]，并从尼泊尔等其他劳动力成本低于伊拉克的低工资国家引进劳动力。这是承包商利益与美国的国家利益直接冲突的另外一个例子，美国国家利益要求迅速创造就业机会，恢复伊拉克的经济实力。

如果自由化和私有化的推进取得更大的成功，那么事情可能会变得更糟。但是，就像伊拉克的许多其他方面一样，政策执行上的失败来源于政策设计上的失败。幸亏《海牙公约》阻碍了美国在伊拉克最重要的产业——石油开采业中推行私有化。

无论是外国人还是伊拉克人，没有人认为伊拉克是一个安全的投资地。[34]只要不安全因素仍然存在，伊拉克未来经济的前景就会暗淡无光。[35]我们还没雄心勃勃地来计算伊拉克经济的损失。而且我们再三强调，部分推算源于反事实假设，即要是没有伊拉克战争，那么将会发生什么。我们只想说，不管做出什么样的假设，我们都很难想象一个比目前更糟糕的情况。

世界其他地区付出的代价

伊拉克和美国已成为这场战争最大的输家，但其他许多国家也付出了沉重的代价。首先是那些作为“自愿联盟”成员加入入侵的美国同盟国付出的直接代价。其次是石油价格上涨对全球经济及特定国家所造成的损失，包括由此产生的宏观经济效应。

还有另一些代价我们所论甚少，但到头来却非常重要。伊拉克战争造成了“文化冲突”[36]，这种观点认为美国发起了一次新的改革运动反对伊斯兰教。许多中东地区认为美国挑拨逊尼派和什叶派教徒关系是这次“新改革运动”中宏伟战略的一部分。不管这种观点的事实依据如何，伊拉克战争都加剧了敌对情绪，有可能是未来多年内再次爆发冲突的根源。

尽管美国虚夸参加战争的是全球联盟，但是伊拉克战争已经基本上成为美国自己的冒险，只有联合国提供了一些政治掩护。据白宫报道，“联盟”规模十分庞大，共有 49 个国家；但实际上，美国自己提供了 84%的军队，并支付了外国军队的众多费用。[37]许多“同盟国”的人民非常强烈地反对战争，以至于意大利、西班牙、波兰和澳大利亚内阁政府受到弹劾。至 2007 年，美国提供了 94%的军队；至少有 18 个国家已撤回其军队；而且我们最重要的盟友英国，也已经开始大规模缩减派兵。“自愿联盟”逐渐成为一个“单一联盟”。

2008 年，盟国军队在伊拉克的总死亡人数为 306 人[38]，另外有 675 人受伤。虽然在战争结束之前，这些数字肯定会增加，但是增加的数量可能会很小，特别是因为提供最大援助的英国正在迅速缩减其在伊拉克的军队。如果我们采用与评估美国人员相同的标准来评估盟国人员的死亡损失，那么仅这些伤亡人数的经济损失就是 22 亿美元。[39]而且伤残人数将至少以每年 40%的速度增加。

全面分析盟国的预算开支是很困难的。然而，如果我们假定，成本大致与军队贡献成正比，而且已知他们提供了 6%至 16%的军队，那么他们的直接运营成本迄今为止大约为 300 亿至 900 亿美元。如果我们假设美国以“最高价格”的方式发动了战争，较少地关注成本而更加依赖于军事承包商，而盟国的成本要低一些，那么我们就姑且认为盟国的成本是美国的一半，即 150 亿至 450 亿美元——这些数字更符合英国提出的预算数字（见后文）。未来，盟国的退役军人医疗保健和伤残抚恤成本将进一步增加。即使美国签署承担了短期的军事费用，其他国家也不得不自己承担长期的残疾和医疗费用。[40]

阿富汗付出的代价

阿富汗因我们入侵伊拉克已付出了高昂的代价。正如宾夕法尼亚州众议员、参加了阿富汗战争的退役军人约瑟夫·塞斯塔克（Joseph Sestak）指出：“伊拉克战争在错误的时间爆发了。由于没有允许我们首先做好充分保证阿富汗和平的工作，所以‘9.11’袭击美国的基地组织领导人仍然未被抓获。通过第一手经验我明白了许多事情，我在战争开始后的两个月内第一个被派入阿富汗，并在一年半以后重返伊拉克。在战争开始时，我知道需要做些什么来赢得和平。后来我们把注意力和宝贵资源投向了伊拉克，而伊拉克并不是恐怖威胁所在地，此时我看到在阿富汗仍有很多事情还没有做完。”[41]

2001 年，美国在阿富汗很成功地打垮了塔利班政府（尽管奥萨马·本·拉登逃离了托拉博拉山区），但是现在喀布尔地区以外的无法控制的地区越来越多。自 2001 年以来，由于美国的疏忽造成的一个后果是：实际上阿富汗在塔利班的统治下已减少了海洛因的生产，但因为战争使得阿富汗成为全球海洛因的最大供应商。[42]从 2001 年开始，海洛因的生产每年都在攀升。许多报道说这笔钱进入了塔利班的腰包，使得塔利班对北约领导力量的抵抗更加顽强。同时，自杀式炸弹袭击（原来在该国是罕见的）和其他暴力行为现在已经司空见惯。尽管目前该国有 5 万人的外国军队，包括北约和美国的军队，但情况似乎仍无法控制。[43]阿富汗国防部长曾表示，他需要 20 万兵力（几乎是原计划 7 万兵力的三倍），以确保该国的长期稳定。[44]

我们还没有计算阿富汗人民所受苦难的代价，他们经过了与苏联的多年战争，随后在塔利班统治下过着悲惨的生活，曾希望美国的参与会给他们带来和平与稳定。然而，2007 年成为自 2001 年美国率队入侵阿富汗后最具暴力的一年，其中与叛乱有关的暴力行为致使近 6 200 人遇难。[45]

英国付出的代价

伊拉克战争伊始，在战略、军事和政治方面，英国都发挥了关键作用。2003 年，在战争准备阶段，英国首相布莱尔的支持对于布什来说简直是雪中送炭。当美国面临来自法国、德国、俄罗斯、中国和联合国的强烈反对时，布莱尔访问华盛顿，并向国会联合会议表示支持对伊拉克采取军事行动。他的支持是至关重要的，这使得布什政府说服国会批准这场战争。

布莱尔在两个方面帮助了布什。首先，在美国普通选民眼中，布莱尔是“明智”的世界观的化身。英国在伊拉克拥有历史悠久的军事经验，可追溯到第一次世界大战。[46]媒体认为法国唱反调儿并不是表达符合常理的意见分歧，而是意味着法国是一个靠不住的盟友。布莱尔的支持立场使白宫坚持组建一个“自愿联盟”来帮助美国人侵伊拉克。这在政治上非常重要，因为联合国反对这次行动。

其次，布莱尔在营造两党对伊拉克战争支持方面起着关键作用，因为华盛顿民主党仍记得他与比尔·克林顿的密切关系。许多人认为他们是志趣相投的人。这是民主党人士（包括希拉里·克林顿、约翰·克里、约翰·爱德华兹等人）毫无反对地支持布什发起战争的原因之一。事实上，完全可能这样假设：如果布莱尔敦促美国将行动推迟 6 个月，让联合国进行更多的审查（或者，如果他选择了扮演诚实的中间人角色，使美国人和欧洲人之间达成共识），那么布莱尔和英国可能会阻挠布什政府 2003 年 3 月的入侵计划。也许历史将会有所不同。

但布莱尔并没有这样做，反而为战争提供了种种便利。在军事上，英国派出了 4.6 万人，占总兵力的 10%。尽管美国领导总体规划行动，但英国国防部指出：“英国充分参与了此次战争，就连美军在坦帕市和其他地方的中央指挥部都有英国军人”。[47]不出所料，英国在伊拉克经历了与美国类似的遭遇——人员伤亡不断增加，营运成本不断增长，根本不知道钱用在了哪里，军事资源超负荷使用，关于恶劣环境和对严重伤残老兵医疗护理不充足的丑闻不断出现。

在战争开始之前，英国财政大臣戈登·布朗取消了 10 亿英镑的战争开支。截至 2007 年底，英国花了大约 70 亿英镑直接经费用于伊拉克和阿富汗战争（伊拉克经费占 76%）。该项经费包括追加“特殊储备”分配的资金，以及国防部的额外开支。[48]和美国一样，英国的特殊储备设在常规国防预算之外，现在该项储备也增加了很多，其中包括如军人工资等一般费用。英国制度特别不透明：在必要时，国防部会削减特殊储备的资金，由财政部安排，而无需议会特殊批准。

结果，英国公民不知道实际上花费了多少。如伊拉克研究小组指出："由于没有合适的标准的报告程序，跟踪这些款项的去向是极其困难的。虽然特殊储备已公开得相当广泛，但是如多少储备用于伊拉克来进行更深入的'反恐战争'等信息仍尚未公开。通过《信息自由法》获取信息，在这里并不适用。"此外，一旦战争——或英国参与的部分战争——结束，英国（正如美国）将付出巨大代价去恢复军事实力。

英国人员伤亡和退役军人

截至 2007 年底，英国在伊拉克大约有 5 000 名士兵，在阿富汗大约有 7 000 名士兵。英国计划将驻扎在伊拉克的人数减少一半，并增加在阿富汗的部署。[49]英国在伊拉克的人员伤亡情况是 174 人死亡、206 人严重伤残以及 2 372 人其他伤残需要住院治疗。在阿富汗 82 人死亡、89 人严重伤残以及 957 人其他伤残需要住院治疗。[50]这些数据包括由于疾病、创伤和非战争伤残而被撤离治疗的大量士兵，但不包括那些患有长期心理疾病的人，如外伤后应激障碍症。

在英国，受伤退役军人的抚恤待遇要比美国好很多，遍体鳞伤的重伤员一次性抚恤金额高达 28.5 万英镑。额外财政支持包括基于士兵工资和物价指数的免税保障性收入。[51]此外，英国申请补偿的"证明标准"遵循"可能性平衡"原则，这是其他英国索赔法律（如刑事伤害赔偿方案）以及民事法庭公认的做法。退役军人可以在五年之内申请一次性补偿，并延伸至某些迟发性疾病，如癌症、精神病和外伤后应激障碍症。伊拉克和阿富汗战争的结果是，英国面临为伤残军人和妇女支付伤残抚恤的巨额成本。

在英国，国民健康服务体系（NHS）免费提供医疗保健，而且受伤的英军士兵在国民健康服务专门单位接受照顾。然而 2007 年，在《华盛顿邮报》揭露沃尔特里德陆军医疗中心糟糕的医疗条件后不久，英国周报《观察家报》同样发现，受伤的英军士兵也正在伯明翰塞利橡树医院忍受着极其糟糕的环境。这家报纸刊登了英国士兵家属写给国防部的信件，信中描述了悲惨的情况，包括在伊拉克受伤的最年轻士兵，18 岁的杰米·库珀（Jamie Cooper）的情况，工作人员没有理会库珀的便盆已经溢出，他被迫躺在自己的粪便中度过了一夜。他的父母写道，他们的儿子曾“直接被派往伊拉克，没有接受过真正的军事知识训练，而且没有得到其康复需要的照顾”[52]。父母的来信描述了“肮脏”的环境、无法忍受的噪音以及不充足的来访接待设施。父母报告说，他们别无选择，只能放弃自己的工作，以便照顾他们的儿子。在英国，“塞利橡树”扮演着与“沃尔特里德”在美国相同的耻辱形象。

“塞利橡树”被揭露的事实引起了英国公众的义愤。拥有 60 万名退伍军人成员的英国皇家军团提出了一项提案，在其 86 年的历史上第一次质疑医疗问题。英国媒体广泛报道了部队缺乏充足的医疗服务，特别是对那些有精神健康问题士兵的医疗服务；从军队过渡到平民过程中的医疗困难以及对伤残总人数的瞒报。[53]官方数字显示，自 2003 年以来，有 2 123 名官兵已经接受由于服役伊拉克而造成的心理健康问题治疗，但军队慈善团体称，有更多案例已从网络上被删除掉了。[54]由于等待国民医疗服务的时间太长，英国政府还利用私营医疗服务供应商来治疗回归的士兵。目前还不清楚这种做法有多么普遍，但有证据表明，这样英国退伍军人的医疗费用可能会增加数十亿英镑。[55]

即使是目前在英国部队任职的高级官员也在大声疾呼，抗议已进行的战争。陆军总参谋部参谋长理查德·丹纳特（Richard Dannatt）将军在 2007 年的一份报告中描述了资金不足、人员配备不足以及服役时间过度延长等问题如何使得英国士兵感到“伊拉克战争带来的沮丧、愤怒和痛苦”[56]。他总结说：“满载善良人们的坦克正冒着怨气；许多血洒疆场的士兵正在叫嚷着要回家。”丹纳特将军还强调，伊拉克战争意味着英国还没有做好准备去面对其他外部安全威胁（这和美国的情况是一样的）。

英国议会后排的一些议员一再批评政府在处理战争方面的失策，包括部队资金不足、军人家属住房紧缺以及陆海空三军不断增长的压力。Hever 地区的议员阿斯特（Astor）最近在上议院的评论中表达了英国人的情绪：

> 我确信，所有高贵的议员都将看到丹纳特将军全体职员小组简报的内容。根据与数千名士兵的访谈得知，现实悲凉，陆军已经筋疲力尽。士兵对他们生活和服役的战争条件很不满，他们疲劳作战，住着狭窄的营地。我们正派遣士兵到阿富汗，他们几乎每天 24 小时都在作战……
>
> 许多高贵勇敢的议员们，包括议员格斯里（Guthrie）、博伊斯（Boyce）和布拉莫尔（Bramall），争辩说，这些战争条件主要是由于政府 10 年来提供的不充足资金所造成的。政府准备冒更大的风险来扶持行将倒闭的银行，如北岩银行（Northern Rock），而不去增加整个国防预算。[57]

军队的问题首先表现在军官队伍上。目前离开陆军和英国皇家空军的军官人数创下 10 年来的新高，最近的调查显示，这主要是由于军事调动频繁，军官们“无法提前计划生活”[58]。2007 年 11 月，伞兵第三营[59]指挥官斯图尔特中校（Stuart Tootal）辞职以抗议部队工资低、新兵训练装备匮乏，住房不足，也缺乏为伤残士兵专门设置的设施，他的行为反映了普通士兵的情绪。斯图尔特中校率领他的部下在阿富汗南部的赫尔曼德省进行了战争中最激烈的战斗，因而被授予杰出服务勋章。斯图尔特中校说，在 2007 年 4 月至 10 月的 6 个月巡逻中，他不得不与食物、水、弹药的缺乏以及不足够的直升机援助相抗争。[60]

戈登・布朗（Gordon Brown）首相宣布，至 2008 年春季，英国会将其在伊拉克的部队人数缩减到 2 500 人，看起来我们可以预测未来在伊拉克的英国士兵人数将维持在这个水平。[61]

英国付出的社会和经济代价

除了军事行动成本，英国还面临着更换军事装备、照顾退伍军人、武装部队再投资以及其他经济和社会成本等。约克大学国防经济学中心的基斯・哈特利（Keith Hartley）撰写了大量关于这一主题的文章。哈特利指出："这些冲击增加了英国民用经济的成本，如更高的石油价格、潜在的经济衰退影响以及较高的国防开支需求，这些必须通过较高税收或减少其他领域的公共开支来筹集资金。"[62]

当然，英国的社会成本在性质上类似于美国的社会成本。我们观察了类似的家庭，这些家庭中的成员为了照顾受伤的士兵而离开工作岗位并在医院居住，医院的等待护理时间长、医疗条件差，从而降低了上千个伤残者家庭的生活质量。

出于同样的原因，英国与美国一样也付出了宏观经济成本，但长期费用可能少一些，原因有两个。第一，英国没有采取相同的过于宽松的财政政策。第二，直至 2005 年，英国一直是一个石油净出口国。展望未来，由于其生产的下降，英国将不得不进口更多的石油，且更强烈地感受到石油价格上涨所产生的不利影响。同美国一样，经济的薄弱环节本应该因较高的石油价格而显露出来，但迄今还未显现，那是因为英国和美国一样存在房地产泡沫，使得消费水平畸高。抵押贷款问题首先在美国出现，后来在英国产生了更大的影响，所需紧急援助款项达 500 亿英镑。因为英国的石油净进口数额依然不明确，我们还没有涵盖任何对宏观经济成本的明确估计；但使用合理的数字，宏观经济成本很可能是总经济成本的两倍或三倍。例如，一些标准估计将 2010 年预计石油进口定为每天 50 万桶；如果石油现价与战前价格价差的一半是由战争引起的，那么增加的石油费用为 64 亿美元——收入从英国出口商转入石油出口商；再乘以乘数 1.5，那么 2010 年由此导致的宏观经济的成本应为 96 亿美元。我们为 2003 年至 2015 年研究期间设定了预估成本，这一数字很容易积累到令人难以置信的 1 000 亿美元或更多。如果战争较早开始，当时英国还是一个石油出口国，那么英国本应该是受益者，受益者还有委内瑞拉和伊朗。战争并没有提早爆发，英国同美国一样，成为战争的一大输家。

英国的总成本估计

我们已经估计了迄今为止英国的成本，我们的假设是：2008 年英国在伊拉克的部队减少到 2 500 人，而且这一水平将维持到

2010年。我们预计，英国在阿富汗的部队将略有增加，2008年将从7 000人增加至8 000人，并在以后的3年内保持稳定。未来开支估计基于这些假设完成。基于2007年11月英国议会议事录中Hever地区议员阿斯特的评论，我们还估计军事重置费用为10亿美元。我们预计，由于战争因素，英国国防部的国防开支2008年还会继续增长，而后的3年增势将逐渐趋缓。但是，这很可能低估了目前仍在伊拉克的大量设备遣散和送返英国的费用。英国下议院国防委员会最近发现，尽管部队人数减少了，2008财政年度中伊拉克的战争费用却增加了2%，而人事费用仅仅减少5%。同时，在阿富汗的军事行动成本预计将增加39%。如果照此发展下去，我们模型的估计值有可能会太低。[63]

我们假定在伊拉克和阿富汗的重伤员将获得最高额的一次性抚恤，并享受终身福利和养老金；较重伤员将获得较低的一次性抚恤（假设为最高额的25%），以及较低标准的终身福利。我们估计，剩下的一半士兵由于创伤、伤残或疾病而被送往医院，不会得到任何一次性补偿的福利，但有资格获得最低水平的终身退伍军人伤残抚恤。

我们假定死亡或重伤员（不考虑一次性补偿）在经济统计上的生命价值为720万美元（和美国相同）；较重伤员生命价值为这一数额的20%。[64]我们并没有计算那些因其他原因而住院的人。

基于这些假定，直至2010年，英国在伊拉克和阿富汗战争的预算费用总额将超过180亿英镑。如果将社会成本也一并考虑在内，对英国的总计影响将超过200亿英镑（参见表6—1）。

表6—1　　截至2010年，英国伊拉克战争成本，2007年（以英镑计算）

单位：百万

军费开支	
目前为止的成本	8 738
未来支出	7 015
退役军人伤残和医疗支出	2 265
总预算成本	**18 017**
死亡和残疾的社会成本（净预算费用）	**2 076**
总成本	**20 094**

其他国家的代价

世界其他地区付出的最直接的代价是由石油价格上升引发的，波及全部石油进口国。当然，对某些国家来说的代价，对其他国家而言却是利益，受益者是石油出口国。输家是美国在欧洲和亚洲的传统盟友。总的来说，获利的是石油生产国的独裁者，其中包括一些相当公开地使用其增加的财富来推动反美及在某些情况下反西方社会的人。这种全球经济力量的重新分配不是我们乐于看到的事情。事实上，美国已很难在全球范围内考虑去处理那些触犯了自身利益的事情。

在第 5 章中，我们介绍了高油价对美国的伤害。高油价也损及欧洲经济，因为欧洲每年大约进口 37 亿桶石油。[65]如果每桶石油价格由于伊拉克战争而上升 5 美元，那么，战期 7 年，油价一路上扬，即使在我们的“最佳”（保守）方案中，欧洲也要因此额外多付 1 290 亿美元，再加上日本和其他经合组织进口国，额外支付总额将高达2 350亿美元[66]。在我们“实际而中肯”的估计方案中，8 年来每桶石油涨价 10 美元，欧洲支付总额将达到 2 950 亿美元，再加日本和其他经合组织进口国，总额就达到 5 390 亿美元——5 000 多亿呀[67]！

受《欧盟稳定与增长公约》（Growth and Stability Pact）的束缚，欧洲严格控制赤字开支的规模，加之欧洲中央银行致力于控制通货膨胀，受此掣肘，因而无法抵消高油价的消极作用。[68]油价高则通胀压力大，从而提升了利率，却阻滞了经济增长。这就是欧洲的石油价格乘数比美国高的原因。尽管如此，如果我们采用保守的乘数 1.5，那么在“最佳”估计方案中，我们得到的欧洲成本总额为 1 940亿美元。更理性地说，乘数应当为 2（见第 5 章中的讨论），如是，在“实际而中肯”方案中，欧洲的估计值是 5 900 亿美元。

日本对高油价抑制效应的反应能力受一套不同制约因素的束缚。高赤字和债务与国内生产总值的巨大比值（超过了 164%）[69]制约了财政刺激。随着利率接近于零，进一步的货币刺激实际上是不可能的。如果我们采用乘数 1.5，那么在最好的情况下，日本的成本是 1 010 亿美元；在“实际而中肯”的方案中（采用乘数 2），日本的成本是 3 070 亿美元。

把所有成本加在一起，在“最佳”方案中，除美国以外的石油进口发达工业国家（欧洲、日本、韩国等）的总费用是 3 540 亿美元，但在“实际而中肯”的方案中，石油价格增长给我们在欧洲的盟国、日本和其他发达工业国家造成的成本将达到约 1.1 万亿美元。

现在的问题是，石油生产引起的收入增加并不能完全抵消这些抑制效应。美国的石油公司很好地抓住了战争这个机会，抓住这个机会的还有沙特阿拉伯的石油酋长们，委内瑞拉总统乌戈·查韦斯（Hugo Chavez），伊朗总统马哈茂德·艾哈迈迪-内贾德（Mahmoud Ahmadinejad）。对控制和设法控制石油资产者的武器出售也有所增加，这是国防科技工业和武器公司前所未有的兴旺的另一个原因。但是，即使这些国家挥霍无度，它们的“边际消费倾向”，即收入用于购买商品和服务的部分，仍然较低，因此，全球国内生产总值较低。石油生产国了解到，高油价几乎肯定不会持久，因此从长远打算需要它们拨出很大一部分财富——这是世界一直充斥着流动性的原因之一。

另一个战争及随后油价上涨引发的主要“失败者”群体是世界各地贫穷的石油进口国。例如国际能源机构的一项研究显示，伊拉克战后石油价格上涨使非洲 13 个进口国的收入降低了 3%——不仅抵消了它们近几年收到的所有外国援助增长，而且为这些国家将出现的另一场危机创造了条件。[70]由于许多国家的运输成本高，因此较高的燃料价格正在转化为较高的粮食价格。

总之，在伊拉克战争中有全球输家和赢家。我们在欧洲的长期盟友和日本是输家。单纯来说，世界是一个失败者，而且损失相当大。

全球和平与安全

美国侵略者的梦想是创造一个稳定、繁荣、民主的中东。但美国对伊拉克的干预恰好适得其反。美国为了所谓的全球和平与安全而在伊拉克冒险的后果已超出了中东范围，招致了整个伊斯兰世界及以外的极端主义的滋生。极端主义的滋生使那些非极端的伊斯兰共和国领导人的任务变得更加艰难。他们曾强烈督促布什撤军，他们知道如果战争继续下去，他们的处境将越来越艰难，会出现更多的原教旨主义者势力。[71]

美国在世界上的地位比以往任何时候都低。任何曾经出国旅行的人都了解这一点。这也被每一次投票和民意调查证实过了。当然，别国对美国的情感一直是混合的：嫉妒混合着钦佩，对美国民主和人权拥护的尊重混合着对其傲慢和自负的怨恨。但是，在大多数国家，美国的正面影响超过了其负面影响。不只在传统盟国中是这样，如英国（1999—2000 年，83％的人口对美国评价良好）、德国（78％），甚至是在伊斯兰国家中也是这样的，如印度尼西亚（75％），土耳其（52％），摩洛哥（77％）。富兰克林·罗斯福、约翰·肯尼迪和比尔·克林顿都是全球性的英雄，在国外一些地方甚至比在国内更受尊重。这场战争戏剧性地改变了这种状况：据皮尤（Pew）研究中心的调查，与 2002 年相比，33 个国家中有 26 个国家对美国的好评率下降。[72]中东和亚洲大多数穆斯林国家的局势变得更糟糕，有些国家甚至是历史上美国的坚定不移的盟友。

直至 2007 年，对美国的好评率在土耳其已下降到 9％，在印度尼西亚下降到 29％。[73]同年，在加拿大、英国、德国和法国，对普京总统的信任超过了对布什总统的信任。在第 1 章中，我们注意到，许多国家的公民认为美国入侵伊拉克比伊朗对全球和平造成的威胁还要大。更值得注意的是，皮尤研究中心最近其他调查显示，在每个接受调查的国家中，人们都认为美国入侵伊拉克与朝鲜相比，对世界和平造成的威胁更大。总之，世界各地都认为美国比布什总统在《邪恶轴心国》中提及的国家更危险。[74]在印度尼西亚这个非极端的伊斯兰国家中，80％的市民被调查显示“非常”或“有点”担心美国对其他国家的军事威胁。事实上，伊斯兰国家的绝大多数人和许多盟国的大多数人，认为伊拉克战争使世界成为一个更加危险的地方。在伊斯兰国家中，多数人（在某些情况下，绝大多数人）认为美国的动机是称霸世界、掌控中东石油。[75]最令人不安的是，美国已不再被视为公民权利和民主的堡垒。“为民主”而发起的伊拉克战争几乎已经给民主带来了一个坏名声。大约65%的德国人，66%的西班牙人，67%的巴西人表示不喜欢美国的民主观念；但这些数字仍比伊斯兰国家的反应更好，如在巴勒斯坦，71%的人不喜欢美国的民主观念，巴基斯坦为72%，土耳其为81%。即使是我们的前盟国，英国和德国，也认为美国在促进人权方面做了坏事：78%的德国人这样认为，而只有16%的德国人认为美国是在做好事。在战争之前，61%的德国人认为美国在做好事。

为什么这些是重要的？在前面几章，我们讨论过（但没有用数据表示），对美国的不良看法如何损害了美国企业和美国经济。不可避免的是，那些不看好布什政府及其战争行为的人也开始以同样的方式看待美国及其商业行为。毫无意外，对美国民主思想最不满的国家对美国的商业方式也会表示极大的不满：大多数德国人和法国人对美国持有不利观点，同时大约83%的土耳其人持有此观点。

还有更大的代价。全球化使各国更加相互依存。世界上许多亟待解决的问题，从气候变化到艾滋病的流行，到贫穷问题，都是全球性的，不能依靠任何一个国家独自行动来解决。世界某一部分的战争和冲突很容易蔓延到另一个部分。伊拉克战争已经表明，即使是唯一留下的超级大国，一个在国防上花费几乎与其他国家花费总和一样多的国家，也不能将其意志强加于一个人口为其10%、国内生产总值为其1%的国家——至少别国不会接受对自身造成的成本大于其愿意支付的范围。

美国在推销民主思想方面做得不错，甚至可以说太优秀了，以至于已经达成一种全球共识，认为要做出关于世界如何运行的决策就必须遵循民主和法制的原则。但是，其战争行动中，美国践踏了这些原则。

虽然世界已变得更加相互依赖和相互融合，但是对于如何处理我们面对的大量全球性问题存在明显不同的观点。不过有一点大家都同意的是，需要真正的领导。今天，全球对美国领导严重缺乏信心。而且，恢复信心是轻而易举，还是困难重重，这在某种程度上取决于谁被选为美国下一任总统，以及他或她如何坦率否认布什政府的战争行为和美国进入战争的过程。

对美国和世界来说，未能恢复美国领导的代价和后果很可能是巨大的。民主社会确实能够对战争做出反思，只有美国选民能够制止布什政府的军事冒险主义。美国人可能高估了其在提供领导方面的重要性，你看，在全球气候变暖等领域关键协议的达成就没有美国人的参与。美国仍然在全球经济中赫然耸立，所以很难想象如果没有其发挥举足轻重的作用，世界面临的任何关键问题该如何解决。

这本书强调了伊拉克战争的成本：经济成本以及机会成本——这些资金本可以用于其他许多有价值的领域。从长远来看，一方面美国不珍惜自己的国际社会领导地位，另一方面美国忽视的全球变暖和朝鲜核扩散等重大全球性问题不会自然消失，也不会单单留着让美国解决。这可能就是这场不幸的战争给我们带来的最为宝贵的，也影响最为长远的反思。[76]

注释

[1] 联合国难民署：《联合国难民署对伊拉克行动进行复式预算》，新闻稿，2007-07-12，网址：http://www.unhcr.org/cgi-bin/texis/vtx/media?page=home&id=469630434（于2007年12月2日访问）。

[2] 联合国难民署在大马士革进行的一项调查表明，76%的伊拉克难民儿童不去学校上学，其中许多儿童已经有两年或三年没有上学了。出处同上。

[3] 出处同上。

[4] 联合国难民署女发言人詹妮弗·帕格尼斯（Jennifer Pagonis）：《伊拉克局势：联合国难民署谨慎对待遣返工作》，新闻稿，2007-11-23。该报告指出，一些伊拉克人虽然从叙利亚返回，但这是由于一些与安全条件无关的原因。大多数人表示，他们回国是因为钱用完了，或者因为他们的签证已经过期。但可以肯定的是，该报告指出，这是几年来伊拉克人第一次开始返回家园。

[5] 代尔·盖沃拉克（Dale Gavlak）：《约旦呼吁帮助解决伊拉克难民问题》，载《华盛顿邮报》，2007-07-27，p. A16。

[6] 2007 年 1.23 亿美元预算中约 7 000 万美元应由美国支付。参见《联合国难民署 2007 年计划预算》，联合国会员大会，A/AC. 96/1026，2006-09-01，网址：http：//www. unhcr. org/excom/EXCOM/44fe8cb52. pdf；以及联合国难民署：《联合国难民署伊拉克运营复式预算》。

[7] 马丁·维斯（Martin A. Weiss）：《伊拉克的债务减免》，CRS 国会报告，2006-04-21。由于美国已注销大部分债务，因此美国对伊拉克债务减免的预算费用只有 3.6 亿美元。减免伊拉克债务的其他国家包括：日本，41 亿美元；俄罗斯，34.5 亿美元；法国，30 亿美元，以及德国，23 亿美元（所有减免都不包括利息）。根据传统规则，由于其庞大的石油储量，伊拉克没有资格获得债务减免，但布什政府却力争修订规则。（“巴黎俱乐部”通过了这次债务减免。巴黎俱乐部是由 18 个主要债权国组成的非正式小组，偶尔重新安排或减免发展中国家所欠的债务。）

[8] 奥汉龙和坎贝尔：《伊拉克索引》，2007-12-03。

[9] 经济学人智库估计，2003 年人均国内生产总值为 2 469 美元，约为美国人均国内生产总值的 7%。参见《国家报道：伊拉克》，2007-11。

[10] 奥汉龙和坎贝尔：《伊拉克索引》，2007-12-03，20 页。

[11] 我们在这里强调死亡或伤残人数。但是有大批人是以其他方式“受伤”的，如长时间的监禁。例如，在 2007 年 8 月，2.3 万伊拉克人在美国被监禁（与前一年同期相比，增加幅度高达 25%以上；与 2006 年 6 月相比，增加幅度为 50%以上），还有 3.7 万人在伊拉克被监禁（几乎比前一年增加了一倍）。2007 年 7 月，美国和伊拉克政府官员报告说，2003 年 3 月以来，估计有 4.4 万名先前被拘留的伊拉克武装分子或宗派杀手嫌疑人已经被释放。参见奥汉龙和坎贝尔：《伊拉克索引》，22 页。另外还有 1.9 万名武装分子被杀。参见吉姆·迈克尔斯（Jim Michaels）：《成千上万敌军战士被报死亡》，载《今日美国》，2007-09-27，A1 页。但是这些数字引起了许多问题。国际危机组织（ICG）估计，伊拉克大约有 5 000 到 1.5 万名武装分子。参见《用他们自己的话：解读伊拉克反美武装》，见《中东报告》，第 50 号，2006 年 2 月 15 日。《伊拉克索引》估计这个数字在 1.5～2 万人范围内，远远低于被监禁或死亡的总人数。如果这些数字是正确的，很显然，我们几乎可以肯定许多在监狱中被关押的人不是武装分子。最近的数字表明，武装分子规模大幅度扩大。现在，《伊拉克索引》将逊尼派武装分子人数估计为约 7 万人，但这个数字可能包括一些非直接支持者。这意味着，反美武装部队已招募的人数超过了我们杀掉的人数。参见奥汉龙和坎贝尔：《伊拉克索引》，2007-10-29，

26 页。

[12]《驻伊联军伤亡统计》，网址：http：//icasualties. org/oif/IraqiDeaths. aspx（于 2007 年 11 月 14 日访问）。其他资料显示的数字略有不同。

[13] 奥汉龙、坎贝尔：《伊拉克索引》，2007-10-01，11 页。有好消息称：记录的死亡人数从 2007 年 8 月开始下降。

[14] 2006 年 10 月，死亡人数达到 3 709 人。

[15] 战争开始时的 3.4 万名医生中，1.7 万人已经离开、2 000 人被杀害、250 人被绑架。参见奥汉龙和坎贝尔：《伊拉克索引》，2007-12-03，43 页。

[16] 2000 年，世界卫生组织报道，全球共有约 14 万个霍乱病例，造成大约 5 000人死亡；非洲占了病例的 87%。数字来源于世界卫生组织统计信息系统（WHOSIS）。2006 年，非洲发生 234 349 件病例，6 303 人死亡，其中 70%发生在安哥拉、苏丹和吉布提。2006 年，亚洲报告了 2 472 件病例，其中在中国发生了 161 件病例（2 人死亡），在印度发生了 1 939 件病例（3 人死亡），其他三人死亡发生在马来西亚和菲律宾。参见世界卫生组织：《2006 年霍乱年度报告》，载《疫情周报》，第 31 期，2007-08-03。

[17] 2003 年，报道有 73 个病例来源于世界卫生组织统计数据，2003。

[18] 世界卫生组织：《流行性疾病警示与对策报告》，载《伊拉克霍乱（第 3 版）》，2007-10-03（http：//www. who. int/csr/don/2007 _ 10 _ 03/en/index/html ）。

[19] 同上。

[20] 吉尔伯特·博尔哈姆等（Gilbert Burnham et al. ）：《2003 年入侵伊拉克后的死亡率：一个跨部门的聚类抽样调查》，载《刺络针》，第 368 卷 9545 号（2006 年 10 月 21 日），1 421～1 428 页。

[21] 这项研究把基于战前死亡率预计的死亡人数与基于战后较高死亡率预计的死亡人数进行了对比，二者的差额为 654 965 人，从 392 979 人到 942 636 人（95%的置信区间）。最近根据调查数据进行的研究估计，在战争的前三年零三个月中，暴力死亡人数为 15.1 万人——比战前增加了 10 倍。研究还发现，战争导致总体死亡率几乎翻了一番。参见伊拉克家庭健康调查研究组：《2002—2006 年伊拉克境内与暴力有关的死亡率》，载《新英格兰医学杂志》，2008-01-31，484～493 页。

在 4 年的冲突之后，约有 26%的伊拉克人报告经历了家庭成员或亲戚被谋杀，而且在库尔德地区以外，目前只有不到一半人从未经历过家庭成员、亲戚或朋友被谋杀或绑架，这一事实使这些数据更可信。参见《公众对伊拉克的态度：入侵4周年纪念》，民意调查，2007-03（www.opinion.co.uk）。

[22] 在调查后的几个月内，死亡人数增加的速度加快，但有些证据表明，自2007年夏天开始速度有所放缓。因此，我们很难预料在2008年和2009年会发生什么事。但需要指出的是，"意外死亡"不仅包括那些死于暴力的人，而且还包括那些由于营养不良、疾病、医疗保健缺乏等原因而丧生的人。此外，我们任意选用截止日期为2010年3月；更实际地讲，问题可能会持续数年之久。总之，虽然不能准确预测最终数字是将超过还是会少于估计的120万人，但在这项研究的整个期间，即从战争开始到2017年，人数将很可能超过我们预期的120万人。

[23] 如此多的伊拉克中产阶级离开了，这对伊拉克的未来不是一个好兆头，参见第1章。

[24]《中央情报主任特别顾问对伊拉克大规模杀伤性武器的综合报告》，2004-09-30，207页（https://www.cia.gov/library/reports/general-reports-1/iraq_wmd_2004/index.html）。

[25] 奥汉龙、坎贝尔：《伊拉克索引》，2007-12-03，40页。

[26] 从全国范围来看，情况会更好一些：伊战前，每天只有4～8小时的供电；至2007年11月，每天供电时间上升到12.9小时。出处同上，36页。来自《伊拉克索引》有关失业的最新数据显示，失业率在25%到40%之间（即有多达2/5的伊拉克人可能会失业，不算已经离开该国的200多万人）。不同的数据资源显示出国内生产总值不同的下降程度。根据经济学人智库的数据显示，我们估计2002—2006年的下降幅度为13%；国际货币基金组织估计的下降幅度要小一些，为8.3%。关于2007年经济增长问题仍有争议。世界银行和国际货币基金组织指出，2007年的增长可能极大地促使伊拉克回到战前状态。《伊拉克索引》对2007年增长的估计表明，即使到2007年年底，国内生产总值也比战前水平还要低5%～10%。而且这还是因为该国的主要产品——石油价格的快速上涨。尽管伊拉克原油出口量比战前水平下降了约25%（每月与每月的出口量各不相同），但收入仍然增加，而且从2004年9月至2007年10月出口量虽然只增加了10%，收入却增长了两倍半。参见奥汉龙和坎贝尔：《伊拉克索引》，2007-11-29，34～35页。

[27] 同上，34页。

[28] 同上，53页。

[29] 艾伦·贝蒂和查尔斯·克洛弗（Alan Beattie and Charles Clover）：《对伊拉克经济的惊喜改造》，载《金融时报》，2003-09-22，1页。其他商品面临5%

的象征性关税。这些经济突然私有化和自由化的政策被称为“休克疗法”。20世纪90年代初期，国际货币基金组织鼓励转型期国家进行“休克疗法”。今天，广泛的共识是休克疗法失败了，而且如匈牙利、波兰和斯洛文尼亚等对其基础设施采取渐进式私有化和重建的国家（或在许多情况下是第一次建设）对其转型经济的管理要远远好于那些试图跳跃到自由放任经济中的国家。采用休克疗法的国家出现了收入下降、贫困上升的局面，诸如平均寿命等社会指数都不尽人意，这也反映出国内生产总值的不良状态。

转型期开始10多年后，许多采用休克疗法的原社会主义国家甚至还没有回到转型前的收入水平。更糟糕的是，在大多数采用休克疗法的国家中，建立稳定、民主和法制社会的前景也很黯淡。如果布什或他的顾问注意到这些历史经验，他们就会更谨慎地对待在伊拉克实施的失败战略。

[30] 例如，伊拉克宪法限制了伊拉克经济中某些部门的外国人的所有权，认为必要的服务应当受到保护且不能被私有化。不过，布雷默的新法律允许原伊拉克国有公司和资产被外国人完全所有。1907年《海牙公约》第43条章程规定，占领国必须“就其能力所及采取一切措施来恢复并尽可能确保公共秩序和安全，同时尊重占领地现行法律，除非绝对需要废除”。另见雪莉·威廉姆斯（Shirley Williams）编著：《伊拉克未来恐怖的种子》，载《卫报》（伦敦），2003-10-28，22页。

[31] 拉吉夫·钱德瑞萨克伦（Rajiv Chandrasekaran）：《翡翠城里的皇室生活：伊拉克通行区纪事》(纽约，阿尔弗雷德·克诺普夫公司，2006)，126页。

[32] 琳达·比尔米斯：《行政事务演变成美国公司》，载《洛杉矶时报》，2004-07-18，M1页。

[33] 签订成本加成合同的美国军事承包商当然不必担心它们的费用。但不是所有军事承包商都能签订这样的合同。而且有趣的是，甚至许多签订成本加成合同的承包商都选择向伊拉克输入外地劳工。也许它们意识到它们需要仔细审查其全部成本：如果它们放松成本约束，那么最好是选择美国员工来完成工作，包括其管理人员，或在它们的一些其他分包业务中这样做。它们也担心使用的伊拉克人不可靠，尤其是当叛乱逐渐增长时，这种担心更大。

[34] 当然，由于油价高企，投资伊拉克石油领域具有相当大的利益，但石油公司已表示愿意走遍世界任何地方，只要它们能得到足够低价的石油，它们愿意承担风险。但这不应被看作是经济成功的象征。

[35] 在一些情况下，人们本应该可以看到伊拉克经济明显地发展。例如，假设我们保守估计每桶石油价格90美元中至少有35美元或更多是由于中国和世

界其他地区石油需求上涨所致，很明显，伊拉克可能会对此做出反应——大大扩大其产量，盈利的一部分用于偿还其债务，另一部分用于购买食品和药品。石油价格上涨和产量增加将抵消战争带来的灾难，并促进伊拉克经济的激增。由于国内生产总值与战争开始时一样低，因此即使伊拉克彻底毁灭也只能在统计伊拉克损失的账本上增加很有限的数字。

[36] 塞缪尔·亨廷顿（Samuel P. Huntington）:《文化冲突及世界秩序的重建》（纽约，西蒙舒斯特公司，2006）。

[37]《伊拉克自由行动》，美国白宫新闻稿，2003-03-27。描述"自愿联盟"的统计数字看起来已经有了一些不真实之处（如在伊拉克战争的其他方面）。军队派遣国的确切数字明显少于 49 个——只有 4 个国家参加了这次入侵，并且在 40 个似乎提供支援（从广泛意义上说，包括后勤支援）的国家中，有 18 个国家现在已撤回，包括汤加的 45 人和冰岛的 2 人。摩尔多瓦的支援从高峰期的 24 人减少到 11 人，而拉脱维亚的支援军队从高峰时的 136 人减少到了 3 人。

应布什总统的要求，2005 年 5 月，美国国会设立了 2 亿美元的联盟团结基金，用来支持在阿富汗和伊拉克的联盟伙伴。例如，爱沙尼亚收到 250 万美元联盟团结基金以支持其军队——爱沙尼亚在伊拉克大约有 40 名士兵、在阿富汗大约有 80 名士兵。阿尔巴尼亚在伊拉克大约有 120 名士兵、在阿富汗大约有 35 名士兵，收到 600 万美元基金，捷克共和国也收到了 600 万美元，该国在伊拉克大约有 100 名士兵、在阿富汗大约有 60 名士兵。参见帕特里夏·魏茨曼（Patricia Weitsman）:《友好关系的高昂价格》，载《纽约时报》，2006-08-31，p. A1 页。

[38] 直到 2007 年 11 月 11 日，英国共派出 173 支军队，其他国家派出 133 支军队。参见奥汉龙和坎贝尔:《伊拉克索引》，2007-12-03，18 页。

[39] 由于大部分联军来自英国，而且按照目前的汇率计算，收入的差异相对较小，因此对生活水平差距的调整也相对较小，低于 20%。我们保守地假设，严重伤残的费用平均为危重伤员的 20%，那么严重受伤人数和死亡人数就会增加一倍。

[40] 一些费用可能会比较低，因为不同国家的人均收入有所不同；另一方面，许多联盟国家可以为其退伍军人提供更好的伤残抚恤金和更广泛的公共医疗服务。

[41] 乔·塞斯塔克（Joe Sestak）:《伊拉克和全球反恐战争》，2006，网址：http://www.sestakforcongress.com/media/pdf/sestak_defense_060309.pdf（于 2007 年 12 月 6 日访问）。

[42] 在一些年中，90%以上的世界海洛因供应来自阿富汗。参见联合国毒品和犯罪问题办事处：《阿富汗的鸦片经济：一项国际性问题》，纽约，2005。

[43] 截至 2007 年 12 月，国际安全援助部队（ISAF）军队总人数为 4.17 万人，由 39 个国家提供组成。这些军队由美国（15 038 人），英国（7 753 人），德国（3 155 人），加拿大（1 730 人），意大利（2 358 人），荷兰（1 512 人），土耳其（1 219 人）及波兰（1 141 人）等国家指挥。此外，大约有 7 000 人根据"持久自由行动"计划进行部署，从而外国军队总人数增加到 5 万多人。参见国际安全援助部队：《ISAF 基地》，2007-12-05，http：//www.nato.int/isaf/docu/epub/pdf/isaf-placemat.pdf 。

[44]《阿富汗军队需要 20 万兵力以确保长期稳定》，美联社，2007-12-03。

[45]《自杀式投弹手在公共汽车上袭击阿富汗士兵：至少 13 人死亡》，美联社，2007-06-05。

[46] 第一次世界大战结束后，1919 年，根据《色佛尔条约》的规定，奥斯曼帝国被瓜分，此时英国依照国际联盟 A 级任务统治了伊拉克（当时称为美索不达米亚）。美索不达米亚在 1932 年获得独立。第二次世界大战期间，由于伊拉克站在轴心国一边，英国再次入侵伊拉克，开始了短暂的战争，然后重新占领该国。

[47] 英国派出 4.6 万人军队，包括陆军、海军和空军兵力，而总联盟军兵力为 46.7 万人。参见英国国防部：《在伊拉克的行动：第一反应报告》，2003-07（http：//www.mod.uk/NR/rdonlyres/0A6289F6-898B-44C5-9C9D-B8040274DC25/0/opsiniraq_first_reflections_dec03.pdf）。

[48] 威廉·马修（William Mathew），东安格里亚大学历史学院，《议会的橡皮图章：2001—2007 年伊拉克及阿富汗战争的军队费用》，2007-08-20。还可以参见伊拉克分析小组：《伊拉克战争中不断上升的成本》，2007-03，该文章估计，2001—2002 财年和 2005—2006 财年，特殊储备花费了 54 亿英镑，还有国防部出资的 10.8 亿英镑，2006 整年共花费 62.7 亿英镑。迄今的总数应再加上 2006—2007 年的费用。

[49] 简·帕尔莱（Jane Perlez）：《英国于 2008 年春季将其伊拉克兵力减半》，载《纽约时报》，2007-10-09，p. A1。

[50]"阿富汗赫里克行动伤亡表"，2001-10-07—2007-10-31，国防部，国防分析服务署；伊拉克泰利克行动中英国军队及平民伤亡情况，2003-01-01—2007-10-31，国防部，国防分析服务署。

[51] 国务秘书德里克·特威格（Derek Twigg）在年度大会上对"英国服役与退

役军人机构”（COBSEO）发表的讲话，2007-10-25。英国退役军人有权获得广泛的好处，包括家电、康复护理、家庭护理设备、就诊交通费、住房装修补助金、处方退款、某些情况下私人或海外护理的使用权、治疗津贴及优先就诊权。那些接受战争养老金的人有资格享用服装、便利服务、家政服务、伤残抚恤、丧葬费、迁移补助及其他福利。数额依具体情况而定。

[52] 奈德·泰慕科和马克·汤森（Ned Temko and Mark Townsend）：《归国士兵新的巨大痛苦》，载《观察家报》，2007-03-11。

[53] 例如，参见马修·欣克利（Matthew Hickley）：《皇家军团指责国防部参谋长隐瞒战争伤亡人数的真正规模》，载《每日邮报》（伦敦），2007-03-17，6页。文章报道："越来越多的人抱怨国民医疗服务体系对伤残士兵的治疗已成为国防部一大耻辱"；伤亡人员就诊的伯明翰塞利橡树医院等医疗机构存在诸多问题；曾经覆盖全英的专门的军事医院系统已经不复存在了。

[54] 乔纳森·托马斯（Jonathan Ungoed-Thomas）：《聚焦：我们遗忘了的受害者》，载《星期日泰晤士报》（伦敦），2007-03-11。

[55] 卡普林（Caplin）报道，2002 至 2003 年，英国支付了 33 亿英镑给私营医疗服务供应商。参见霍本（Hoban）提出的 118799 号问题，国会书面答复议事录，2003（议会议事录是英国议会辩论记录文件印刷副本的传统名称）。

[56]《总参谋长的小组简报》，2007 年，由肖恩·雷蒙特（Sean Rayment）报告；《陆军参谋长：我们的部队不能这样继续下去》，载《星期日电讯报》（伦敦），2007-11-18，1 页。

[57] 汉萨德（Hansard）议员，2007-11-22。

[58]《招募和维系武装部队》，众议院公众账目委员会报告，由国家审计署调查，《泰晤士报》（伦敦）报道，2007-07-03。

[59] 第三营伞兵团（通常缩写为“3 Para”）是英国军队中精英降落伞营。

[60] 汉萨德议员，2007-11-22。

[61] 戈登·布朗（Gordon Brown），2007 年 10 月 8 日的讲话。之后，国防部副部长彼得·沃尔（Peter Wall）将军向英国下议院国防委员会报告称，军事规划者并不认为将兵力削减至 2 500 人以下是可能的，而且如果安全局势恶化，甚至要派出更多的兵力作为援兵。参见基姆·森古普塔（Kim Sengupta）：《军事规划者对提早从伊拉克撤军表示怀疑》，载《独立报》（伦敦），2007-10-24，8 页。

[62] 基斯·哈特利（Keith Hartley）：《伊拉克冲突的经济意义》，载《VOX：政治、经济、哲学期刊》，第 1 卷，第 2 期（2006-05）。

[63] 英国下议院国防委员会：《伊拉克和阿富汗行动的成本》，载《2007—2008冬季补充估计》，2007-11-27。

[64] 虽然一些英国人做出的生命价值统计值要大得多，但按1990年价格计算，大约在880万英镑范围内。参见塞伯特和魏（W. S. Siebert and X. Wei）：《工作场所事故的补偿工资差别：英国工会和非工会工人的证据》，载《风险和不确定性杂志》，第9卷，第1期（1994年7月），61～76页。

[65] 能源情报署（EIA），《国际石油月报》，2007-09-20。欧洲经合组织包括欧盟15国，其中包括奥地利、比利时、丹麦、芬兰、法国、德国、希腊、爱尔兰、意大利、卢森堡、荷兰、葡萄牙、西班牙、瑞典和英国，此外还有捷克共和国、匈牙利、冰岛、波兰、斯洛伐克、瑞士和土耳其。

[66] 同上。

[67] 正如我们在第5章所指出的，预计战争的影响将持续很久，至少持续到2015年，但我们在“实际而中肯”的估计方案中只包括到2010年的成本增长。当然，高油价将对石油需求造成一定的影响，阻碍其经济增长，甚至导致消费减少。然而，由于忽略了即将发生的任何影响，仅考虑到每桶石油涨10美元，我们已经大大低估了石油的影响。

[68] 相比之下，美国联邦储备委员会的重点是经济增长、就业以及通货膨胀。不同于美国集中精力解决“核心通货膨胀”，即通货膨胀不包括极不稳定的农业和能源部门，欧洲专注于石油价格上涨促成的整体通货膨胀。

[69] 中央政府总债务（占国内生产总值百分比），2005年，经合组织统计目录，2007年。

[70] 埃德·克鲁克斯和马修·格林（Ed Crooks and Matthew Green）：《飞速上涨的油价给非洲脆弱经济增加压力》，载《金融时报》，12-29，3页。

[71] 几个国家领导人在某次会议上向斯蒂格利茨强调了这一点。

[72]《美国在世界上的形象：“皮尤”全球态度计划调查结果》，参见安德鲁·寇哈特（Andrew Kohut）对美国众议院委员会外交事务的评论，摘自《关于美国政策、价值观和人民的全球民意调查数据》，国际组织、人权、监督小组委员会，2007-03-14。

[73] 皮尤研究中心：《世界主要大国导致全球不稳定：47国调查中发现的环境问题》，见《皮尤全球态度调查计划》，2007-06-27（http：//pewglobal. org/reports/pdf/256. pdf）。

[74] 安德鲁·寇哈特：《美国在世界上的形象：“皮尤”全球态度计划调查结果》，其他调查也证实了这些结果。英国广播公司世界服务部的一项调查（由

国际政策态度项目组开展，并受加拿大《多伦多星报》和《新闻报》、英国《卫报》、墨西哥《改革报》、及以色列《国土报》委托），2006 年 10 月底，每个国家 1 000 人接受了调查。最引人注目的是，在英国、加拿大和墨西哥，大多数人认为美国总统布什、朝鲜总统金正日和伊朗总理内贾德威胁了世界和平。参见美联社：《国际调查数据显示布什威胁了世界和平》，载《国际先驱论坛报》，2006-11-03（http：//www.iht.com/articles/ap/2006/11/03/america/NA_GEN_World_Views_of_Bush.php）。

[75] 安德鲁·寇哈特：《美国在世界上的形象："皮尤"全球态度计划调查结果》。

[76] 即使是保守的评论家也强调了这一点。例如，安妮·艾波鲍姆（Anne Applebaum）指出，"仅仅出于团结和友谊、依据自己的原则而支持过美国的国家现在毫无疑问已经被诱导并或付出了代价"。可以将这一点也算作战争的另一项代价，还有士兵和平民的生命，花费的金钱和设备。参见安妮·艾波鲍姆：《为什么他们不喜欢我们》，载《华盛顿邮报》，2007-10-02，p. A19。

第7章
伊拉克现状

在整个战争和冲突中，布什总统一直说，伊拉克的形势即将有所变化，我们只要坚持更长时间，就会重获安定。任何时候，总有一些迹象使乐观的和悲观的评论者各执己见。暴力也许在一个地方减少了，但在另外一个地方却增加了。战争进行了五年，关于国家局势即将扭转的观点一直是空谈，即使来自军方的消息也是这么认为，特别是从长远眼光来看。当然，在伊拉克不稳定的局势下，没有什么是确定的。我们的军队一直留下来也许会改变什么，但是这种可能性在已经过去的这五年中看起来很渺茫。

不幸的是，入侵伊拉克五年来，数以亿计的军费和数以千计的伤亡，并没有使局势好转。2007 年，伊拉克的腐败情况在 180 个国家中排 178，只比索马里和缅甸好些。[1]三年间伊拉克高层反腐官员有 31 名被杀，此后所有高层反腐官员都逃离了这个国家。[2]美国军队的大量涌入看上去改善了巴格达的安全局势，但是暴力冲突已经转移至其他地区了。2007 年 12 月 2 日，被怀疑是基地组织的武装人员袭击了 Dewlah 地区的什叶派村庄，杀害了包括 3 名儿童在内的

13 名伊拉克人，烧民宅，致使数百个家庭流亡。[3]基地组织已经转移至伊拉克北部地区，例如迪亚拉，在那里，它们依旧那么残忍无道。2007 年 12 月 3 日，迪亚拉地区三名拒绝嫁给基地组织成员的年轻女性遭到谋杀。[4]同时，极端的逊尼派和什叶派的疯狂追随者在远离美军的地区每个月都杀害大量的平民。随着联盟军中土耳其军队对库尔德分裂分子的频繁打击，北方的局势最为紧张，对美国而言，2007 年成为战争最致命的一年。[5]

在政治方面，伊拉克现在有一个政教合一的政府，但是在美国入侵之前它的政府不受宗教约束，执政时间长达 8 年。执政政府的变化很大程度上使社会各个阶层难以保持稳定和统一。目前，伊拉克的政府还不能使整个国家团结起来。而且，由于“资金不足和持续的通货膨胀”，伊拉克还计划在 2008 年 10 月把定量发放的食品种类从十种削减至五种，这可能会引起更大规模的社会的骚乱。[6]

对于美国，战争暴涨的开销已经影响决策的速度并且限制着行动的规模。如果我们在 2003 年投入了足够的军事力量，美国或许可以给伊拉克带来和平和安定。[7]但是一开始我们发动战争的时候并没有想太多，我们只是把一小撮美国人送去承担重任。

今天，美国陷入了对伊拉克战略的争论之中。当初几乎没有人公开质疑对伊拉克的长时间占领，即使在美国军队开始从分布在美国周边的比较安全的军事基地撤军的时候。[8]几乎没有人质疑我们应该扩大我们的行动和召集美国年轻人参与伊拉克战争。而现在问题却集中在如何以及何时撤离。更长时间的停留也许不会带来什么好转，但却可以使情况恶化，大部分伊拉克人认为如果美国人撤离，伊拉克安全形势就会有好转。[9]英国由于准备撤离而得到好评，巴士拉的大多数伊拉克人都不情愿被英国占领：85%的人认为这种占领带来了负面影响，56%的人认为占领军应该对民兵武装冲突负责，2/3 的人认为如果英国将控制权交给伊拉克军方则安全情况会有改善（2007 年 12 月中旬）。只有 2%的人相信英国人对本省起到了积极的作用。[10]

反对撤军的人认为迅速撤军后会发生骚乱和武装冲突。他们认为伊拉克撤军后伊拉克会分裂为三个部分。面积最大的是什叶派占据的南方，可能会受伊朗势力的影响而独立。沙特阿拉伯和逊尼派政府会在持续的冲突中向逊尼派提供资金帮助。库尔德人控制的北方将会分裂，而且一直强烈地表示不应该建立独立的库尔德国家的土耳其可能会介入阻止库尔德人。[11]

种种后果让许多美国政客心惊胆寒，纷纷从声明支持战争转为支持立即撤退。但是分析不应该从设想出发。相关联的问题应该很简单：如果我们在半年、一年或者两年内撤离，情况是会变好还是会变坏？局势改善的结果能否抵消不撤军所付出的代价（包括人员伤亡和经济损失）？很多专家早已说过不管我们是今天撤离还是两年内撤离，混乱是不可避免的。

在何时和如何退出伊拉克的政治辩论正在如火如荼地进行的时候，布什政府似乎已经做好了长期驻扎的准备。自从 2003 年开始，美国已经在伊拉克建立了数百个军事基地。很多已经移交给伊拉克人了，但是还有一些大型的建筑看上去是为美国长期驻扎而设计的。最大的包括阿萨德（主要服务于在安巴尔省驻扎的部队，巴格达以西 120 英里，驻有 17 000 人）；巴拉德（以安康达营闻名，是美国空运补给枢纽，驻有 22 500 人以及数千个军事承包商）；塔基营（有伊拉克最大的购物中心），还有艾泰利（南部联通科威特重要的补给运输停靠站）。美国还正在巴格达建设一个大规模的使馆新综合楼，这个楼要比纽约联合国综合大楼大六倍多。

这些美国军事基地都很大。巴拉德/安康达营 4.5 英里宽、3 英里长——可以允许两辆公共汽车并行。阿萨德和艾泰利更大：接近 20 平方英里。甚至在巴格达周边，胜利自由大楼可以进行 140 英里的三项全能比赛。这些基地的中央是大的、专业的军事飞机场，有 10 000～12 000 英尺的双跑道，可以容纳包括战斗机、无人机、直升机、大型运输机等多种飞机。

这些基地都是自给自足的，它们有很多设施，包括电力供给、电话系统、空调系统、医院等，有高度严密的安保措施。虽然伊拉克其他地方缺乏纯净水、电、可靠的医疗保障，但在基地里样样俱全，什么也不缺少。基地里有运动设施、便利店、快餐馆（包括汉堡王、必胜客、巴斯金·罗宾斯冰激凌外卖）、租车摊、影剧院、空调设施、卫星互联网连接、有线电视以及国际电话服务系统。这些基地拥有加固的混凝土楼房、坚固的防卫地堡、大量的混凝土结构的兵营、庞大的内部道路系统和精密的电子系统，这些设施几乎是不会在临时基地出现的。很难准确地从国防部账户中知道修建这些基地到底花费了多少，但是上亿美元是至少的。很多工程都是由美国承包商承建的。据 2006 年 3 月 13 日住宅拨款委员会的报道说，美国在伊拉克的基地的预算请求是很重要的，直接关系到永久基地的建设。[12]议会投票以压倒性多数反对在 2007 年追加国防预算中的建设永久基地的专款；但是，工程还在继续，因为布什政府已经回避了现在这个基地是否是永久性的问题。

虽然美国人对布什政府的用意持有不同的观点，但是伊拉克人却视我们的行动为长期占领的一种暗示。如果我们只是为偶尔出击而设置防御阵地，伊拉克人就不会这么认为。但是不管我们的用意是什么，如果我们不愿意花费更多经济和政治的资本，我们是没有最后发言权的。

本书考虑了撤军战略分析的关键问题。以现在的水平，我们在伊拉克停留一个月确定的开销超过了 120 亿美元。根据我们的分析，总花费可能是现在的两倍——每个月要 250 亿美元。再停留两年将花费 6 000 亿美元。人员的损失更大，远远大于向丧失亲人的家庭支付的赔偿总额。还会有些不确定的损失：向伊拉克投入更多的钱和精力意味着我们用于其他地方的花销将会减少。

最后是政治代价——美国的世界地位持续下滑和当初支持战争的美国公民逐渐醒悟——伊拉克战争已经证明了这样一个不光彩的失败。当我们最后真要从伊拉克撤军，也就很可能会从世界上其他地方撤退。这也许是伊拉克战争的最后一项代价。因为，就像我们在前面章节中讨论的，美国的领导地位对于处理全球问题还是很重要的。[13]

在未来的一年或两年，有没有希望进行根本性的改变还是个未知数。伊拉克研究小组的报告强硬地说："虽然做出了大量努力，伊拉克还是难以获得安定，环境还在持续恶化。美国的决策和控制能力在减退。"[14]虽然2004—2006年间，叛乱分子的数量估计为2万人，但是2007年3月，仅仅逊尼派的叛乱者（包括暂时支持者）却达到7万人。[15]虽然与战争过程中相比，战争后期成功地减少了平民伤亡，但是伤亡还是很大，尤其是在巴格达郊区。截至2007年8月，巴格达死亡人数下降为550人（第二季度的总数为2 050人，仍然差不多是2006年头三个月的两倍）[16]；伊拉克整个国家的死亡人数也很高（10月份为800人，第三季度为2 250人，2006年头三个月的总数为3 300人）。叛乱分子的袭击次数甚至激增，截至2007年底甚至比两年前还高，每天的袭击次数由2005年初的62次上升至2007年末的91次。[17]

2008年底，让人感到乐观的是此时的数据显示战争减少了暴力袭击次数和死亡者的数目。现在还不能知道这是否是一个暂时间歇。[18]但是如果美军的增派是为了降低暴力冲突的规模，这又意味着什么呢？这是不是说没有美国的出现，暴力冲突会自己得到控制？这是不是说美国的撤离会使明年的冲突比今年发生的更少？这也许说明叛乱分子的策略中有一定程度的理性。布什的离任是美国撤离的一个很好的机会，意识到这点后，叛乱分子会行动低调，节省资源，等到他离任。如果美军被要求维持和平，美国会在以后几年派10万或者更多的部队到伊拉克吗？美国为了应对全球挑战，会扩大现有后勤及其他支持系统的规模吗？

总之，战争打了五年，我们没有使伊拉克更加安全和稳定。除了在伊拉克的失败，人们还在对美国从伊拉克撤离后的前景抱有荒谬的认识。

撤离的谬误

第一个谬误是：我们不能没有完成任务就撤离，因为这样会有损于美国的可信度。我们的敌人会知道我们不会有长驻武力，将来会降低对我们的威慑的恐惧。我们在世界的形象会受到损害，我们的影响力也会下降。没有美国这样可信的警察，世界将变得愈加危险。我们的支持者会逐渐消失，伊拉克残忍的民兵和恐怖分子将会更多地杀戮和绑架，我们从伊拉克的撤出等同于从越南西贡撤军。

对可信度的争论是草率的推理的一个表现。我们现在撤离会有些可信度的损失；但是如果我们的分析是正确的，取代的办法——再停留一年或者两年三年——并不能大量地减少随我们撤离后出现的骚乱和暴力冲突。等到那时，我们的可信度损失会更大。如果我们现在离开，我们将看到在打了五年的战争中美国没有取得胜利，再过两年，我们将看到美国在七年的战争中没有取得胜利。

这还会引发一些相关的风险。如果我们推迟撤离，时间表将不容我们选择。我们想将民主带到伊拉克，但是除了库尔德占据的北方，对美国军队的反对势力占了压倒性的优势。整体来说，78%的伊拉克人反对我们的介入。逊尼派有 97%而什叶派有 83%反对我们。[19]通过民主选出的政府可以在任何时候要求我们离开。我们在这样的情形下继续停留是难以想象的，我们不得不夹着尾巴、丧尽脸面地撤离。[20]

第二个谬误更加危险：如果我们在任务完成前撤离，献出生命的人们便白牺牲了。这一推理谬论可以用经济学中的一条基本原理来推翻。有一些箴言来描述这点，包括“让过去的都过去吧”。对于经济学家来说，这些花费就是“沉没成本”。事实上，在经济学家之间有一个经典笑话，一个司机询问如何去某一个地方。回答是“我不会从这里出发”。没有人会选择从“这里”出发，但是我们就在“这里”。所以问题是，我们要做什么？我们现在在哪里？让更多年轻的美国人去白白牺牲是没有意义的。

第三个谬误是我们给伊拉克带来了损失，有义务帮助伊拉克重建家园，我们应该完成这项任务后才撤离。就像“谁破坏，谁治理”一样。很明显，我们不能使被杀害的人起死回生，但从这个角度来看，如果我们在弥补伊拉克经济损失之前离开就是不道德的。但是在过去的五年中我们做的是那么微不足道——我们没有合理地使用伊拉克重建资金或者改善伊拉克人民的生活条件，我们只是花费了当年马歇尔计划用于欧洲人三倍的钱用在伊拉克人身上，没有充分的理由相信明年或后年能有更多进步。

虽然我们在伊拉克停留更长时间可以暂时降低现在的暴力程度，但是不能保证我们离开后暴力活动就不会死灰复燃。一些被夸大的理想目标，例如成立一个有效的联合政府，可能会误导我们判断撤离后将发生的事情。实际上，伊拉克人可能会在赶走美国这件事上达成广泛的一致，而不是我们想的那样。

相反地，很多暴力冲突并不足以说明撤离后冲突会升级。确实如我们所说的那样，大多数伊拉克人相信我们应该对暴力冲突负责，冲突会在我们撤离后下降。我们在伊拉克可能会妨碍和解进程，而和解正是重建的前提条件。如果真是这样，那么迅速的撤离可以少牺牲美国人和伊拉克人。我们应该为我们所做的负责；但帮助伊拉克有很多办法，例如依靠多国共同合作建设，而不仅仅靠哈利伯顿能源公司或者是其他有着亏损记录的美国军事承包商。

具有误导性的撤离策略

上述三点，一是留在伊拉克维护我们的可信度，二是那些牺牲的人才不会白牺牲，三是我们最终可以修复我们入侵所带来的破坏，这些是我们为留在伊拉克而提出的明显错误的三个理由。还有两种经过广泛讨论、比较缜密但也有些缺陷的撤离方案。第一个是美国确定一些合理的目标然后在宣布完成后立即撤离。但是有可以在两年内完成的目标吗？确立目标的技巧在于确保它们可行。否则，结果只是失望。

当我们进入伊拉克时，布什政府提出了很明确的目标：重建一个自由的伊拉克，并推动中东国家新一轮的民主浪潮。布什政府设想伊拉克人民会与美国一起对恐怖分子作战，或者还会与以色列签订和平协议。然而，现在中东的形势却掌握在不断增加的极端组织手中。在巴勒斯坦有过民主选举，投票者支持的却是跟恐怖主义有联系的哈马斯政党。

今天，建立一个稳定民主的伊拉克这一最低目标似乎都遥不可及。[21]虽然人们还是希望逊尼派、什叶派和库尔德人可以在一个高度自治的、可信的联邦政府中实现各自的利益，但几乎没有人可以看到这样一个团结的国家，甚至连这样的希望也是渺茫的。现在更多人一致认为应该给伊拉克确定新的目标，如果不能达到这些目标，他们就撤离。这些目标和给中东地区带来民主的目标相距甚远。他们所关注的是在伊拉克取得立竿见影的进步，例如制定一个能够增加财政收入的石油法或者组织起有效的警察队伍。

这个策略暗含的意思是：如果我们设定了明确的目标，伊拉克人会尽一切可能来达到。如果他们不能达到，我们则应该从整体撤出。在民主党和共和党中都有人认为这样可行。但是这样做仍然是有缺陷的：这是把伊拉克政府和它的人民看成一个理性的个体。事实上，在现在的伊拉克政府中很多人都希望这种方法失败。如果他们相信美国撤离会带来不良后果，他们会更加积极地采用拖延战术。考虑到利益集团的利益，总会有人相信如果美国离开他们就会失去一个很好的买卖。这样，新目标的计划就可能失败。

而且我们说目前撤军是不可能的。[22]如果布什政府命令美军离开伊拉克，就是承认自己失败了。没有总统愿意这样做：就像越南战争的约翰逊，布什当然也不会。对于伊拉克那些希望美国离开的人们，他们最好的策略就是劝美国人相信继续留在伊拉克的代价是巨大的。越南人意识到这一点，最后成功地劝美国撤离了。

撤离的政治经济学

布什政府在撤离方面遇到的困难已成为了一个广泛讨论的问题。这个问题也即是“坚持承诺”的风险，**就是说发动伊拉克战争或者任何很可能失败的项目，当人们要减少损失时都试图坚持起初的承诺**。发生坚持承诺的风险有以下几个主要原因。早前，我们说过，理性的决策包括“让过去的过去吧”。但是很明显在规模较大的组织里面，这通常不会发生。**这个问题很严峻，因为那些做出决定的人们不能完全承担他们错误所带来的后果**。在伊拉克问题上，虽然挽救战争的可能性很小，但领导人还是采取了成功的可能性很小的方案，因为这很有助于挽回他们声誉，就算他们失败了，他们的声望也不会有太多下降。他们承受不了战争成本的重负——不管是经济的成本还是生命的代价。

2006 年 12 月，布什总统得到了一个难得的能够改变战略的机会：代表民主党和共和党的伊拉克研究小组的研究结果支持尽早撤军的观点，这得到了 2006 年大选选民的强烈拥护。很多共和党人希望从伊拉克迅速撤离，解决伊拉克问题在 2008 年大选中成为关键。随着选民对战争的厌恶，共和党有充分的理由在大选中避开这一争论。相反，布什总统强硬地坚持留在伊拉克——即使他的政党内部不断有人要求撤离并改变原有战略。

布什的态度将会使他的继任者处于困境之中。如果新任总统立即要求撤离，他（或她）将会因随后的骚乱而被指责。布什和他的政府成员会说：如果新任总统采取他的解决办法，结果就会不同。如果不迅速撤离，伊拉克战争就会成为新任总统的战争。从这一点看来，扩大行动的风险又会出现。如果有更多美国人牺牲或受伤，新总统将不得不对战争的错误做出解释。这场战争将消耗下一任的大量精力，将转移我们面对的其他重要问题上的注意力。

解决办法很明显，那就是：立即撤离伊拉克，除非现在或新总统上任的期间，驻伊拉克的美军能突然给伊拉克带来和平和安全。美国人将会面临一个尴尬的现实：想从已经在伊拉克开演的悲剧中离开是相当困难的。

为什么美国的继续占领会使情况恶化

由于美国在一些关键决策上的失误带来了灾难性后果，至今对美国发动战争的指责已经很多了。保罗·布雷默想要解除伊拉克武装力量、保障军火供应以及重建经济，但都失败了，这使大量的伊拉克人受到负面影响，失业、武装暴动——这些正是产生骚乱的源头。[23]那些作为萨达姆余党的伊拉克复兴社会党成员也被清洗掉了，即使他们是被强迫加入的。这不仅仅增加了社会的不满，而且还剥夺了人民管理伊拉克经济的权利。没有保护好伊拉克的古迹以及军火库的部队又被部署去保护石油部门和生产设备，这又招来了更多的冷嘲热讽，说这次入侵仅仅是为了抢夺有价值的能源。拉姆斯菲尔德没有对数十亿美元的重建工程采取招标的方式，而是依靠那些修建华盛顿环城公路的建筑公司，这导致了工程的拖延，最终使伊拉克人民的生活水平急剧下降，也使我们丧失了赢得伊拉克民心和民意的仅有的真正机会。

然而，美国军事战略有一个更根本的问题，这个问题我们本应该从越南战争中吸取经验而得以避免。我们有很多自相矛盾的态度：我们既打击又敬畏萨达姆的追随者，但同时我们清楚我们必须赢得他们的支持。我们想要推广民主，但是我们知道美国在中东并不受欢迎。类似地，布什政府从没有完全了解到大多数居民——什叶派，可能并不只是支持伊朗、阿富汗等激进的伊斯兰政府，而是把自己视为他们的盟友。就像我们曾经说过的，伊拉克历史上第一次，我们的介入使它的政府成为有宗教倾向的政府，这样的政府使得建立国家联盟和形成一个统一或者联邦政府更加困难。经济学家斯蒂格利茨在 2003 年去伊拉克不久前与负责伊拉克重建工作的一位布什政府高级官员共同指出了这个困境。这个官员认为必须重新认识伊拉克人。美国数十年的坚定不移地、单方面地支持以色列引起了阿拉伯人的敌意，不管是逊尼派还是什叶派，这种敌意把他们团结在一起。布什上台后对以色列总理沙龙一再支持，而沙龙却一直被阿拉伯世界憎恶，因此美国与阿拉伯的关系进一步恶化。

我们错误地判断了我们行动的后果和代价——我们设计了注定失败的政策。即使有最好的策略，我们可能也会失败，但是采用了我们已采用的这种策略，失败几乎是不可避免的。我们预计我们在伊拉克的出现会使伊拉克人支持我们，但是我们的出现改变了情况，相反使得很多伊拉克人开始反对我们。

首先，政府假设了一个局部均衡的模型，但这个模型没有把“敌对势力来自于我们内部”这一点考虑进去，也就是说，实际上均衡是可以被我们自身的行为所影响的。[24]如果不考虑自身因素，消灭一个敌人就可以使敌人的数量减少一个。但若考虑我们自身因素，消灭一个敌人却有可能增加敌人的数量。现在有一个广泛的共识，是美国导致了动乱的增加。我们进入伊拉克以前，基地组织在伊拉克没有大动静——保守派的萨达姆不会容忍这样一个强大的宗教组织。但今天，基地组织成为动乱的主要来源。我们在伊拉克的出现确实刺激了动乱的产生。人们没有把美国当成解放者，而视为占领者。在任何一个国家，为了自由抵抗占领者都是光荣高尚的。

很清楚的是，任何一个占领国的政府——或者至少任何一个我们承认的政府——差不多都将会被视为傀儡，我们离开后肯定不能正常运转。由于伊拉克战争，美国受到了巨大的负面影响，可以说中毒不轻啊。美国已经失去了信用，也没有哪个国家帮助我们重塑信用。现在的政府在伊拉克也没有足够的信用可以聚集不同的集团。伊拉克有加入瘫痪国家行列的危险，所谓瘫痪的国家就是政府不能提供基本的社会功能，包括维护法律和秩序。每一次无意的命案都会导致再犯和复仇，如此恶性循环下去。我们撤离后可能爆发更多的暴力冲突和骚乱。

我们的入侵本可能使伊拉克人团结起来反对我们，但现实中各派系没有团结起来，这表明了伊拉克社会的裂隙深度之大。即使在这个国家内部有些派系依据一些共性暂时联合起来反对我们，也不意味着我们撤离后它们还会在一起。一些分析家认为一旦我们撤离，伊拉克人会把注意力转向如何与他人相处，他们会找到共性的基础。虽然支持这种乐观观点的证据微乎其微，但这还是有可能出现的。也有另一种可能，就是在我们占领的五年里一直在增加的内部裂缝太深以至于很难达成和解。还有这样一种风险，就是我们停留的时间越长，裂缝越深，民族和解的任务会变得越艰难。

其次，很多对伊拉克的看法受冷战时期老一套的军事威慑战略影响很深。强大的美国曾用武力来威慑苏联。按照这个理论，好战的美国将震慑其反对派。但是我们错误地应用了这个套路，现在我们越来越清晰地看到这个套路本身又一次是不合时宜的。

这个威慑理论是建立在参与者都是理性的前提上的。在理性的思路中，一个个体通过设想选择每一个方案的结果对他的人生前途产生什么样的影响来决定是否参加叛乱。自然，这个决定要受到谁是可能的胜利者和胜利的前景是什么样的影响。在伊拉克，没有理由加入美国占领军一方或者是由美国扶持的政府一方。美国没有能够刺激就业、复苏经济或者维持法律和秩序。我们已经说过了美国犯的一些错误，如消除武装和清除前复兴社会党要员。由于这些行动而失去工作的人们是不会支持现政府的，而更有理由支持另一面：叛乱武装。叛乱的人越多，成功的几率越大，进而参与的人就会越多。

不管是哪场战争，总会有附带的伤害——无辜者的生命和财产损失。在这场战争中，在急需要伊拉克人支持的地方，附带伤害的程度和对美国的敏感程度就应该被更多地关注。一个人很不幸地在一个错误的时间和错误的地点死亡了，美国可能会认为这是一个不幸。但是伊拉克人会把这些频发的意外看成是对伊拉克人的生命财产的不尊重。这很容易被反对者利用。他们会很容易招募新成员或者至少可以坚定叛乱的决心。[25]美国军方详细地保存着伤亡数目[26]，不遗余力拯救处于危险中的美军士兵。这与伊拉克人的遭遇形成很鲜明的对比。布什政府利用统计手段来隐瞒死亡的伊拉克人数量——数据显示有500万[27]，美国政府的这种做法更加证明了美国的双重标准的存在。

在伊拉克，“司法”程序的失灵也证明了这一点。如果有好人被折磨，一定是肇事者出于不良动机。不管是否支持叛乱都有被虐待折磨的危险。关键的是这两个“司法”系统的差异有多大。如果伊拉克政府仅仅惩罚那些叛乱的同党，而我们美国却惩罚了许多没有参与叛乱的人，人们就会有参加叛乱的意愿。重要的是我们所做出的惩罚和他们所做出的惩罚的关系，更重要的是惩罚的准确度。[28]

可能会出现一个临界点，当超过这个点（以叛乱中人们的百分比衡量），一个国家多党派和平共存的均衡将不复存在。[29]也就是说越多人参加叛乱，美国想要建立的团结的伊拉克的可能性越小。没有人会愿意站在失败者的一方。这对伊拉克是正确的，同时对美国也是正确的，伊拉克的反抗者知道这点。美国没能在五年间使伊拉克平定的事实并没有使布什和切尼沮丧。毫无疑问，他们对于他们的乐观措辞非常自信。对于大多数美国人，甚至对于很多美军士兵来说，美国胜利的前景暗淡。对于大多数人来说，现在我们的雄心应该收敛些：带着尊严离开。现在剩下的问题应该是技巧性的：我们多快、多大程度上把军队撤回来。如何取得战争胜利这一问题已经没有意义了。

面对叛乱分子非理性的回应，我们就不能再坚信我们有能力去震慑他们。更多伊拉克人有自杀的倾向的事实说明我们的震慑战略不仅是失去了作用，可能还起到了反作用。[30]

任何一个社会都会强烈地抵制对文化习俗麻木的外来者。我们大多数士兵、海军陆战队员、水兵和空勤人员表现得很有怜悯心，对伊拉克和阿富汗的人民以及他们的困境表示同情。我们接到的信件表明我们的军队是多么想要改善当地的环境，以及他们是多么努力来减轻当地人们的困苦。流传于伊拉克媒体和人们口中的故事是一些特例，例如美军扣押、审问、侮辱甚至虐待伊拉克人的事件。但是这些事件却决定了伊拉克公众的看法。很自然，伊拉克人遭到了虐待，我们的敌人如基地组织很聪明地利用了这些事实。

有一个不对称的事实，我们能合法地处置一个有罪的人或者释放无辜的人，但这也不能抵消我们错误地给无辜者定罪所犯的错误，因为这些无辜者以后会成为反抗者。这就是为什么我们要谨慎地处理与逮捕被控告有不良行为的人。美国很显然没有做到这些。我们现在在美军的监狱里羁押了 26 000 名叛乱者，在伊拉克的监狱里羁押了 37 000 名。[31]但是我们还不明白如何给这些叛乱者定罪。很多被关押的人在被逮捕以前可能对美国是不闻不问的，关押可能会使他们在被释放后成为积极的反美派。

再者，我们要求伊拉克人和我们一样憎恶那些叛乱分子，这极大损害了我们在伊拉克的利益。比如说在费卢杰地区的战役中，伊拉克医生说美军向急救人员、担架、汽车和医院开火。可能是因为他们医治的伤员中有一些是叛乱分子。美军包围城市费卢杰后，在城里工作的一位叫萨拉姆·伊斯迈尔的外科医生在英国的一部纪录片中描述了其中的困难，“我们怎么知道谁是叛乱分子谁不是呢?”他问道，“你认为我们能停下来问一个腿被炸掉的人他是否是叛乱分子吗? 即使他是——我发过希波克拉底誓言（古希腊医务道德誓词），一定要治病救人，不管是美国人还是伊拉克人，不管他是否是叛乱分子”。[32]

人们现在逐渐增强了一种认识，就是现在到了一个我们无法扭转的点上，至少离开资源和人员的投入是无法扭转的，而这种投入已超过了美国愿意承受的范围。再停留两年将会增加 1 000 人牺牲，使白白的牺牲人数达到 4 000，还会增加 10 000 名伤员，使得伤员增至60 000人。当我们讨论正确的出路时，我们应该考虑的不是我们是否应该撤离，而是我们何时撤离，这样，出路就会很简单。现在的处境很令人沮丧。相对于晚些撤离，早些撤离是唯一可以阻止情况继续恶化的方法。

2008 年底，美国出现了一段时间的平静：美国对伊拉克所实施的“加油计划”（Surge）看上去好像减少了暴力冲突，特别是在巴格达，随着冲突的减少和经济问题的增多，伊拉克战争不再是投票者争论的第一话题了。但是，就像我们说过的一样，暴力冲突并没有停止：每周都会有死 25 人甚至更多人的自杀性爆炸事件的报道，这些袭击在各地都会成为新闻头条。仅仅是在伊拉克我们才开始适应了一种情况，就是当大量的暴力冲突开始慢慢地减少时，这些冲突似乎是可以接受的。现在暴力冲突的减少并不能告诉我们撤离后将要发生什么，或者我们应该在 6 个月还是 6 年后撤离。军方宣称暴力冲突的减少应该归功于军队的行动。如果说这是主要原因，那么就会出现麻烦了：这是否意味着我们将要保持现在的驻军水平来维持相对的宁静? 还有很多外在的因素（例如伊朗是否愿意提供帮助）是在我们掌控之外的。总之，我们不能因现在看到冲突减少了而从根本上改变了本章深入分析而得到的结论。主要的问题仍然没有变：如果我们 2 年或者 6 年内撤离，撤离后情况会持续变好吗? 会好到足以证明那些过去的牺牲和伤亡是正当合理的吗?

注释

[1]《腐败观察指数 2007》，载《透明世界》，2007（12）。

[2] 达敏·克乌（Darmien Cave）：《不断扩大的偷盗和腐败现象阻碍了国家的发展》，载《纽约时报》，2007-12-02，A1 页。

[3] 蒂纳·萨斯曼（Tina Susman）：《在伊拉克叛军袭击了正在睡梦中的村民》，载《洛杉矶时报》，2007-12-02，A13 页。

[4] 田·萨斯曼：《美国告诉伊拉克人，巩固你所得的》，载《洛杉矶时报》，2007-12-03，A3 页。

[5] 参见网址：www. icasualties. org。

[6] 艾哈迈德·阿里和达尔·加麦（Ahmed Ali and Dahr Jamail）：《伊拉克切断了食物配给量，把人民的生活推到了绝境》，内部印刷，2007-12-27。

[7] 埃里克·辛塞奇（Eric Shinseki）将军促使建立了规模稍大的首发伊拉克的军队。他最后被拉姆斯菲尔德和其他人控制了，意见不被采纳。众所周知，科林·鲍威尔从一开始就私下主张组织一支大规模的军队。

[8] 有趣的是，绝大部分伊拉克人（80%）认为美国政府计划长期占据伊拉克。参见奥汉龙和坎贝尔：《伊拉克索引》，2007-12-03，54 页。

[9] 据《商务观点研究》2007 年 3 月的民意调查显示，53%的人认为情况会大有改观，是认为情况会继续恶化的人数的两倍之多；在什叶派中，两极分化更为严重，62%的人认为情况会大有改观，仅有 4%的人认为情况会继续恶化。参见奥汉龙和坎贝尔：《伊拉克索引》，2007-12-03，49 页。

[10] 参见英国调查机构的数据显示，见《商务观点研究》。正如 BBC 报道的那样，“巴士拉居民使英国军队蒙羞”，2007-12-14，见 http：//news. bbc. co. uk/2/hi/middle_east/7144437. stm。

[11] 2007 年秋季的事件清楚地表明，无论我们是否撤军，土耳其都将按自身意愿办事。显而易见，无论是伊拉克政府还是美国驻军，都不能阻止库尔德人袭击土耳其。

[12]《众议员拨款委员会报告》，109～388 页，“为 2006 年 9 月 30 日的财政年度结束做紧急追加拨款”，2006-03-13。

[13] 艾森豪威尔主席就职后立刻着手处理朝鲜争端的原因之一就是他对战争的恐怖后果非常了解。

[14] 伊拉克研究小组报告，27 页。

[15] 奥汉龙和坎贝尔：《伊拉克索引》，2007-12-21，26 页。

[16] 美国国务院：《伊拉克局势周报》，2007-09-12。

[17] 奥汉龙和坎贝尔：《伊拉克索引》，2007-12-21，26 页。

[18] 经济学家通常透过金融市场做判断，他们"嘴伸到哪儿，钱就投到哪儿"。而政客往往使别人的钱面临危险而且对于劝说别人有着浓厚兴趣，他们的策略是起作用的。金融市场并没有迎合经济学家对于震荡的判断；事实上，伊拉克国债下跌，意味着该国拖欠债务的可能性增大。麦克·格林斯顿（Michael Greenstone）在 MIT 研究中指出，纠正其他影响国债的因素，市场萎缩标志着对伊拉克拖欠还债的预期增大了 40%。参见麦克·格林斯顿：《"震荡"起作用了吗？一些新的事实》，载《NBER 工作报 13458》，2007-12，1 页。

[19] 奥汉龙和坎贝尔：《伊拉克索引》，2007-12-03，46 页。从 D3 系统公司于 2007 年 3 月为 BBC、ABC 新闻、ARD 德国 TV 和今日美国做的民意测验中得来。

[20] 从最近的事件能够很明显地看出来，这一地区发生的事情在多大程度上超出了我们的控制。当民主政治力量逐渐上升到关键地位时，穆沙拉夫将军在巴基斯坦动用了应急军事武装把美国陷于支持独裁者的孤立境地。英联邦国家暂停了巴基斯坦的成员国席位。按说美国参战是为了促进民主，但美国又曾经谴责过巴基斯坦的应急军事武装，这导致了美国在巴基斯坦被暂停英联邦成员国席位一事上失掉了话语权。2007 年 12 月的贝布托（Benazir Bhutto）暗杀事件更进一步说明局势在多大程度上超出了我们的控制。

同样，伊拉克—土耳其边境的紧张局势一触即发，库尔德的袭击以及土耳其人的反袭击频繁发生。由于美国在土耳其的支持率非常低，美国和伊拉克政府是否能完全容忍库尔德人的袭击和土耳其的反应都尚不明朗。

[21] 参见《伊拉克索引》，2007 年 1 月总结道，"在政治战线上作报告毫无益处"，4 页。75%的伊拉克人评估他们的安全状况为"差"。91%的认为"一般"或者"差"。参见《伊拉克索引》，2007-12-03，53 页。伊拉克总理马利基的民意支持情况从各派别的分崩离析状况就能看出来，大约 96%的逊尼派不赞成他的执政方式，而 2/3 的什叶派支持马利基总理。

[22] 经济学家认为这个问题是一个"时间一致性"的问题：一定是发起方在一个时期先发出威胁并在以后的一个时期内执行，通过这种方式发起方能够获得利益。在 20 世纪 90 年代，美国威胁中国如果中国不同意十点要求就会被实行贸易制裁。这个威胁就不具备"时间一致性"：中国知道如果确实不同意，那么贸易制裁也并不会使美国受益。毫不奇怪，这个威胁无效。

[23] 查尔斯·弗格森（Charles Ferguson）的纪录片《看不到尽头》对初始的错

误决策会导致局势螺旋形恶化有着很好的诠释。这个影片获得了2007年圣丹斯评审团特别奖和其他无数大奖。

[24] 在局部均衡经济模型中，个人或企业的行为是既定的，不受自身的影响。

[25] 在2006年初，88%的逊尼派赞成袭击美国为首的军队，47%的伊拉克人是这么做的。参见奥汉龙和坎贝尔：《伊拉克索引》，2007-12-03，54页。

[26] 并且，像我们已经看到的那样，这还不是最终数据。

[27] 博尔哈姆等：《2003年入侵伊拉克后的死亡率：一个跨部门的聚类抽样调查》。这一研究在前文中多次提到。

[28] 我们错误地认为，惩罚那些支持叛乱的人能够阻止新的个体再加入到叛乱中。但是正如我们前文的分析，惩罚在解决这一问题的准确性上确实差之甚远。

[29] 大量的措施只会增加叛军的数量和能力，所以，实际上这些措施反倒增大了叛乱分子成功的可能性。

[30] 理性的"博弈"模型蕴涵着冷战时期采用的威慑战略。显而易见，对于大部分人来说，这个模型与一个政党愿意用生命捍卫美好世界是毫不相关的。

[31] 奥汉龙和坎贝尔：《伊拉克索引》，2007-12-03，22页。

[32] 参见萨拉姆·伊斯梅尔（Salam Ismael）博士和美国兰德斯首席外科医生吉恩·宝勒斯（Gene Bolles）在纪录片《为伊拉克疗伤：两个医生的神话》中的叙述，该片由凯文·凯利执导。

第 8 章
从错误中吸取教训：重建未来

在伊拉克的失败与越战类似，将会产生重大影响。几乎可以确定，美国将不再愿意陷入这种境地了，美国将会或者应该更谨慎地对待这场有可能陷入沼泽的战争。但是，即使有了所有的预防和警告，有一天美国还会参加战争，所以我们应该开始思考如何避免那些注定会失败的战争。我们可以或者必须采取一些有利于今后事业的改革。我们已经发现了需要改革的地方，如果改革实现了，就可以帮助我们避免再犯错误。其中一些改革可以改善信息和决策的程序，包括预算。另外一些改革与对回国士兵的关心有关。计划的缺乏以及对退役军人的疏忽是致命的失误，但庆幸的是这个失误最容易改正。

这次失败的教训之一就是政府机构的失效，美国国会和联合国应该给予充分的监督和平衡。美国的创立者们很了解权力滥用的后果，所以他们在监督平衡的原则上建立了政府的体系。监督和平衡的代价是它们减缓了做出必要变化的速度，但是好处是减少了权力的滥用或者代价极高的错误，这么做是值得的。

在制定美国宪法时，几乎没有必要对总统运用对外政策的权限做出限制。美国当时是一个新的国家，实力相对很弱。当时法国与英国是主要强国。美国的创立者们把控制权交给了国会，理论上这样就足以监管总统的权力并防止权力的滥用了。但在逐渐升温的伊拉克战争中，我们发现现有的监管体系失效了。总统所在的政党在国会占大多数，总统控制了信息的来源。那些执政的人利用这些信息夸大萨达姆的威胁，这就是证据。总统宣称国家的安全受到了威胁，国会采信了他的话并给这场战争投了支持票。[1]

监督和平衡在国内失效了，在国外也没有人愿意或能够阻止我们当初入侵伊拉克的疯狂决定。现在也没有一个机构可以阻止一个已经参战的国家，即使这种行为有悖于国际法。[2]第二次世界大战后，美国开始反对武力侵略，但现在美国自己不能身体力行了。根据联合国宪章，国家只能为了自卫，或者有安理会授权才可以拿起武器。我们忽视了联合国和安理会大多数成员。伊拉克战争并不是出于自卫或者得到安理会的授权，也不是出于人道主义干涉——人道主义干涉是指利用武力阻止侵犯人权的大规模暴力行为。美国的入侵是一种侵略行为，是违反国际法的。

美国无视联合国的行为是缺乏远见的。可能其他国家某天决定对我们开战，那时我们将会需要联合国帮助我们阻止它们。因此国际法应该得到尊重，这很重要，它可以限制任何国家的野心。和其他国家一样，尊重国际法是符合美国利益的。

建立国际监督来限制美国总统权力是可取的，这还有其他原因。最近几年，经济学家注意到了一种被称为“代理危机”的现象：那些被委派做决定的人的利益经常与应该做这项工作的人们的利益不一致，或者与那些不能接受决定所付出代价的人们的利益不一致。在伊拉克战争中，美国付出最大代价的是被派往战场的年轻人。就像我们上一章看到的那样，事实上，国家利益和总统利益的分歧延伸到每一个主要的战略决策上了，包括是否或者何时撤离。如果美军撤离，然后伊拉克发生暴乱，那么布什总统将会受到谴责。但是如果我们继续停留，那么总会有机会使历史对他从轻判断；事情可能会在某种程度上变得有利或者他可以和下一任政府一起承担责任。当信息不完全的时候，权力滥用的范围就会变大——一方面政府喜欢保守秘密，另一方面每一种现代民主都努力地去使信息公开，这一点可以通过《信息自由法案》实现。[3]

我们建议的第一套改革方案是：公民和他们的代表在战争中一样得到更真实的信息，包括这次冒险的战争行动中人员和财政损失的估计值。在伊拉克战争的决策过程中，我们轻信了错误的信息，不仅有假传的萨达姆政权的威胁，还有我们虚假的战争成本，这在取得国会对战争的支持起了关键作用。

第二套改革方案集中在公平地对待士兵和退役军人上。2005 年 1 月，当国防部负责人事和福利的戴维·楚博士（David Chu）告诉《华尔街日报》，现在发放的退役军人抚恤金、健康保险、丧夫者抚恤金“已经可以弥补他们所受到的伤害了，他们已不再承担保卫国家的责任了”，这些话在退役军人中激起了极大的愤怒。[4]他的言论反映出了政府是如何处理战争资金的。在另一方面，美国没有拒绝正在战斗的士兵们提高薪水的要求，也没有拒绝私人军事承包商哈里伯顿公司和布莱克华特公司所要求的天文数字般的建设金额。我们好像现在面临的是在资助战争和照顾回国的退役军人之间的矛盾。就像我们在第 3 章中说的一样，这导致了退役军人健康管理局的资金不足，还有 40 万名没有登记的伤残人员在退役军人福利管理局要求补助，成百上千的归来的退役军人还必须应付不必要的官僚主义。

为了确保美国进行战争时或遇到长期的冲突时，我们可以得到更充分的信息，我们建议了以下几套改革方案。

改革方案一：战争不应该通过“应急”拨款来资助。

有时候战争是不可预料的。刚开始的花销有些出乎意料是可以理解的。但是一个战争用“应急”拨款资助两年是说不过去的，更不要说五年了。就像我们指出的那样，应急资金不能用于常规预算，更重要的是应急拨款与常规拨款的要求水平不一样，审查的严格程度也不同。对于应急资金，国会和国会预算办公室的分析师没有足够的信息和时间来进行评估。结果，本来为了保证财政可靠性的正规的监督和平衡没有起到作用。我们要求国会制定法律来限制为战争第一年而使用的资金。[5]

改革方案二：战争资金应该与战略制定联系起来。

如果政府超过两次或者是在战争发生超过一年后要求启用应急资金，国会应该可以认为战争比预想的恶化了。政府应该被要求解释战争恶化的理由，认清要实施什么战略来改变，以及估计这些资金的预算用途。

改革方案三：政府应该建立起一个全面的军用账户，包括国防部、国务院、退役军人事务部、劳工部的开支以及军方的社会保险和健康福利开销。

这个预算账户应该是透明的，建立在现金和自然增长的基础上，不仅要考虑到 10 年后，还要照顾到 40 年后。战争的消耗在战斗停止后还在继续，但是却通过政府收付实现制来隐藏，持续了这么长时间。有很多种预算的窍门，包括收付实现制。通过这些窍门政府可以弄乱实际战争花销，当战争不受到支持时，这对于当局政府是非常有诱惑力的。

在每一场战争中，政府都应该提供一个预算账单，这不仅包括现在详细的花销，还应该包括更换战争中的设备和供给，以及向战士提供长期的医疗照顾和伤残抚恤的花销。预算账单还应该提供由国防部任何结构性变化而带来的长期的花费，比如说提高了的给士兵的战斗补贴和福利。对国务院、能源部、卫生与人类服务部等政府部门和社会安全管理中心等大型代理机构的影响都应该报道出来。

改革方案四：国防部应该向国会提交清晰的、可以审计的财务报表，这样国防部长和首席财政官才能担负起应尽的责任。

也许难以置信，对于开销的基本信息国会是得不到的。布什总统没有正常地公布伊拉克战争所花费的账单。只是通过艰苦的努力，我们或者其他人才得以拼凑了这个账单。国防部将每年的运转和维持的预算中的 250 多亿美元归类为“其他服务和各种合同”，以至于国会研究办公室批评这个归类“太模糊了，没有一点用处”。五角大楼的账目系统在查账方面太薄弱了，以至于国防部每年为上一个十年的财政做审计时都不合格。每一个看过战争开销的团体，包括国会预算办公室和国会研究办公室，以及政府账目办公室、伊拉克研究小组和国防部自己的审计员以及观察员，都在国防部的账目中发现有出入。

国防部被要求在《首席财政官员法案》和《财政管理法案》的规定下准备好财政收支清单，达到透明度和责任义务的最低标准。[6] 这项规定实施以来，几乎所有政府内阁级别的部门（也有个例，国家安全部，它是由 22 个机构合并组建而成，它们的账户还没有合在一起）都已经可以提供“干净的”的财政收支清单了，这些可由外界的审计员证明，各个部门为此花了很大力气。除去五角大楼职员的努力，国防部的领导层没有再做积极的和持续的努力，而这些努力可以让人认为这些清单是“干净的”，就是说这些清单可以提供国防部花销的准确描述。

具有讽刺意味的是国会愿意忍受这种宽松的标准和有限制的责任。就在四年前，国会制定了（几乎全票通过）《萨班斯-奥克斯利法案》(Sarbanes-Oxley Act)，这个法案要求首席执行官们为他们公司的财务账户负责并加大对违法行为的刑事处罚。这个法案还要求财务账户的更高的透明度，以及为举报人提供保护。作为对 20 世纪 90 年代安然公司、世界通讯、泰科公司的财务丑闻的回应，《萨班斯-奥克斯利法案》在 2002 年得到通过，这些公司的高管都已入狱。如果国防部坚持这样的责任标准，国防部部长拉姆斯菲尔德和他的前副手保罗·伍尔夫茨可能会因为一些在国防部任职期间的谋取私利和财务差错而受到法律制裁。

为使国防部长和首席执行官们更加负责，我们应该再采取一些必要的改革。[7] 我们建议国会坚持实施现有规定：要求所有部门将账户清单入档，包括它们的资产、债务、库存、规划和合同。[8] 如果这个没有效果，国会应该为政府制定一个小型的《萨班斯-奥克斯利法案》，使得政府官员对自己部门的财务情况负责。[9]

改革方案五：政府和国会预算办公室应该对军事行动的宏观与微观经济成本做出评估。

战争预算和战争的经济总成本很不一致说明有必要建立更全面的对经济成本的结算。政府想把战争预算保持在较低水平，却在其他地方增加了成本。尽管在管理和预算部、国会预算办公室、政府监督办公室、联合经济委员会以及整个联邦政府里，有上千名经济学家，但是，联邦政府仅在外在的督促下花费少量精力了解整个战争经济成本。这个问题由来已久。国会预算办公室有责任制定一个经济报告，按本书提供的思路以及用一种旁观者能明了的透明的方式来说明成本的主要种类。未来的开销应该包括伤员一生的健康照顾和伤残抚恤、损毁的和折旧设备的更换费用以及恢复战前军事实力的费用。

改革方案六：政府应该将可能影响行政监督和平衡的信息传达程序的改变通知国会。《信息自由法案》应该得到加强（该法案保证了公民了解自己国家正在做什么的权利），减少例外事件，国会加强对例外事件的监督。

在伊拉克冲突中，有关战争的信息已经被隐藏、伪装或推迟发布。这包括基本的数据——如受伤士兵的数量、在退役军人事务部体系下见一个医生所需要等的时间、战争中士兵自杀和叛逃的数目。退役军人组织被迫使用《信息自由法案》才发现了这些数据。我们强烈要求国会向民众披露这些数据。

这次战争还有其他许多不正常的事，可以说一定程度上，这些事减少了美国人对战争的痛楚。战争本身和它引申出来的问题，这两方面都需要我们仔细地回味。[10]

改革方案七：国会应该反思在战争期间对军事承包商该不该完全信任。特别是，军事承包商总是列出军方自己不能提供安全服务，需要外包给承包商的一大堆理由，实际上应该对承包商在提供安全服务的次数和持续时间上做出限制。应更加注意向公众隐藏的那些成本，就像本书揭示中的一样，例如通过国家保险而提供给伤残人员和牺牲人员的抚恤金。

关于承包商的角色及其使用，伊拉克战争敲响了警钟。在伊拉克和阿富汗，我们采用承包商来代替军方或者找当地政府雇佣工做一些工程。他们不仅提供支持，而且有时也占据一些关键职位，如监狱审问人员、炸弹拆除人员、中央情报局高级特工以及美国官员的武装安保人员。他们在重建基础设施和给美军提供供给等任务中获得了大量的订单。这些工作中很多都管理混乱，得不到足够的指挥协调。但是，现在这些私人承包商对于战争已经变得不可缺少了。

依靠这些私人承包商存在很多严重的缺陷。首先，承包商相对于公务员受着不同的动机驱使。不管是像贝克特尔和通用电气这样的大公司，还是在伊拉克一个月赚 16 000 美元的私人安保公司，承包商都是受利益驱使的。假设他们像公务员或士兵一样是为了公共利益是不现实的。现在的方式是依靠公务员来管理承包商，使他们负责任。但是可悲的是在伊拉克几乎没有公务员，甚至在军队也没有人接受过培训或者有技能来有效地管理，因此没有充分的监督。

其次，纳税人看上去并不买账。政府不自己去做而把一些项目外包的一个重要原因是政府认为私人办事更有效率。但是在伊拉克，重建的资金都到了索要高价的美国承包商手中而没有到要价较低的伊拉克本地人手中。在伊拉克战争期间，审计总局和其他政府的监管人员反复地审查账单超额、支出超额和明显牟取暴利的问题。这又增加了运营成本。大多数军方合同的签署没有完全通过竞标的方式。对于巨额合同，承包商通常初始要价较低，等到政府对他们的服务产生依赖，就再也甩不掉他们了。

再者，政府担心对承包商失去控制而采取措施，就像前文所说的外包人员审问军事犯人，此类事情需要监督，这也会增加大量的预算外开支。更有甚者，五角大楼通常会雇用一批承包商来监督另一批承包商。在伊拉克，这个问题反映的是承包商不光彩的合法地位。在《日内瓦公约》下，他们在伊拉克不参战，但是很多人都携带武器，从事准军事化工作，或者他们参与训练军事安全部队。但是，他们又不受美国军队的纪律和责任的约束。

美国政府对承包商的依赖越来越多，也越来越深。在国防部，有 50%普通军事员工即将退休。很多退休的 55 岁左右的员工，在不从事与政府有关的工作一年之后可以开始为承包商工作。

最后，对承包商的依赖一定程度上影响了美国以后的招募新兵工作。志愿军、国家警卫队和预备役军人表现得很英勇。但是承担战争代价的美国人口比例却是美国历史上最低的。[11]我们没有让更多的美国人来承担战争代价，而是雇佣、签订合同，并要求那些在军队、国家警卫队和预备队的军人延长服役期限。这不仅是不公平的，而且从长远来看，它会使得入伍的志愿行为失去吸引力，这种损失可能更大。国会应该深入地分析一下军事私有化的总体思路和所涉及的一切问题。

改革方案八：军方不该让国家警卫队或者预备役军人在伊拉克服役超过一年，应该扩大正规军队的数量，除非可以证明扩大必需的武装部队是行不通的。

我们应该在紧急的时候招集国家警卫队和预备役部队。战争已进行了五年，我们不能称伊拉克战争还是紧急事件。我们已经看到第一批国家警卫队队员在伊拉克的表现，他们在海外不能像在国内那样很快地反应并采取行动。限制国家警卫队和预备役士兵在伊拉克服役不超过一年，可以迫使军方采用其他办法。如果军方可以证明其他任何办法都不能满足军方的要求，国家警卫队和预备役士兵可以服役超过一年。

警卫队和预备役部队在海外服役一年后，军方应该在第二年提供双倍的报酬，并且在第三年提供三倍的。双倍的报酬应该给每一个非自愿参加原合同规定以外的行为的个人。

这将使得军方不会使用国家警卫队和预备役部队了，不会强迫签订四年合同的人继续工作到第五年或第六年了，对那些被召集的、将工作延至更艰巨的任务上的人们也是一种补偿。

最后，军方应该提供令人信服的证据来表明：将战争重担交给少数人而不是更多人，这确实节省了大量的成本并带来了效率的提高。

当然，可能还有一种情况，征兵处不能征到所需要的志愿兵，至少在没有提高薪酬和降低录用标准情况下是不可能做到的。这已经向我们的政策制定机构传递了一个信息：美国年轻人不想卷入到这场海外冲突中。美国人是爱国的，他们在第二次世界大战期间踊跃地参军是因为他们认为那是战争。如果美国的年轻人说他们不情愿奔赴伊拉克，而领导人却动员整个国家来应对这场所谓的“战争”，我们的领导人就应该听听他们的呼声。

改革方案九：持续超过一年的战争所需的成本应该通过征收战争附加税的方式由纳税人出。

通过借债，战争对于美国来说变成了小事一桩。[12]美国人没有被要求在伊拉克拿自己的或自己孩子的生命来冒险，也没有被要求交更多的税，而是借债来支撑战争。一方面，战争的钱是借来的，另一方面，参军的人是志愿的，这使得战争在初期得到大多数美国人的支持。如果问他们：是否愿意为战争牺牲自己或子女的生命，是否愿意用自己或子女的钱为战争付出 5 000 美元[13]，美国人参加战争的热情就会同反对总统权力滥用的监督平衡机制一样烟消云散了。我们认为战争的成本花销应该由现在的公民来承担，而不是传递到下一代。[14]这意味着现在的财政应该能承受现在的花销，战争税应该被征收来负担这些开销。这个税应该可以应对现在战争的开支以及退役军人福利基金，我们稍后会在这章提到这个基金。[15]

由于美国现在是唯一的超级大国，军事优势大于经济优势（美国的军事开支占世界的 47%），其他国家不会像美国公民那样对美国军事力量的滋长进行监督。伊拉克的很多伤亡和损失是由从 5 000 英尺高空落下的炸弹造成，这些炸弹落在那些未曾谋面、默默无闻的人们头上，很多都被归类为“附带损失”，杀戮怎么能显得如此轻松啊！

以上论述的这 9 个方案会使我们在战争中的决策更加明智。明智的决策需要充分准确的信息支持，更重要的是美国人需要清楚地了解战争的代价。未来，美国还会再一次加入战争的，也许一些美国人可能不同意是否参加或者参加的时间。但有一点大家都同意，那就是：我们应该好好对待那些为国家而战的人们，要比布什政府更好地对待他们。另外，以下的 9 个方案是为了确保这项任务的实施。

改革方案十：把开具健康保健福利和伤残合格证明的负担从士兵身上转到政府身上。

如果一个退役军人称自己有与战争相关的残疾，那么他就应该被认为具有这个残疾。应该由退役军人事务部来提供这位退役军人是否有资格领取福利的证据。我们应该像处理税收一样来处理退役军人的残疾事务——国税局几乎自动地接受每个人交的税，然后用审查系统来检查和防止欺骗行为。我们应该要求每一个特别是有头部外伤的或者患外伤后应激障碍的退伍军人在退役后进行一次全面的健康检查。那个时候，如果退役军人有很明显的残疾，则应该主动地给予他们福利待遇，相关部门应立即处理。退役军人事务部和国防部的督察长的一些研究发现在这种情况下几乎没有假冒的伤残。尽管如此，退役军人事务部可以对这样的退役军人提出的申请做抽样审查，在需要的地方可以做出调整。[16]

现在的体制在政府和退役军人之间制造了不公平的对抗，政府在地位和资源上都占有优势。在现在的战争和 1991 年的海湾战争中，退役军人事务部核实了 88%～90%的申请，补发给了申请者。直接批准申请要比在批准前迫使退役军人等上六个月或两年要更行得通。

改革方案十一：退役军人受到健康照顾应该视为他们的权利，而不是随意地由他人决定。

退役军人健康管理体系下的花销不应该属于任意的预算（就像社会安全和医疗保险一样不属于任意预算），应该是每年都拨款的。如果退役军人健康管理体系不能向退役军人提供应有的医疗费用，那么退役军人的健康管理就会进入美国的医疗系统，但是费用由退役军人事务部的预算来支付。这样成本会更高，会给管理机构提供扩大退役军人事务部下设的医疗机构的理由。

改革方案十二：应该建立退役军人福利基金，并且进行“锁定”，这样就可以全面提供退役军人的健康和残疾补助。

福利基金时常会受到挤压。所以当招募了新兵，就应该在退役军人福利基金中单独补充一笔用来资助未来退役军人医疗和残疾福利的钱，并且要专款专用，予以“锁定”。我们要求私人雇主这样做；我们也要要求军队这样做。这就意味着当战争打响，战时和战后需要医治的军人会大量增加，我们现在就必须将巨额的以后将支付的医疗和残疾抚恤存起来。

改革方案十三：在海外的国家警卫队和预备役部队必须享有退役计划和其他军方的福利计划。

尽管没有文件说明，但是有很多证据证明，与正规部队相比，国家警卫队队员和预备役士兵正频繁地被有关部门拒绝发放残疾福利，这可能是由于他们还没有享受退役计划中的福利，国防部应该马上赋予他们这个权利。另外，在海外的国家警卫队和预备役部队应该与其他军队一样享有同等待遇，例如教育和家庭的低利息贷款。

改革方案十四：应该建立一个新的退役军人维权办公室来代表退役军人的利益。

命令的正常传递要求部队遵守上一级的命令。尤其是在战争期间，对于雇佣者和被雇佣者的区别不允许有争议。但这也意味着普通人的利益可能会受到损害。在他们正在执行任务时和执行任务之后，应该有人为他们的利益说话。

应该建立一个新的退役军人维权办公室，这个办公室旨在为那些忍受由强大的、没有感情的军方机构制定的错误决策的年轻人提供救生索。其中一个例子就是，战斗受伤的退役军人由于伤势没有完成他们的服役任务，军方要求他们偿还部分服役期间的奖金。这项合法但是不道德的政策被杜尔-沙拉拉委员会发现，参议院同意通过立法来改变这项政策。但是，还有数百个类似的糊涂规定啊！我们建议，建立退役军人维权办公室，军方可以委派诸多军方普通文秘人员站在退役军人的立场上为他们维权。

改革方案十五：简化申请伤残抚恤的程序，特别是对受伤后压力紊乱的退役军人。

目前的申请伤残抚恤的程序是过时的、繁冗的、复杂的。每一个委员会和组织看过后都有相同的结论。2007 年，国家药物研究所针对这种制度发表了一份300多页的鉴定，要求对伤残抚恤做根本的、彻底的检查和改变。[17]杜尔-沙拉拉委员会也建议伤残抚恤申请程序需要深层次的重组。退役军人组织对现在制度有些不同意见，但是大多数都认为现在的制度不起作用了。随着复杂申请数量的增加和大量有经验的申请评判员从退役军人事务部退休，这种情况在未来几年将会恶化。

我们要求修订申请形式、比例大小、判定残疾的方法并进行医药术语和评级条件的现代化改革。现在的详细说明了各种残疾要求的规定应该从26页缩短到1页，就像美国国内税务局（IRS）精简税收办法一样。我们还要求退役军人事务部考虑简化残疾种类，五类残疾是：没有残疾；轻度残疾；一般残疾；重度残疾；极度残疾。这个简化将取代现在的十步百分比增长等级，目前的残疾等级划分很主观，而且在不同地区不能持续地贯彻。我们要求使目前的系统将退役军人归到五类残疾等级的某一类中，或者稍高一类中。改进后的制度不仅可以减少错误、不连续性和复杂性，还将简化申请评判员的培训。现有规定和医疗条件存在的问题国家药品所已经记录在案，我们需要的是尽快采取改进措施。

另外，还应尽快使患外伤后应激障碍的残疾军人获得备案。这点应该优先处理。现在的制度对很明显的不严重的病患比较照顾，但是对有外伤后应激障碍的人却很苛刻，因为这种疾病很不明显。健康人填写表格和获得详细的文件都很不容易，更何况那些患病的退役军人，他们面临着无家可归[18]、吸毒、失业、家庭暴力、自杀和其他社会问题。外伤后应激障碍在归国士兵中逐渐流行，所以通过改革现有制度来提高伤残抚恤申批的效率是至关重要的。

改革方案十六：重启“第八优先群”的医疗福利。

在2003年，前任退役军人事务部部长安东尼·普林奇皮暂停了所有在取得退役军人事务部医疗照顾资格中处于优先地位的最底层的退役军人（即“第八优先群”）的医疗福利。他这么做是为了让优先权更高的低收入和残疾退役军人享受福利。但是这也意味着，自2003年起至少有40万名退役军人被拒绝享有此项待遇。[19]这些退役军人并不富裕：一个每年赚30 000美元的退役军人，由于他的收入的缘故，不具有享受此项待遇的资格。[20]我们知道普林奇皮想要最需要的人享受这项待遇，但问题是我们没有给予退役军人事务部足够的资助，使它可以照顾所有的想要参与的退役军人。我们要求国会重新审议对退役军人事务部健康照顾系统的必要资助，使得更多军人可以被纳入“第八优先群”中。

改革方案十七：整合协调军人由部队到退役的转变过程，真正实现无缝衔接。

可能还没有关于军方和退役军人事务部对士兵由部队到退役的转变不作为的批评。因为大家已经习以为常了。实际上这种情况已经产生了很不良的后果，例如沃尔特里德陆军医疗中心病人的遭遇。杜尔-沙拉拉调查团、盖茨调查团、美国退役军人未来调查团以及其他国防部和退役军人事务部的团体都没能解决这一问题。但是大多数改革需要的是直接共同的观点，在很多调研中都有一个共同的总体思路，这个思路主要是由退役军人事务部“无缝衔接任务组”在2004年做出的。[21]这个思路包括：协调好国防部和退役军人事务部之间的医疗和赔付系统，退役军人事务部的雇员能够更容易地加入到国防部机构中，国防部伤残评定和退役军人事务部体制同步，以及实现两个部门之间更多的信任和信息共享。

改革方案十八：增加退役军人的教育福利。

在第二次世界大战期间，美国与参战的士兵签订了协定，使他们在战争后可接受到很好的教育。G. I. 比尔（G. I. Bill）计算了美国大学的教育费用，包括学费、书本费和生活费。现在的教育福利与1986年G. I. 比尔的数据相比已不是那么优厚了。现在的军方负责退役军人75%的学费，但不提供书本费和生活费。而且，为了取得资格，士兵们必须在服役的第一年先交纳1 200美元的保险金，否则，将不能享有教育福利的待遇。有11个州给在自己州的想上大学的归国士兵免学费。但对于其他39个州的退役军人来说，这是奢望。

现在军队里都是志愿者：很多还没有念完高中。为了招募新兵，我们从社会经济地位低的群体中招募士兵，几乎不在高层次招。我们使士兵中没有念完高中的人数增加了一倍。花费了三万亿美元来打这场战争，我们可以比照“二战”后 G.I. 比尔的水平来资助那些为美国战斗的年轻人享受更好的教育福利。

即使是在最好的情况下，美国在随后的十年也要在伊拉克再花费数十亿。美国政府已经同意向伊拉克提供长期的安全保障；训练、装备、武装伊拉克的安全部队；打击基地组织、萨达姆支持者以及其他非法组织。这事实上说明了美军在可以预见的未来将要在伊拉克长期驻扎。我们在 2003 年草率地入侵伊拉克将会长期地牵连到下一代美国人。

我们在最后一章提的这 18 个改革方案将会使我们在未来免于再次陷入另一场伊拉克战争或越南战争的泥潭。我们的机制不是绝对的。即使最优秀的和最明智的人也会做出错误的决定，美国政治体制并不能保证每次决定都是最明智的。但是这些改革措施可以使决策失误的风险降到最低。至少，这些措施能保证，即便我们再陷其他这样的战争泥潭，我们也能够睁大双眼，有能力处理随之而来的一些长期的社会和经济问题。

如果没有对可能的人员和经济的消耗评估，没有对我们的军队和退役军人的战后安置计划，那么就不应该发动战争。战争不可避免地充斥着杀戮和伤害，尤其是无辜的平民，而他们只不过非常不幸地在错误的时间生存在错误的地点。在伊拉克，委婉地说，人民遭受的苦难是“附带伤害”，现在，成千上万的伊拉克人死于战争，200 万人成为国际难民，更有超过 200 万的人在他们国家内颠沛流离，居无定所。

战争无小事。战争需要比其他任何行动都万分清醒，万分严肃，万分忧虑和万分储备。除去媒体的冷言冷语，政府的大张旗鼓，民族主义的大肆泛滥和莽撞的虚张声势以外，战争是男人和女人杀戮与伤害其他男人和女人的行为。[22]战争的代价在战争的最后一枪结束后，还长远地影响着人们。

注释

[1] 对美国的监督和平衡系统的失效的深入研究，见弗雷德里克·A·O·史克华兹和阿齐兹·哈格（Frederick A. O. Schwarz and Aziz Huq）：《无监督与无平衡：恐怖时代的总统权力》（纽约，新出版社，2007）。

[2] 参考第 6 章对时任英国首相托尼·布莱尔的重要作用的讨论。

[3] 帕特里克·莫伊尼汉（Patrick Moynihan）关于危险—丑闻—保密写得极富雄辩色彩。见帕特里克·莫伊尼汉：《保密：美国经历》（纽黑文，耶鲁大学出版社，1999）。尼克松丑闻曝光后，美国通过了《信息自由法案》，而二百多年前，瑞士人就意识到国民享有“知情权”。

[4] 格雷德·杰夫（Greg Jaffe）：《平衡法案：由于给予退役军人的费用增加，军费吃紧》，《华尔街日报》，2005-01-25，p. A1。

[5] 在战争的资金使用上，国会里的男男女女达成了共谋，因为他们本来能够通过投票避免发动战争。看起来他们也认为他们可以逃避责任，从而获得收益。

[6] 参见《首席财政官员法案》，（公法 101—576），1990-11-05；《财政管理整合法案》，（公法 97—255），1982-09-08。

[7]《萨班斯-奥克斯利法案》规定：私营企业的高管对其企业的账务负有责任。令人惊讶的是，对公有企业官员的问责却没有达到这个程度。

[8] 按照《1982 年联邦管理者财政整合法案》的规定。

[9]《萨班斯-奥克斯利法案》强调刑罚，但是我们却不能将刑罚加于政府官员身上。因为相对私企管理者，政府官员在财政资产的控制权要小很多。

[10] 一直以来，国会面临这些问题，也在努力提高信息传递的质量，比如，通过创办独立的国会预算办公室提供行政提案成本的评估，前几任主任，像爱丽丝·里弗林（Alice Rivlin）和罗伯特·赖肖尔（Robert Reischauer）在这一岗位上表现得很出色。

[11] 退役军人健康管理局：《事实篇：美国的战争》；戴维·西格尔和麦蒂·韦氏·西格尔（David Segal and Mady Wechsler Segal）：《美国的军队数量》，载《人口公告》，第 59 卷（2004 年 12 月）。

[12] 罗伯特·郝麦兹（Robert Hormats）在他杰出的著作《自由的代价：为美国的战争买单》（纽约，时代图书，2007）中诠释了自古以来，预算限制在把帝王的扩张领土的野心从战争中拉回来中起到的重要作用。

[13] 用 3 万亿的军费除以美国家庭的数量，那么每个家庭分摊到超过 25 000 美元的军费。由于战争，每个美国家庭都背负重担。

[14] 这个观点同一些技术经济学的论点背道而驰。技术经济学的论点认为不寻常花费的成本，比如战争，应该分好多年分摊成本（这被称为“消费平滑”）。在一些主要的战争中，例如第二次世界大战这样的非自愿型的战争，技术经济学的论点是令人信服的。我们所持的政治经济观点认为让那些发动战争的人承担更多的战争重担更是无可非议的。

[15] 参考改革方案十二。

[16] 每月支付给退役军人的抚恤金额可以下调，但是对已经支付的就不能做调整了，即使审计表明需要降低偿付金额。

[17] 国际药物研究机构：《评估退役伤残权益的21世纪系统》，由麦克·麦克盖瑞等（Michael McGeary et al.）撰稿（华盛顿，国家学术印刷社，2007）。

[18] 根据无家可归研究所（Homelessness Research Institute）的统计，退役军人占美国总人口的11%，而无家可归的人中26%是退役军人。参见玛丽·坎宁汉姆、麦格汉·亨利、韦伯·里昂：《重要任务：给老兵一个家》，见无家可归研究所和结束无家可归国家联盟网站，2007-11-08，http：//www/naeh. org/content/articlc/detail/1839。

[19] 汤姆·菲尔波特（Tom Philpott）：《对所有的退役军人享受健康福利仍存在严重的分歧》，载《最新军情》，2007-06-23。

[20] 事实上，收入水平降低在国内各地区各不相同，但是平均每年降低了35 000美元到40 000美元。

[21] 参见退役军人事务部：《无缝衔接任务组年终报告》，2004-12。这项工作是在前退役军人事务部部长安东尼·普林奇皮的领导下，作为“归国军人无缝衔接工作”来开展的。

[22] 国家优先项目研究表明，自2003年以来，招聘的数量已经从最高峰时期下降了1/5。在2004年，13.1%拥有高中或者同等学力的毕业证书（不是结业证书）的人无就业机会，而如今这一百分比为26.7%。参见国家优先项目：《2006军队招募》，2006-12，http：//www. nationalpriorities. org/publications/Military-Recruiting-2006. html（2007-12-05）。

附　录

总统写给众议院发言人的关于《紧急拨款法案》的一封信

2001 年 10 月 17 日

亲爱的发言人先生：

根据 107—38 公立法律规定，也就是《2001 财政年度用于应对恐怖袭击和恐怖袭击后的重建工作的紧急拨款法案》，我请求国会尽快考虑本信的提议，再拨款 200 亿美元，使得政府不但能够为“9.11”恐怖袭击的受害者提供持续的资助，而且能处理恐怖袭击的善后事宜。

107—38 公立法律富于立法精神，而且是两党强力合作的纽带，已经为紧急反应基金提供了 400 亿美元的应急资金。依据 107—38 公立法律的规定，此 400 亿美元的应急资金已用于为“9.11”恐怖袭击的受害者提供持续的资助和处理恐怖袭击的善后事宜，包括如下花费：（1）为联邦政府、州政府和当地政府提供准备金用于降低恐怖袭击危险和应对恐怖袭击事件；（2）为预测、调查和起诉国内、国际的恐怖主义提供帮助；（3）用于提供不断增加的运输安全服务；（4）用于修复在恐怖袭击事件中损毁的公共设施和交通系统；（5）用于保障国家安全。

根据107—38公立法律规定，在9月18日，我提出总计400亿美元的应急资金的要求。今天，我由此请求将这个独立的提议作为应急资金要求补充至《1985年平衡预算和紧急赤字控制法案》的第251节（b）（2）（A）作为其修正案。除此之外，我还请求，依照该《法案》的第251节（b）（2）（A）将此项资金在2002财政年度纳入或者借记"国防合作账目"。

让我非常骄傲的是，在我国遭遇行径卑劣的恐怖袭击的几个星期以来，我们两党本着合作的精神一起坚持并肩战斗。既然在未来的几个月里为这场悲剧善后所需的资源总量还无法做出最终的估计，我迫切要求国会当机立断实行这些特别措施以满足目前的短期需求。因为这些特别措施能满足当前确定无疑的需求。

我并不是有意在本次国会会议的后期为国内或者国防需求争取额外的资金。待到未来的需求明朗后，我们将和国会合作在国会107届二次会议上发布额外的需求。另外，我们的2003财政年度预算将提出更多的处理"9.11"恐怖袭击事件相关事宜的费用需求。随信附上的还有预算管理办公室主任制作的一系列行动的详细方案。我同意他的意见和观察结果。

真诚的，

乔治·W·布什

国防部网站关于伊拉克自由行动的数据

表附录—1　　伊拉克自由行动（OIF）美国伤亡状况*

（截至美国东部时间2007年12月26日上午10点前的伤亡事件）

美国军队分阶段的伤亡人数	死亡总数	阵亡	非战斗死亡	战斗负伤，伤后归队**	战斗负伤，伤后未归队**
战斗行动：2003年3月19日至4月3日	139	109	30	116	429
后战斗行动：2003年5月1日至今	3 749	3 057	692	15 742	12 424
国防部官员伤亡	8	7	1		
总计	**3 896**	**3 173**	**723**	**15 858**	**12 853**

说明：这是国防部官方伤亡总数，很容易在国防部的网站上定期查到此数据。其内容涵盖了阵亡人数和非战斗死亡人数及仅在战争中受伤的人数（战斗受伤人数）。

*2003年3月19日及以后，包括在阿拉伯海、巴林群岛、亚丁湾、阿曼湾、伊拉克、科威特、阿曼、波斯湾、卡塔尔、红海、沙特阿拉伯和阿拉伯联合酋长国的伊拉克自由行动中的伤亡人数。在2003年3月19日之前，在这些国家的伤亡人数也被计入。

**统计表明战斗负伤后72小时内归队的现役军人的数量，以及战斗负伤后并未在72小时内归队的现役军人的数量。为了确定战斗负伤人员总数，增加了“战斗负伤，伤后归队”和“战斗负伤，伤后未归队”两个项目。除非有节假日，此数据会在周二更新。

表附录—2　　全球反恐战争——伊拉克自由行动

现役军人伤亡分类表（2003年3月19日至2007年1月6日）

伤亡类型	总计	陆军	海军***	舰队	空军
战斗死亡	1 843	1 201	42	585	15
受伤死亡*	562	411	1	150	
战斗失踪死亡	7	7			
被俘遇害	2	2			
战斗死亡总数	**2 414**	**1 621**	**43**	**735**	**15**
事故	383	260	10	103	10
疾病	57	48	7	1	1
他杀	12	8	1	1	2
自杀	96	81	2	13	
未定原因	6	5	1		
悬而未决事件**	30	17			
非战斗死亡总数	**584**	**419**	**21**	**131**	**13**
死亡总计	**2 998**	**2 040**	**64**	**866**	**28**

续前表

伤亡类型	总计	陆军	海军***	舰队	空军
负伤——不通过空军医疗运输	16 164	9 944	386	5 627	207
负伤——通过空军医疗运输****	6 670	4 751	130	1 738	51
非战斗伤害	6 640	5 299	214	857	270
通过空军医疗运输****					
疾病——通过空军运输****	18 183	15 710	509	1 163	801
总数——受伤	**22 834**	**14 695**	**516**	**7 365**	**258**
总数——通过空军医疗运输	**31 493**	**25 760**	**853**	**3 758**	**1 122**
非致命伤总数	**47 657**	**35 704**	**1 239**	**9 385**	**1 329**

说明：这是在国防部网站改版之前，国防部很难找到的全部统计数据。该表显示了到2007年1月6日为止的伤亡总数，包括阵亡人数和非战斗死亡人数，战斗负伤人数，非战斗受伤人数和不得不接受药物治疗的患严重疾病的人数。到2007年1月6日为止，伊拉克伤亡总数是47 657。在新改版的网站中并未有此表。

* 战斗负伤后在手术中死亡以及发生在其他地方的死亡。

** 悬而未决事件意味着这项分类将会在以后决定。

*** 海军总数包括海岸警卫人员。

**** 引自《医疗保障部署报告》，2006-12-04。

表附录—3　　全球反恐战争——伊拉克自由行动

现役军人伤亡分类表（2003年3月19日至2007年12月8日）

伤亡类型	总计	陆军	海军***	舰队	海军
战斗死亡	2 451	1 720	58	647	26
受伤死亡	699	522	1	176	
战斗失踪死亡	7	7			
被俘遇害	2	2			
敌方死亡总数	**3 159**	**2 251**	**59**	**823**	**26**
事故	461	328	11	110	12
疾病	71	58	7	3	3
他杀	20	12	3	3	2
自杀	132	113	4	15	
未定原因	8	7	1		
悬而未决事件**	26	6	2	18	
非战斗死亡总数	**718**	**524**	**28**	**149**	**17**
死亡总计	**3 877**	**2 775**	**87**	**972**	**43**
战斗负伤总计	**28 661**	**19 364**	**599**	**8 357**	**341**

续前表

伤亡类型	总计	陆军	海军***	舰队	空军
负伤总计——通过空军医疗运输	19 970	12 906	435	6 370	259
负伤——通过空军医疗运输****	8 691	6 458	164	1 987	82
非敌方伤害——通过空军医疗运输****	30 185	25 373	974	2 494	1 344
非敌方伤害——通过空军医疗运输***	7 963	6 316	278	1 037	332
疾病/其他医疗——通过空军运输需要***	22 222	19 057	696	1 457	1 012
总数——通过空军医疗运输（含战斗和非战斗）	**38 876**	**31 831**	**1 138**	**4 481**	**1 426**

说明：这是国防部在新网站上发布的伤亡清单。清单上列了阵亡人数和非战斗死亡人数，战斗受伤人数和非战斗有空军医疗运输需要的人数。为了找到非致命伤亡总数，你须把“负伤—通过空军医疗运输”的人数加上“战斗和非战斗医疗运输”人数。到2007年12月8日为止，伊拉克伤亡人数为58 846（http：//siadapp. dmdc. osd. mil/personnel/CASUALTY/ OIF-Total. pdf）。类似的图表也可为阿富汗的“持久自由行动”而制定。

* 战斗负伤后在手术中死亡以及发生在其他地方的死亡。

** 悬而未决事件意味着这项分类将会在以后决定。

*** 海军总数包括海岸警卫人员。

**** 引自《医疗保障部署报告》，2006-12-04。

关于方法论

我们已经使用了大量的技术性方法来分析伊拉克战争的花费。在本附录中，我们再对几个关键问题做出分析，并解释我们的研究方法和研究结论背后的深层次内涵。很多事件是非常复杂的——整本书依赖于对这些复杂事件的研究。然而在这篇简短的附录中，我们不能给所有的事件以全面的论述。

从军事行动开始以来，石油一直是核心问题。很多人认为，我们卷入战争的原因是美国和美国的石油公司为了确保廉价的石油供给。我们从解释两个问题开始，一是为什么这种观念传之甚广？二是为什么寻求稳定的石油供给不能够成为或者至少不应该成为美国制定合理战略的基础？但是无论我们的动机是什么，结果恰恰相反：石油价格飙升。在第 3 章，我们解释了为什么我们相信石油价格飙升的账应该记在战争上一些——也就是说，为什么我们对每桶油价提升 5～8 美元需要 7～8 年时间的估计极端保守。

在 20 世纪 70 年代，油价飙升是十年宏观经济灾难的主导因素。而到目前为止，油价升高的影响却变得无声无息。我们不但会解释为什么会这样，而且会解释即便是这样，其负面影响也是巨大的，远远地大于伊拉克战争将成万亿美元转向石油输出国家的影响。

在文中，我们认为石油价格飙升的影响之一就是挫伤了经济的发展。如果价格降低，产出即会增加，但是还有扩大产出的余地吗？在第 4 章，我们解释了为什么说还有余地，而且为什么，我们花钱的方式本可以非常好地刺激经济的发展，这远远好于将大笔的钱浪费在伊拉克。我们的经济本可以更加强大。

战争对宏观经济的影响很难界定——举例来说，市场不喜欢不确定性，而中东的动乱却明显地呈现出不确定性。我们中的大多数人集中于战争对总体需求的影响（国内的美国人在一般商品上的花费降低，因为他们需要花更多的钱去购买石油），但实际上战争也会产生供给方面的影响。当劳动力转移到战争中，当伤亡人数增加，当本应用于投资领域的公共的和私人资源转移到战场上时，经济生产力的潜力消失殆尽。我们讨论并且提供了这些影响的一些量化分析。

本书强调的重点之一是未来几十年为退役军人残障和医疗所付的账单会随之而来。但是我们应该怎样评估这些未来的花费？尽管所有人都认同将来美元会贬值，但是未来的花费会在多大的程度上打折是极其重要的。尽管在一个看似合理的范围内调整贬值率将不会改变美元总体的价值，但是美元贬值仍会产生巨大的经济代价，这种代价会比除了第二次世界大战之外的所有美国遭遇的战争的代价还要大得多。在附录最后，我们解释了贴现的合适方法。

这是一场石油之战吗？

布什的国家经济委员会主席莱瑞·林赛声明说："战争的胜利将对经济大有益处。"（参见第 1 章。）他这么说的重要原因是相信油价将维持在低水平。《华尔街日报》评论于同一天反驳说："保持石油价格不上涨最好的办法是对伊拉克实行短期的成功的战争"[1]。

艾伦·格林斯潘，前美联储主席，对这一已被广泛接受的观点阐述得更加清楚：如果萨达姆是伊拉克的领袖，那么在那片黄沙之下将会一滴石油都没有。格林斯潘说："我们对待萨达姆本不会像第一次港湾战争时那么强硬，可是第二次海湾战争成了第一次海湾战争的延续。我的观点是，纵观萨达姆 30 年从政史，他一步步蚕食霍尔木兹海峡的野心暴露无遗，在霍尔木兹海峡，石油的日产量高达 170 万，180 万，190 万桶。"[2] 格林斯潘在他的回忆录中指出，在伊拉克战争中，很大程度上，关于石油的说法为政治带来了不便。[3]

还有其他的一些原因致使很多人认为石油是战争的潜在动因。当美国进军伊拉克时，尽管美军在保护当地无价的古代遗产时屡出败招，在保护弹药补给上屡屡失策（从军事角度上看，这很令人费解），但是为了保护石油基地却煞费苦心，不遗余力。而且，当美国把大规模杀伤性武器作为进军伊拉克的借口时，却对真正的、具有极大威胁力的、发展大规模杀伤性武器的国家置之不理，那就是朝鲜。但是朝鲜没有石油，所以就没有遭受侵略厄运。当美国集中注意力对付伊拉克的时候，朝鲜成长为一个核武器强国。一些人解释说，布什尽力帮助伊拉克减免债务的原因是为了石油。从法律上讲，伊拉克的债务会影响石油销售，债权人也许会紧抓着伊拉克的石油到法庭抵债。布什和石油工业长期的联系，他对国际石油市场透彻的了解，以及伊拉克是世界上最大的石油存储国这些事实也许使得石油成为他决定侵略伊拉克的原因之一。

然而从另外一个角度看，美国石油公司能够从伊拉克获取石油的观点不太现实。一些公司很可能盼望着伊拉克石油工业的快速私有化，进而能买到价格便宜的石油。但是据《海牙公约》的规定，占领他国之后的私有化是被禁止的（参见第 6 章）。特别是尽管美国一再承诺在伊拉克创建民主国家，但伊拉克政客们执行美国意愿的可能性却微乎其微。石油是全球性商品，美国公司想从石油中赚取高额利润，将承受巨大的压力，他们还要同其他国家的同类公司竞争。伊拉克政府在美国政府的推动下做出制度上的改变会很有限。

而且，其他国家，例如俄罗斯，声称它们获得了合法的合同因此有权利开发伊拉克的一些石油资源。美国不可能简单假定：侵占了伊拉克就能很轻易地使其他竞争者消失。当伊拉克政府在美国的法律顾问的引导下，取消了同俄罗斯的一宗合同时，俄罗斯就威胁撤回取消伊拉克 13 亿美金债务协议作为报复。[4]

简而言之，石油在多大程度上成为美国入侵的动因，不是建立在美国对获取稳定的石油供给的前景的单纯推断上的。美国入侵伊拉克并取得石油控制权的想法阻碍了美国在伊拉克制定一个石油法。而很多人认为石油法对今后伊拉克的政治稳定起着至关重要的作用。有人在回应由 419 位起主导作用的学者、工程师和石油工业专家共同起草的石油法政府草案时说："显而易见，占领伊拉克后政府正努力满足美国工业的各种需求。"一些研究者继而质疑石油法"为采用新方式来掠夺伊拉克的财富奠定了基础，有利于那些受觊觎石油财富的强国支持的外国人，还有大肆挥霍这些财富的强盗和掠夺者。”[5]

战争对石油价格的影响

我们认为伊拉克战争破坏了石油供给进而成为石油价格飙升的重要原因，然而还有一些人谴责全世界，特别是中国对石油的需求太高。在本附录中，我们解释了为什么我们认为战争才是关键因素。

在伊拉克战争前，中国经历了 20 年的快速发展，由此大多数分析家预计中国的持续发展必将伴随着对石油需求的增加。但是即使在全球市场的增长速度高于很多市场分析家预计的 2003 年和 2004 年，对石油的需求也没有显著的增加。经济的发展对石油的需求只是石油价格上升的部分原因。而且，一个运行良好的市场不仅能够预计需求的浮动，也能通过增加供给满足市场需求的增加。[6]一年里发生的偏差在下一年度就会得到纠正。若预计石油需求会在明年增加，那么相应的供给就会增加，大部分供给来自中东地区低成本的石油供给商。

石油价格高企，石油生产国就会加大石油生产量。很多国际厂商生产石油的成本远远低于现行的市场价格。[7]对供给的预计，将会反过来促使期货价格下降。事实上，预计的供给增加并没有发生，当下的和未来的石油价格仍然是这么高，这种情况需要解释。我们认为伊拉克战争是最重要的解释。[8]

如果没有战争，石油价格的上涨是不可预期的市场需求的结果，进而国际社会会允许伊拉克扩大生产规模，结果石油价格会再次降低。如果战争没有发生，其他地区，特别是中东地区极有可能会扩大生产规模。但是，政局的不稳定增加了在中东投资的风险，因为在中东石油萃取的成本要远远低于其他地区，所以其他地区难成为与其旗鼓相当的对手。如果能够重新建立稳定的政局，石油价格即会回落，那么其他地区在石油业的投资将会蒙受损失。[9]

高石油价格的宏观经济影响的分析

这里我们要解释为什么花费了 250 多亿美元用于石油进口却大

幅度地降低了 GDP——确切地说，在我们的保守估计方案中，GDP 的损失至少为 375 亿美元。这就是为什么我们认为石油乘数（GDP 影响与石油进口费用增加的比率）大于 1.5 的原因。[10]

举例来说，国际货币基金组织创建了能够估计出全部经济影响结果的数量经济模型，最后的数值比我们预先估计的 1.5 多了 4 倍。[11]其他研究成果的乘数值还要更大。[12]

对于这两种研究存在的巨大的乘数值差异可以有两种解释。首先，乘数值和全球一般均衡结果的分析相关。乘数值的增大是因为把花在美国的钱累计计算了。正如人们购买产品和服务，GDP 仍然增长，但是高 GDP 使消费停滞不前，反过来阻碍了 GDP 的进一步增长。我们的乘数值不高是因为钱“泄漏”出去了：钱没有在国内消费，被拿出了这一体系转而花费在了国外或者被存储起来。在二者中任一情况下，收入用于进一步消费的良性循环被打破了。但是如果我们从全球角度看，钱在境外消费也是全球金融体系的一部分。金钱用于进口欧洲的货品，那么欧洲的收入就会增加，收入中的一部分会用来从美国进口货品，如此一来，美国也会从中获益。这样会使乘数相对增加。

高石油价格抑制了我们主要合作国，像欧洲和日本的收益，这就意味着它们减少了本应该从美国进口的数量，加大了对美国经济的负面影响。[13]在欧洲，通货膨胀使本不应升高的银行利率抬高，使得欧洲的中央银行一心一意地关注通货膨胀。欧洲未来一段时间的经济衰弱，会使美国也被殃及。[14]《欧盟稳定和发展公约》限制了各国的赤字增长，致使欧盟各国政府不能充分应对财政困难。相反，政府花大价钱购买能源必将会使花费在国内商品和服务上的钱减少，进而削弱了总需求。简而言之，高油价的直接影响就是削弱了欧洲的经济，而滞后的财政和货币反应使得欧洲的经济形势进一步恶化，这增加了对美国经济的不利影响。[15]

另外，一般的分析仍然仅仅聚焦于短期的影响——高石油价格是怎样影响了现在的石油产出。但是在本书中，我们并不特别关注短期影响，而是将总体影响，也就是年复一年之后的影响列为重点。

而当从长远角度出发时，金钱的外流就显得微不足道了。金钱如果不是在今年花掉，就是在明年，进而刺激未来几年的收入增加。[16]因此，石油价格的总体影响要比短期影响大得多了（在短期内采用的是保守的乘数）。[17]

所有这些因素帮助我们解释了为什么最终“合理的”乘数，即把全球未来时期逐渐产生出来的全部影响计算在内的乘数会比仅仅考虑美国的经济模型所产生的乘数（1.5）大得多的原因；帮助我们解释了为什么国际货币基金组织的经济模型产生出的乘数更加合理[18]；也帮助我们解释了为什么说我们现在应用于适度的经济情境下的乘数事实上是非常保守的。

是否有扩大生产的余地

我们一直争论，如果美国没有挥霍大量的金钱在石油和伊拉克战争中，美国的 GDP 是不是将增加。对美国产品的需求将会增大生产量。只有产量有可能增加的情况下这种推测才有可能发生。我们在这里解释为什么我们相信在伊拉克战争期间，曾有过增加产量的空间，而且在一些年内这一空间本会相当大。

美国一直以来的产品供给量低于其生产潜力水平。超过界定的潜在产量，通货膨胀率就将上扬。在 20 世纪 90 年代后期，美国的失业率为 3.8%，而且没有任何通货膨胀率上升的迹象。在伊拉克战争期间，平均失业率超过 5%[19]，表明如若没有通胀压力，经济本可以发展。需求的降低导致减产，有两个证据可以证明这一观点。首先，真正的失业率，包括隐性失业——非常高，比 2000 年有显著增加。很多美国人由于不能找到全职的工作，只能做些兼职的和志愿的工作。很多人放弃在人才市场寻找工作是因为他们发现所找的工作令他们非常沮丧——这些人没有被纳入失业者行列中。还有一些人从医生那里开病例申报残疾，因为残障人士能比失业者获得更好的福利。[20]

其次，劳动力市场的压力太弱以至于工人的工资（也就是说，把通货膨胀考虑在内）相对于工人的生产力来说一直在降低——其工资水平比 10 年前或者说战争之初有显著的降低。[21]

如果这个分析是对的，那么对美国人来说，有充分的大量提高生产量的空间——一定会达到应有产量。如果美国人没有每年花费 250 亿到 500 亿美元在开发石油上，并把部分军费用于投资或者是其他领域，那将会对经济有更大的推动作用。[22]

高油价对宏观经济的难以量化的影响

在本书中，我们描述了可量化的宏观经济成本——起因于高昂的石油价格，政府花费从生产性投资转向战争支出，并使得政府财政赤字增加。尽管如此，我们相信经济总成本被低估了——也许是一个重要的低估。在这里，我们通过之前并未列入考虑的两类的宏观经济成本来说明这一点。

首先，高油价成本的分析假定高油价的唯一成本是使美元不断流到国外的石油出口商手中。这忽略了调整成本，而且假定如果油价不上涨了，那么油价上涨的负面影响也就结束了。换一种说法，这个简单的模型表明如果首先石油价格一年上涨 10 美元，然后一年下降 20 美元，最后恢复到之前的价格水平，那么就没有成本。事实上，这是不对的。价格的大幅度调整本身就存在成本。举例来说，一种商品在某种情况下只有一套价格最合适，换成其他的价格就要支付调整成本，而且这种成本可能十分巨大。这一点是同对宏观经济现实发生情况相一致的，即现实中石油价格上涨和降低的影响并不对称。[23]因此，在 7 年到 8 年时间内对高油价的分析实际上极大地低估了真正的经济成本。尽管如此，本书也无法给出对这一调整成本的估计。[24]

其次，我们的分析主要集中在战争上，以及战争导致的油价上涨怎样通过需求方面的影响来影响美国的经济。我们花费更多的钱进口石油，我们花在伊拉克战争中的钱多于在国内的开支，总需求却更低。在前文，我们提到过，在大部分的战争期间，只有当需求旺盛时，国民经济的产出才更大。

事实上，所有的经济学家都同意两种命题。第一，世界上没有免费的午餐。但是布什政府却试图劝说人们发动伊拉克战争不会付出任何经济代价，经济学家对此不以为然。第二，因为布什政府不想通过提高税收补充军费，所以伊拉克战争挪用了私人投资和政府经费，包括政府用于基础设施、研发和教育的经费，政府用于公共事业的经费比实际需要的大大降低了。[25]从长远看，其结果导致了潜在经济能力的下降和实际产出的下降。在第 5 章，我们详细地计算了经济损失的额度。[26]

一些经济学家认为在供给方面战争对经济潜在产量的影响在短期也是同等重要的。举例来说，如果美国的经济开足了马力开始增长，但那些被派到伊拉克的国民警卫队和预备役部队的军人们却不能在国内工作，这也会影响经济发展。[27]这些供给方面的影响随战争而与日俱增：如果战争继续，伤亡人数就会攀升，军人部分残疾或者完全残疾的人数就会增加，那么他们就不能返回到正常的工作岗位中。这些退伍的老兵身心俱损，他们无法成为劳动力队伍中的一员。在本书第 3 章我们指出了很多的配偶或者其他家庭成员为了照顾残疾的特别是需要医疗的退伍军人不得不放弃原有的工作，他们中的 1/5 是为了照顾重伤军人。[28]我们估计在 2006 年，劳动力减少了大约 140 000 人。一般性的宏观经济分析显示，在短期内，GDP 会因雇佣劳动的价值损失而降低。当经济因缺乏劳动力而萎缩时，获取利润的机会也将丢失，经济会出现新的瓶颈。这就是为什么系统性成本要远大于直接劳动力成本的原因。[29]

同样重要的是，我们要记住，卷入伊拉克战火的不仅包括 140 000～170 000 人，还有那些不断增援到战争中的人，或者被派往伊拉克之前在其他军事基地驻扎的人。后勤工作人员也应该包括在内。对于国民警卫队来说，那么多全副武装的军人都在为战争时刻准备着，无论是编到战争序列的军人还是那些等待着海外部署、随时候命的军人。

GDP 也因为美国的军事承包商而降低。这些人既没有生产美国现在需要的产品也没有投资那些能使美国经济未来得以发展的产品。[30]

假定 2006 年由劳动力下降导致的产出损失为 13 亿美元，那么

GDP 的损失比这些工人的机会成本要大得多——微观经济成本已经在第 4 章讨论过。继续推算，战争中死亡和伤残的人以及为了照顾伤残军人而放弃工作的人数会增加。很可能的是，预备役和国家警卫队在将来募集士兵时人数会减少；但是从大量的伊拉克永久驻扎基地的数量来看，士兵人数还应该增加到 92 000 人。这就意味着供给方面的损失会导致 GDP 进一步降低。并且，我们不应该仅仅聚焦于战争对 GDP 的影响，这等同于我们给投递到伊拉克的炸弹和新建的学校衡量价值，或者等同于给突破了疑难杂症的科学家定个奖金。我们应该做的是：紧紧盯住伊拉克战争消耗的资源造成的净国内生产总值的损失。

大多数对于伊拉克战争成本的透彻分析应用了阿兰·斯奈（Allen Sinai）的综合宏观经济模型和带有大约 950 个方程式的斯奈-波斯顿模型，同时分析了财务指标以及这些指标同真实经济情况的关系。[31]他们预计，如果没有战争（忽略战争对石油价格的影响），一般来说，从 2002 年中期到 2005 年中期，真正的 GDP 涨幅本将上涨 0.2 个百分点还多；失业率本将在 0.3 个百分点以下，并将创造近 900 000 个非农工作机会。假定在未来几年内的影响相似的话，可预计的宏观经济影响是巨大的——超过 200 亿美元。

斯奈提请大家关注战争对经济的深远影响：战争将会对政府赤字有着巨大的影响。他认为联邦预算赤字本应该持续保持低水平，并且，由于良好的经济环境和股票市场，税率本应该更高一些（无论是个人的还是企业的，纳税范围也应包括资本收益、工作收益和社会保险）。

决定贴现率

下面我们要讨论的是适当的贴现率应为 1.5%。这是政府可借款的真实比率，因此 1.5%可用来评估对政府预算的影响。但是在第 4 章和第 5 章我们要考虑更广泛的经济影响。

关于适当贴现率的争论非常激烈，有两种不同角度的认识。第一种，关注人们如何在不同时期内存钱而不消费。人们愿意得到 1.5%利息表明他们接受了这种跨期协定。因此，在衡量对社会中人们的福利影响时，这也是合适的贴现率。

另外，一些分析家认为我们应该以机会成本的比率进行贴现，机会成本就是资金被投入别处而带来的收益。本书的计算考虑了机会成本，我们分析了如果资金被用来投资，而不是用于伊拉克战争的情况下 GDP 或者国民收入会是多少。这个问题分析了产出和消费可能产生的变化，是通过现在的消费增长与未来的消费增长的比较得来的。人们愿意以 1.5%的贴现率来以现在的消费交换将来的消费表明这是个合适的贴现率。

有三个因素使这个分析复杂化了。第一个是未来的消费可能不会由同一个人享受，也许会由下几代人享受。换句话说，我们应该怎么衡量现今一代人和未来几代人的消费差额？追溯至 20 世纪 20 年代，剑桥哲学家弗兰克·拉姆齐（Frank Ramsey）那一时代的哲学传统观点认为我们不应该认为现今的消费比未来的消费更重要（除了一个不太可能的因素，即考虑到人类灭绝的风险，或者考虑到由于生产力发展，未来的人们生活更好）。[32]总而言之，使用貌似合理的机会成本价值（比如 6%到 8%）来计算本可能发生的消费变化，人们会使用低的贴现率（1%或 1.5%）把这些数字贴现到当前的美元价值上。[33]

不确定性导致了第二种复杂性。一些分析家以较高贴现率贴现，因为他们觉得未来是不确定的。当评估未来不确定成本时这是一个不恰当，甚至有潜在危险的方法。以高贴现率贴现（甚至高达 7%）意味着我们可以忽略未来的风险。但是不确定性应该让我们更多地关注风险。

第三个复杂因素是资本收入税。资本收入税导致个体的“跨时权衡”（他们怎样评估现在和未来的消费）和资本回报（机会成本）之间的差异。在评估伊拉克战争上，假定美国政府用财政赤字供给军费，那么正如本书已论述的，恰当的程序是先估计产出是什么，然后扣掉个人时间偏好的差别（忽略不确定性和代际效应）。因此，如果税前返还率是 7%，边际税率大约是 40%，那么恰当的贴现率大约为 4%（0.6×7%）。[34]

注释

[1]《萨达姆的石油》，载《华尔街日报》，2002-09-16，A14 版。

[2] 鲍勃·伍德沃德（Bob Woodward）：《格林斯潘：萨达姆下台对石油安全是一个关键》，载《华盛顿邮报》，2007-09-17，A3 版。

[3] 见艾伦·格林斯潘：《动乱的年代：在新世界的冒险》，463 页，纽约，企鹅公司，2007。

[4] 安德鲁·E·克莱默（Andrew E Kramer）：《伊拉克在美国的支持下撕毁了同俄罗斯的石油合同》，载《纽约时代》，2007-11-04，A4 版。

[5] 约书亚·帕特洛（Joshua Partlow）：《失误和不信任标志着对立法的推动》，载《华盛顿对外服务邮报》，2007-09-05，A12 版，http：//www. washingtonpost. com/we-dyn/content/article/2007/09/04/AR2007090402190. html。

[6] 2003 年，中国的石油消耗上升到 1. 53 亿桶，也就是在 2002 年增加了 5%的基础上又增加了 8%。一些石油分析家不但低估了中国和印度对石油的需求，也低估了美国的需求。在 2003 年，美国的石油消耗上升到 2. 68 亿桶，在 2002 年下降趋势的基础上又上升了 6%。但是，能源信息主体模型在 2001 年对 2003 年的原油进口的保守估计是正确的，实际的石油消耗小于经济增长愿景所产生出的石油需求。http：//tonto. eia. doe. gov/dnav/pet/hist/mttimus1A. htm，2007 年 10 月 6 日登录查阅。

[7] 那就是说，排除安全因素，在沙特阿拉伯和其他中东国家，每桶石油萃取的成本要远远低于 20 美元，事实上，抛开安全因素，在伊拉克，每桶石油的萃取成本估计低于 1 美元，其他的中东国家每桶低于 5 美元（很可能在 1～2. 5 美元间）。在 45 美元到 55 美元间，很多备选资源（页岩、焦油、砂）都很有利可图。一些人估计从阿贝尔的焦油和砂中熔炼出一加仑石油的总成本要便宜得多。但是研发这些新技术需要艰苦的长期投资，而且顾虑是如果中东能够重建稳定局面，那么石油价格就会下跌，那么投资者就会承担研发损失。参见皮特·胡博和马克·米尔斯：《石油，石油，到处都是石油》，载《华尔街日报》，2005-01-27，A13 版。

[8] 正如我们在第 5 章中指出的，未来市场预计从 2015 年石油价格将保持在每桶 80 美元以上。

[9] 战后石油价格上涨可以部分直接归因于伊拉克，因为战前伊拉克是在“石油换食物”的政策下向世界提供石油，而现在供给减少（几乎是每天 100 万桶）。石油价格甚至比战前还要高。正是预计到这些影响，所以说战争的成本

从战前就开始计算了。在海湾战争之前，20 世纪 90 年代，伊拉克日产石油 350 万桶，据说是世界上最大的石油蕴藏地。战前，伊拉克每天出口 170 万到 250 万桶石油。战后出口变化巨大——2006 年 1 月下降为 105 万桶，在 2007 年上升为 142 万桶——仍然低于战前水平。参见奥汉龙和坎贝尔：《伊拉克索引》，2007-12-03，34 页。

我们进一步来分析战争是石油价格上涨的重要动力。有时候，高石油价格会诱导当前的石油生产者减产或者减少扩大生产的投资。他们意识到了石油的需求弹性低（供给的轻微减少能够刺激石油价格大幅度上涨），因而本能地限制生产，但是石油生产者又很难形成共谋来限产（每个生产者都有自己利益的考虑）。当石油价格高的时候，他们无意于去考虑政府的利益，确实，他们也很难决定对他们拥有的宝贵财富——石油，是开采还是不开采。对于他们来说，把石油资源藏在地下更有意义——可以当做有更高回报的一种“投资”。

[10] 参见阿兰·布林德和罗伯特·韦斯科特（Alan Blinder and Robert Wescott）：《高石油价格将会挫伤美国经济》（内部资料），2004-08，根据全球洞察公司的仿真模型，2004 年 9 月提供的仿真结果（无论是否考虑货币政策反应，结果基本相同）和宏观顾问有限责任公司，2004 年 8 月 2 日提供的仿真结果。

[11] 参见国际货币基金组织：《高石油价格对世界经济的影响》，2000-12-08，作者为麦克·穆沙德（Michael Mussa）领导下的研究部门的工作人员。

[12] 一般性的研究之一是，詹姆士·D·汉密尔顿（James D. Hamilton）：《什么是石油震动?》，载《计量经济学期刊》，2003（4），363～398 页。该文预计：在过去，油价上涨 10%就导致 GDP 下降 1.4%；油价上升 5 美元（20%）就意味着 GDP 减少 2.8%。如果油价维持在这个水平，那么年损失为 300 亿美元。连续 5 年的油价增长将导致 1.5 万亿美元的损失。汉密尔顿的分析与大数额的石油价格乘数保持一致，这个乘数值比以前的研究大很多。汉密尔顿和埃雷拉的近期研究（2004）表明油价上涨 10%就会导致 GDP 下降 0.5～0.6 个百分点，这比我们之前用的数据大得多。参见詹姆士·D·汉密尔顿和安娜·玛丽安·埃雷拉：《石油震惊和合计宏观经济行为：货币政策的作用》，载《货币，信用和银行期刊》，第 36 卷，第 2 章（2004 年 6 月），265～286 页。

使用这些数据研究应非常谨慎：很多对于油价上涨的影响的研究都是基于 20 世纪 70 年代的经验，但是自那以后，世界经济有了很大的变化。那个时候，货币主义非常流行，政府花大力气同油价引起的通货膨胀作斗争。当政府对高利率和紧缩的货币情况做出反应时，经济也受到了抑制。如今，很多国家已经采用既定通货膨胀比率的措施，货币政策也许仍然放大了油价上涨的不利影响（参照以下讨论）。而且，经济在某种程度上不像以前那么依赖油价的波动。这些变化的原因在于最近油价的增长对经济的影响比 20 世纪 70 年代小一些。参见威廉姆·诺德豪斯（William Nordhaus）：《谁害怕大而具有破坏性的石油震荡?》，为经济活动研究小组准备的论文，2007-09。

[13] 一直以来，欧洲的就业率很高，产出量明显低于潜在产量，日本也是如此。

[14] 理论上，政策制定者能够做出反应来抵消或者增加油价上涨的直接影响。货币政策的反应由以下两个相互抵消的因素决定。首先，油价上涨导致通货膨胀压力，特别是集中对付通货膨胀的中央银行压力更大，这就导致高失业率，引发经济发展缓慢。另一方面，如果中央银行集中精力处理需求和失业问题，那么可以想象，货币政策能够抵消油价上涨的不利影响。如果能够完全抵消影响，那么唯一的影响（在短期）就是之前描述的转移效应。

财政政策（例如税收）不能很快地稳定经济发展，自动的经济稳定器（即自动产生总需求的动力，比如，在经济衰退时政府提高了的失业者的福利水平）在前文讨论过的乘数上有体现。再者，这里有两点影响。对于那些固定政府支出的国家，油价上涨意味着对国内产品的消费降低，进而导致经济衰退。另一方面，对于那些实行积极财政政策的国家，政府通过减税刺激需求，可以抵消经济放缓的损失。

在书中，我们讨论了很多这个时期的问题，比起通货膨胀问题，美联储看起来更重视高失业率和低经济增长。美联储保持低利率来抵消经济发展缓慢的不利影响——而我们现在正承担着这一政策的后果。

[15] 相反，在日本，任何情况下，利率都接近于零，货币政策发挥到极致，也许没有什么政策能够归因于油价上涨。

欧洲的政策反应同美国形成了鲜明的对比。美国激进的降低利率政策意味着：采取这个政策，美国的经济受损的程度就会小得多。的确，一些最近的计量经济学家估计美国的乘数很小，甚至小到 1.0。但是这些分析仅仅集中于短期影响。激进的货币政策能够抵消不利影响，也许在短期会奏效。从长远看，代价不菲。从效果上看，这种成本无非是被推迟了。而如果推迟的话，影响也许会加大。

[16] 这些动态的反馈在第一年的收入中就呈现出来：本年度的储蓄增加导致下一年度的冗余，进而增加的财富导致产出的增加（如果产出对需求关系很敏感的话）。参见 J·皮特·尼瑞、约瑟夫·E·斯蒂格利茨：《走向凯恩斯经济

的重建：期望和限制的平衡》，载《经济日报季刊》，第 98 卷，1983 年增刊，199～228 页。

考虑一个简单的两个时期模型，在模型里，一个时期的储蓄增加可以导致另一个时期的消费增加。在标准的初级经济学教材里，仅关注单一时期，乘数是$1/s$,这里 s 是储蓄率；一旦税收被引入，乘数变为 $1/m$，这里 $m=s(1-t)$。但是，两个时期 (Y_1+Y_2) 的乘数，由于涉及两个时期的 GDP 增长，同第一个时期内增长的支出有关（例如增加了投资），因而会大些——公式为 $(1+\alpha(1+\gamma))/m$，这里 α 是边际消费倾向，γ 是银行利率。在简单的无遗赠的周期里，储蓄的唯一目的是为了以后时期的消费，$\alpha=1$，所以乘数加倍。分析家在这里假设经济的运行低于经济潜力，那就是，这里会出现总需求缺乏的问题。一些人争论说早在 2005 年，美国的经济已经接近于其潜力。我们反驳这一观点，宏观经济在供给限制模型里也许就没有那个区别。

如果供给限制出现在一些时期里而不出现在另一些时期里，个体也许会在没有供给限制的时期进入消费状态。如果需求限制长期存在的话，净影响不会同之前有太大的区别。

[17] 尽管这些模型表明我们不会立刻感受到油价影响，但是在油价下跌后我们会感受到这种影响。我们的计算忽略了影响袭来的时间。油价带来的震动与其他震动不同，而且影响也会大得多，因为这些不利的影响同时震动了所有的发达工业国家。

[18] 我们甚至认为在汉密尔顿的研究中体现的相当大的乘数是难以置信的，特别是考虑到中央银行的潜在反应。

[19] 2003 为 6%，2004 为 5.5%，2005 为 5.1%，2006 为 4.6%（平均是 5.3%）。参见劳动力统计局:《非公共机构的城市人口就业情况》，www.bls.gov/cps/cpsaat1.pdf。

[20] 2006 年，官方统计的工人失业人数从 2000 年的 570 万上升到 700 万。另有 38.1 万个被官方归类为“自愿失业者”，这类失业人数比 2000 年上涨了约 50%（这些工人主动地放弃工作，由此没有被计算在内），另有 150 万处于边缘状况的工人（在过去的 12 个月里拥有一份工作，但是一直在找另外一份工作，或者处在上一份工作结束后寻找下一份工作的时期）没有被计算在失业队伍内，因为在调查前四个星期里他们还拥有一份工作。这类群体比 2000 年增加了 116 万人。因为无法找到全职工作而只能做兼职的人数比 2000 年上涨了 25%，达到 210 万人。残障工人的人数在不断增加，增加的数量大于我们所期望的正常的劳动力队伍人数的增长——很多残障工人会提前退休。

50多万名工人在接受政府的培训项目，这些人并没有被计入到失业人数之内。另有30万人处于监禁中（过去6年人数上涨了15%）。实际的失业人数上涨了1.65个百分点，比官方数据（0.63个百分点）几乎多三倍。从250万失业人口这一数字上很难看出经济已经发挥最大的潜能——这基于预算和优先政策中心的计算，也参见《2007年度个人所得税信用推广材料》，经济政策研究中心和劳动力统计局。

[21] 劳动力统计局的数据显示，在2001年至2007年第三季度前，当工人的生产力（在非农领域每小时的产出）增加18.8%，因通货膨胀而调整的每小时的消费仅仅增加了大约10.5%。从2003年3月末到2007年9月末，生产力刚刚高过10.7%的增长，每小时的消费增长低于7.2%。

[22] 即便美联储提出宽松的货币政策，这也是适当的。宽松的货币政策也许能抵消一些短期的负面影响，但是也非常有可能在中期导致巨大的不利的宏观经济影响。

如果官方的失业率降低3.8%，则就业平均增长1.5%。非常典型的是，每降低1%的失业率，产出就会提高2%～3%（这就是奥肯定律，以亚瑟·奥肯的名字命名，亚瑟·奥肯是约翰逊总统的领导下的经济顾问委员会主席，也是前耶鲁大学经济学教授，他首先阐明了失业率的变化和GDP变化之间的关系）。因此，失业率的降低能导致年产量的上升，上升幅度为3 380亿美元至5 060亿美元，比这里考虑的数额大得多。

我们应用保守方案预计通货膨胀开始后失业率上涨4.0%（而不是3.8%，在20世纪90年代失业率下降水平上），并保守地估计奥肯定律的系数为2（而不是像奥肯最初估计的3）。我们以这两点为依据来分析历年的GDP差距，即实际GDP和潜在的GDP之间的差距。每年，GDP的差距都远远大于在“实际而中肯”估计方案中我们通过结合石油价格上涨和战争预算的宏观影响分析后得出的数据。对于未来几年（也就是我们计算短期宏观经济影响的时期）的估计，我们使用的是经济学家智囊机构（Economist Intelligence Unit，EIU）预测的数据。

[23] 参见丽贝卡·罗德里格斯、马塞·洛桑切斯：《油价震动和真正的GDP增长：一些经合组织国家的经验证据》，载《应用经济学》，2005（37），201～228。

[24] 调整成本帮助解释了为什么明显的未预期的油价上涨带来的负面影响要比可预期的油价微涨大得多的原因。这表明同伊拉克战争相关联的油价震动的代价会特别高昂。参见福莱·亨廷顿：《原油价格和美国经济表现：哪里不对称?》。

[25] 联邦政府大部分的非投资预算是很严谨的。用于社会安全和医疗的费用是比较固定的，仅很低程度地依赖于有多少个个体需要。这就意味着伊拉克战争的军费给其他的政府支出带来了压力，而其中投资费用所受的影响最为典型。

[26] 即使在潜在产出和实际产出间存在差异，也是真实的。即使两者之间存在差异，从长远看，实际产出也会因潜在产出增加而增加。

[27] GDP 也包括付给士兵工资的价值。我们有理由相信大量的预备役和国民警卫队军人的收入减少了（参见第 3 章）。即使没有减少，收入也一般少于其产出值，例如他们支付了社会安全税等税收。因此，收入减少对 GDP 造成了直接影响。

[28] 而且我们也指出一些军人的配偶也许从劳动力队伍中回归家庭，或者由于缺乏伴侣的经济支持而做些兼职的工作。

[29] 这是“新经济增长”的推动力。参见，保罗・罗默（Paul Romer）：《加大回报和长期回报的增长》，载《政治经济期刊》，第 22 卷，第 1 章（1988 年 6 月），3～42 页。

[30] 如果经济真的受到供给限制，那么这些工人的缺席会导致经济瓶颈的出现。

[31] 阿兰・斯奈（Allen Sinai）：《战争和宏观经济：伊拉克案例》，美国经济协会/和平和安全经济学家会议上展示论文，2005-01-08。

[32] 见 F. P. 拉姆西（F. P. Ramsey）：《节约的数学理论》，载《经济学期刊》，1928（38），543～559 页。

[33] 投资 I 在贴现率为 r 的情况下产生一个回报 g，目前这项投资的收入损失的贴现值是 Ig/r。如果 $g=r$，收入损失值等于投资。但是如果贴现率低于机会成本——如果存在资本税或者投资限制——那么收入损失会超过投资本身。

例如，如果 $g=7\%$，$r=4\%$，那么收入损失值比投资本身大 75%。因此，放弃 1 万亿美元的投资会导致 7 500 亿美元的收入损失，大于**投资值本身**；如果 $g=8\%$，$r=4\%$，那么收入损失为 1 万亿，大于投资值本身。

[34] 关于长期投资中的贴现率的讨论，参见 J. E. 斯蒂格利茨：《成本一收益分析的贴现率和次优理论》，R. 林德等（R. Lind）：《打折时间和能源政策风险》（巴尔的摩（Baltimore）：《用于未来的资源》，1982），151～204；K. J. 阿罗、J. E. 斯蒂格利茨等等：《跨时公平，贴现和经济效能》，见 J. 布鲁斯、H. 李和 E. 黑特斯（J. Bruce，H. Lee，and E. Haites）：《环境变化 1995》，第 4 章：“环境变化的经济社会维度”（剑桥，剑桥大学出版社，1996），21～51，125～144；以及威廉姆・R・克莱恩（William R. Cline）：《全球变暖的经济学》（华盛顿，皮特森国际经济研究所，1992）。

常用缩略语

CBO——国会预算办公室，为美国国会提供国会预算过程中所需的分析、信息和预测。

CPA——盟军临时权力机构，2003 年 4 月至 2004 年 6 月期间为美国领导下的伊拉克管理机构。

CRS——国会研究办公室，为美国国会提供政策分析。

DOD——美国国防部。

EIA——美国能源情报署，美国能源部下属的独立机构，职能包括能源发展研究、能源数据收集和能源问题分析与建模。

FOIA——《信息自由法案》，确立了民众从联邦机构获得信息的权利。

GAO——美国政府问责办公室，为国会工作的独立非党派机构，职能是调查联邦政府如何花纳税人的钱。

GWOT——全球反恐战争，美国国防部用其来概指它在全球范围内打击恐怖主义的战役。全球反恐战争包括伊拉克自由行动（OIF）、阿富汗持久自由行动（OEF）和雄鹰行动（ONE）。

IAEA——国际原子能机构，联合国领导下的组织，致力于核科技的安全、可靠及和平利用。

IED——简易爆炸装置，用简便方法制造和安装的爆炸装置，用以打击或扰乱敌人，这种装置的设计往往出于非军事目的。

ISAF——国际安全救援部队，北约领导下的联合国军事力量，用以帮助阿富汗政府在全国范围内巩固权力和扩大影响力。

MRAP——防雷防伏击车辆，用以保护占领军免受路边穿甲弹的攻击。

OECD——经济合作与发展组织，由先进工业化国家组成，提供并分析统计、经济和社会数据。

OEF——持久自由行动，指美军在阿富汗的军事行动，也包括在这一地区其他国家的反恐行动。

OIF——伊拉克自由行动，指入侵伊拉克推翻萨达姆·侯赛因政权的军事行动，以及在伊拉克后续的军事、维和、重建和镇压叛乱行动。

OMB——预算管理办公室，是白宫中协助总统检查联邦预算准备工作和监督政府分支机构的部门。

ONE——雄鹰行动，旨在强化军事基地的安全性。

Operation Herrick——赫里克行动，英国在阿富汗军事行动的代号，包括英国参与国际安全救援部队及对美国领导的持久自由行动的支持。

Operation Telic——泰利奇行动，2003 年以来英国在伊拉克所有军事行动的代号。

PTSD——外伤后应激障碍，指当人遭遇恐怖事件或受到严重生理伤害的折磨后所患的一种焦虑症。

TBI——外伤性脑损伤，是由头部所受打击或震荡引发，或者由破坏了大脑正常功能的穿透性头部伤害引发。

UNHCR——联合国难民事务高级专员办公室，被授权领导和协调保护难民的国际行动，解决全世界的难民问题。

USAID——美国国际开发署，独立的联邦政府部门，负责对其他国家的发展援助。

VA——退役军人事务部，包括两个主要分支机构：退役军人医疗管理局（VHA）和退役军人福利管理局（VBA）。

VSL——统计生命价值，经济学家开发的用于评价生命损失价值的系统方法。

WHO——世界卫生组织，联合国领导下的卫生与健康领域的指导和协调机构。

《经济思维——以理性融入社会》

董志强　著

出版时间:2010 年 1 月 定价:29 元

本书没有深奥的数学公式,没有抽象的图表,却将经济学的原理和思维方式娓娓道来——乘客和售票员讨价还价基于的是“边际收益”考虑,学生课外兼职也要发挥“比较优势”,女孩爱漂亮还能提供“外部经济”……

其实,任何个人的选择都只如同一片叶子飘落在社会这个巨大的湖面之上,所激起的涟漪几乎可以忽略不计。经济学更重要的任务是解释经济和社会现象,为构建更加和谐美好的社会提供理性基础。经济分析就像一把冷冰冰的手术刀,无情地剖开社会这个组织,让现象的本质生动地呈现在我们面前,让我们在面临令人困惑的选择时能够保持一份理性和清醒。

当我们轻松学会了经济思维,我们也就能更理性地理解和融入这个纷繁芜杂的社会。

《地球村里的喧嚣:美国反恐战背后的故事》

The Way of the World:

A Story of Truth and Hope in an Age of Extremism

by Ron Suskind　何云朝　译

出版时间:2010 年 1 月　定价:29.80 元

本书作者敏锐地将不同背景的线人提供的信息联系起来，脉络清晰，乱中有序，还原了历史的真相，尖锐地指出了道德沦丧是造成这些悲剧和威胁的根本原因。

从白宫到唐宁街，从南亚那些“站错队伍”的国家到关塔那摩的海滩，本书高屋建瓴，精心布局，将普京、布什等全球政要与恐怖主义势力和人类未来的命运联系起来，在从许多内幕人士以及更大范围内挖掘真相、寻找希望的过程中，向世人呈现出“9 · 11”事件之后令人百感交集、思绪万千的真实历史画面。

在恐怖主义威胁加剧、文化冲突难以弥合的大背景下，本书中的一些主人公不再恐惧、不再气馁，开始努力探索拯救人类的方式。

本书的写作风格像小说一样紧张刺激，而讲述的事实远比虚构的故事更惊心动魄。 更重要的是，让读者在阅读之后有所回味和反思：这个世界的确出了问题，我们现在应该思考的是如何纠正自己的错误。

《卧底特工——走进银行洗钱案的幕后》

The Infiltrator: My Secret Life inside the Dirty Banks behind Pablo Escobar's Medelin Cartel

by Robert Mazur 李立群　刘启生　译

出版时间:2010 年 1 月　定价:39 元

国际商业信贷银行(BCCI)洗钱案在 20 世纪 90 年代曾被称为“美国历史上最严重的一桩洗钱案”,也是“世界金融史上最大的诈骗案”。本书是美国特工罗伯特·马祖尔讲述的他作为卧底特工的真实经历,其骇人听闻,让人觉得更像是一部传奇。

作为美国海关总署的一名秘密特工,马祖尔伪装成一名富有的商人,精心布下重重诱饵,暗中调查麦德林贩毒卡特尔洗钱案,并与参与洗钱的 BCCI 的银行家们密切往来。他的整个行动共获得了 1 200 多盘秘密录制的谈话录音带和将近 400 个小时的录象带,通过这些确凿的证据,司法部得以对几名 BCCI 的银行家和其他数十人起诉,并于 1990 年将其定罪。

作者从当事人的视角为我们讲述了一个惊心动魄的真实故事,向我们揭秘国际毒贩如何洗钱的同时,也透露了美国政界、金融界的一些黑暗内幕,同时让我们领略了一个无私无畏、机智幽默、深谋远虑的普通美国卧底特工的风采。

《战争经济学》

The Economics of War

By Paul Poast 卢周来　译

出版时间:2010 年 1 月　定价:39 元

战争改变着生命，同时塑造了历史。战争使学者们着迷，使普通人关注。但人们却往往忘记了战争还是一项经济事务。史学家和军事家们指出：“战争中开支比装备重要，有了钱才有装备”，“金钱是战争的力量源泉”，“谁拥有最后一块钱谁就能够胜利”。是的，人们为金钱而展开战争，而金钱使得战争得以进行。

本书提供了战争经济学的全面介绍，使所有对经济学、政治学以及相关社会科学感兴趣的人能够理解经济与战争、国防的关系，帮助人们学会将经济学的核心概念运用到纷繁的现实生活中。

“读好书吧”读书俱乐部

“答问题，得积分”活动

轻松注册，成为会员，享受“读好书吧”的会员优惠政策。读完《三万亿美元的战争》，回答以下问题中的任意两个，就可以获得3分积分：

◇ 伊拉克战争前，美国政府对于战争花费是怎样预测的？

◇ 本书作者的测算为何与美国政府的预算相差甚远？

◇ 美国发动伊拉克战争，其长期成本和机会成本是什么？

◇ 全球其他国家会为伊拉克战争付出什么代价？

◇ 本书给中国读者的启示是什么？

请将你的答案发送至：djbooks@crup. com. cn。

累积积分，就有机会享受针对会员的优惠政策。多多参与写书评的活动，还有机会成为我们的"书评之星"，获得意想不到的奖励！更多活动细则，参见网站说明：

http://www. crup. com. cn/djbooks

http://www. a-okbook. com

The Three Trillion Dollar War: The True Cost of the Iraq Conflict by Joseph E. Stiglitz and Linda J. Bilmes

图书在版编目（CIP）数据

三万亿美元的战争——伊拉克战争的真实成本/斯蒂格利茨等著；卢昌崇等译．北京：中国人民大学出版社，2010
ISBN 978-7-300-11588-7

Ⅰ．①三…
Ⅱ．①斯… ②卢…
Ⅲ．①伊拉克战争（2003）-军事经济学-研究
Ⅳ．①D815.4 ②E0-054

中国版本图书馆 CIP 数据核字（2009）第 231406 号

三万亿美元的战争——伊拉克战争的真实成本
约瑟夫·E·斯蒂格利茨
琳达·J·比尔米斯 著
卢昌崇 孟 韬 李 浩 译
Sanwanyi Meiyuan De Zhanzheng

出版发行	中国人民大学出版社		
社　　址	北京中关村大街 31 号	**邮政编码**	100080
电　　话	010－62511242（总编室）		010－62511398（质管部）
	010－82501766（邮购部）		010－62514148（门市部）
	010－62515195（发行公司）		010－62515275（盗版举报）
网　　址	http://www.crup.com.cn		
	http://www.ttrnet.com(人大教研网)		
经　　销	新华书店		
印　　刷	北京山润国际印务有限公司		
规　　格	160 mm×235 mm　16 开本	**版　　次**	2010 年 3 月第 1 版
印　　张	15.75 插页 1	**印　　次**	2010 年 3 月第 1 次印刷
字　　数	206 000	**定　　价**	38.00 元